KB128749

인하대
고조선연구소
연구총서 2

# 고구려의
# 평양과 그 여운

**[인하대 고조선연구소 연구총서 2]**

고구려의 평양과 그 여운

책임 저자 | 복기대

공동 저자 | 임찬경, 김철웅, 남의현, 지배선, 윤한택, 남주성, 양홍진

펴낸이 | 최병식

발행일 | 2018년 1월 30일(2쇄)

펴낸곳 | 주류성출판사  www.juluesung.co.kr

　　　　서울특별시 서초구 강남대로 435 주류성빌딩 15층

　　　　TEL | 02-3481-1024(대표전화) · FAX | 02-3482-0656

　　　　e-mail | juluesung@daum.net

값 20,000원

잘못된 책은 교환해 드립니다.

ISBN  978-89-6246-317-0　94910 (세트)

　　　　978-89-6246-300-2　94910

이 연구는 2017년 한국학중앙연구원 한국학진흥사업단의 지원을 받아 수행된 연구임
(AKS-2014-KFR-1230006)

인하대
고조선연구소
연구총서 2

# 고구려의
# 평양과 그 여운

**책임 저자 복기대**

**공동 저자** 임찬경, 김철웅, 남의현, 지배선, 윤한택, 남주성, 양홍진

주류성

# 목차

# '고구려의 평양과 그 여운'을 출간하며

　반만년 한국사 중 시대구분에 연연하지 않은 상태에서 연구가치가 있는 중심도시를 선정하라고 한다면 가장 돋보이는 도시로 단연 평양을 꼽을 수 있다. 평양에 대한 일반적 인식은 고조선 건국의 중심지로, 위만조선의 중심지로, 한사군 중 낙랑군의 중심지로, 고구려 시기 몇 번의 도읍지로, 고려의 북방을 총괄하는 '서경(西京)'으로, 조선시대 역시 북방정책을 총괄하는 거점도시였다고 인식하고 있다.

　평양을 동북 아시아사 측면에서 볼 때 한국 주변의 국가들이 한국사와의 관계를 설정할 때도 현재의 평양을 고대의 평양으로 인식하면서 한국사의 중심도시로 그 초점을 맞추고 있음을 알 수 있는데, 대표적인 것이 중국의 연(燕)·진(秦)·한(漢)의 동쪽 국경이 평양을 기점으로 그 적당한 선에서 설정되고 있는 것이다. 뿐만 아니라 그 후대에도 현재의 평양은 동북아시아사의 거점도시로 인식되고 있다. 이렇듯 평양은 한국사뿐만 아니라 국제 관계사에서도 매우 중요한 거점이 되고 있음을 알 수 있다.

　물론 이때도 평양의 위치는 현재 북한의 평양을 말하고 있다. 이렇게 역사적으로 중요한 평양의 위치에 대하여, 대부분은 현재 북한의 평양을 고금 이래 불변의 평양 지역으로 인식하고 있는 것이 현재 학계의 보편적인 태도이다.

그런데 학계 일부에서는, 이와는 달리 평양의 위치가 시대 상황에 따라 변했다는 사실이 여러 사료에 나타나고 있다고 말한다. 기실 이런 주장, 즉 평양의 위치가 변했다는 주장은 현재 일부 학계만의 견해는 아니다. 이미 600여 년 전부터 주장되어왔던 것이었는데, 조선 중기까지는 큰 관심을 갖지 않고 있다가, 근대에 들어서기 이전 연행(燕行)에 참여하였던 실학자들에 의하여 다시 강조되기 시작하였다. 이런 인식 변화는 선대 문헌들에 관련 기록이 있었고, 이들 기록을 바탕으로 남만주 지역을 왕래하면서 확인한 내용들을 전제로 하고 있다는 것이다. 그러나 이들의 주장은 1900년대 초반부터 한국을 침략하여 영구적으로 지배하려고 했던 일본의 한국사 말살정책에 의하여, 일본학자들에 의하여 무시당하면서 자취를 감추게 되고 말았다.

그러던 것이 한국사 연구의 지평이 시공으로 확대되면서, 또한 다양한 사료를 섭렵하여 근거를 제시하면서, 더더욱 쟁점으로 제기되어 오고 있다. 그 문제 제기의 근거는 한국 또는 중국 역사서에 기록된 14세기 이전의 평양과 14세기 이후의 평양에 대한 기록들로서, 이 기록들에 따르면 평양의 위치가 기존의 인식과 다를 수 있음이 분명한 것이다.

이렇게 문헌 근거를 제시하면서 평양위치가 시대적으로 변화가 있었다고 주장하는 것인데, 물론 이런 주장이 대두되기는 하였지만, 아직 학계에서 본격적으로 토론되며 또 연구되는 것은 아니다. 그렇지만 이런 견해들이 점진적으로 대두되면서, 한편으로 역사 연구가 전문학자들에서 관심 있는 일반대중들에게까지 확대되면서 상황은 달라지고 있다. 무엇보다도 다양한 사료들이 연구의 기본사료로 활용되면서 그간에 묻혔던 사실들이 밝혀지고 있기 때문이다.

더욱이 지난 10여 년 한국 역사학계를 떠들썩하게 했던 중국의 동북공정에 대한 반박을 하는 과정에서 그간의 한국사 연구를 되돌아보는 계기가 되었는데, 이를 통해 평양의 위치 문제는 더더욱 주목을 받게 되었다. 그러면서 동시에 한국 상고사 및 고대사 연구에 많은 혼란이 야기되기 시작한 것이다. 즉 평양에서 출발하여 발전하였다는 고조선, 위만조선, 한사군, 그리고 고구려 중후기의 도읍지를 다시금 검토해야 한다는 주장이 강하게 제기되었다.

본 논문집은 고대평양의 위치와 관련된 위와 같은 쟁점을 바탕으로 작성되었다. 이 논문집에는 '고대평양 위치규명' 연구와 연관된 8편의 논문이 실린 것이다. 이 논문들은 2016년 6월 17일에 개최된 '고대평양 위치규명' 관련 학술회의에서 발표된 논문들을 보완한 것이다. 인하대학교 고조선연구소 평양연구팀이 주관하고, 한국학중앙연구원 한국학진흥사업단이 후원하는 그 학술회의에서는 모두 11편의 논문이 발표되어 열띤 토론을 거쳤다. 특히 고려의 서북 경계에 대한 새로운 관점이나 압록강의 위치가 시기에 따라 변화하였다는 주장, 역사 천문 기록을 통해 고구려 관측지가 현재의 평양이 아니라 현재의 요동반도 등에 있음을 증명한 연구 등은 많은 주목을 받았다. 그 11편의 논문 중에서 필자들과의 협의를 거쳐 내용을 보완한 논문 몇 편과 함께 이후 몇몇 연구자가 학술회의의 쟁점에 참여하면서 제출한 논문을 합하여 모두 8편을 싣게 된 것이다.

첫 번째 논문인 임찬경 교수의 「고구려 평양 위치 인식 오류 형성 과정에 관한 검토」는 고려와 조선 시대에 작성된 사서 및 지리서들에서 고대평양의 위치가 잘못 인식되는 과정, 그 인식의 오류가 계속 유지되는 사회적 기재를 검토할 목적에서 작성되었다. 이 논문에서는 기자로부터 비롯된 고대평양 인식의 오류가 조선시대 사대사관을 형성했으며, 또한 이러한 사대사관이 일제강점기의 식민사관이 쉽게 생성 및 확산되는 토대가 되었음을 비판적으로 검토하였다. 여기서 식민사관은 사대사관을 계승한 일종의 변종이라고 분석하며, 한국 사대사관과 식민사관의 출발점에 기자로부터 비롯된 왜곡된 고대평양 인식이 자리하고 있음을 비판하면서, 그 극복은 고대평양 연구를 통해 비로소 가능함을 밝히고 있다.

두 번째 논문인 김철웅 교수의 「연행록에 나타난 조선 사신의 고구려 인식」은 연행 기록에 나타난 고구려 인식을 검토하고 있다. 조선 사신들의 사행 기록인 연행록에는 '그들의 체험을 통한' 당시로서는 색다른 고구려 역사인식이 담겨있다. 조선시대의 보편적 인식은 고구려의 도읍과 강역을 압록강 이남에 비정하는 것이었는데, 사신들은 압록강과 요하를 건너고 또 서쪽으로 걸어가는 과정을 직접 거치며, 고구려의 도읍과 강역에 대한 새로운 비정을 하게 되었다. 이러한 사신들의 연행록에 나타난 고대평양의 위치와 고구려사에 대한 색다른 인식을 이 논문에서 검토하고 있다.

세 번째 논문인 복기대 교수의 「고구려 후기 평양위치 관련 기록의 검토」는 한국사서의 기록을 중심으로 고구려 평양의 위치를 분석하고 있다. 이 논문은 한국고대사 뿐만 아니라 동북아시아 고대사를 연구하는 과정에서 고구려 장수왕이 427년에 옮긴 평양성의 위치와 관련한 연구가 매우 중요하다는 인식에서 출발한다. 논문에서는 광개토대왕비에 기록되어 있는 몇 가지 사실과 중국 사서에 기록한 관련 기록을 검토하고, 그리고 지금까지 전해지는 18세기 이전 한국 사료를 중심으로 장수왕이 천도한 평양의 위치를 찾고 있다. 논문의 결론에서 장수왕이 천도한 평양은 현재 중국 요령성 요양시 일대임을 밝히고 있다.

네 번째 논문인 남의현 교수의 「장수왕의 평양성, 그리고 압록수와 압록강의 위치에 대한 시론적 접근」은 고구려 장수왕이 천도한 평양성이 사료에 어떻게 기록되고 있는가에 대한 검토에서 출발한다. 기록 검토를 통해서 이 논문은 장수왕이 천도한 평양성, 고려시대인 1270년에 설치된 동녕부의 동녕이나 평양으로 알려진 서경 등이 긴밀하게 역사적 고리로 연결되어 있으며 모두 한 곳을 가리키고 있음을 파악한다. 또한 현재 북한의 평양으로 볼 수 없는 또 다른 옛 평양이 만주에 존재하고 있다는 사실도 사료를 통해 파악해낸다. 그리고 『수서』나 『신당서』나 『구당서』에 나오는 평양성의 위치는 현재의 요양과 그 부근을 가리키고 있음도 밝혀냈다. 더불어 만주의 평양성은 압록수, 압록강과 긴밀하게 연관되어 있는데 명나라 이전 압록강은 현재의 압록강으로 볼 수 없고 요하의 한 부분을 가리키고 있음도 밝혀내고 있다.

다섯 번째로 지배선 교수의 논문인 「고구려의 서부 변경사」는 고구려 서부지역 변경의 역사적 의미를 여러 시기로 나누어 서술하고 있다. 첫 부분은 국가로서의 신(新)을 세운 왕망이 고구려의 병사를 동원하여 흉노를 공격하려 했다는 유리왕 31년 즉 서기 12년의 사건을 통해, 고구려와 신의 국경을 언급한다. 다음으로 흉노와 동호 그리고 오환과 선비와의 관계 등을 서술하였다. 논문에서는 또한 단석괴의 최초 중국 지역 침략시점인 156년, 293년 3월 모용외가 고구려 봉상왕을 공격하였던 사실, 339년 11월에 고국원왕과 모용황의 전쟁, 광개토왕의 북경 일대 정벌 및 산동반도 진출, 수 및 당과의 전쟁 등을 통해 고구려 서부 변경에 대한 새로운 해석을 시도하고 있다.

여섯 번째로 윤한택 교수의 「고려 북계 봉강에 대하여」는 고려의 영토는 그 내부 구성 단위인 가문 가령지의 외연적 확대라고 규정하며, 또 그것이 책봉을 매개로 해서 이루어지고 있다는 의미에서 고려는 봉건국가이고 그 영토는 단순한 강역이 아닌 봉강이었다며, 이런 관점에서 먼저 고려 북계 즉 서북면 경계를 검토하고 있다. 본문에서는 고려 북계에 대한 여러 실증 자료를 검증하여, 기존 고려의 북계가 '압록강'으로 설정되어 있었던 이해는 다소 암묵적으로 막연한 전제 위에 서 있었던 결과라는 것을 확인한다. 또한 고려의 북계는 고려 시대 내내 '요하'까지로 관념되고 있었다는 사실을 실증적으로 검증하고 있다.

　일곱 번째 논문인 남주성 박사의 「고려와 거란과의 전쟁지역에 대한 재고찰」은 고려가 거란의 1차 침략 시에 영유권을 확보하여 개척한 6주가 압록강 남쪽 평안북도 일대가 아니라, 고려의 서경으로 비정되는 요령성의 요양 이북 지역일 것이라는 추론을 전제로 한다. 논문에서는 한반도 지리 지형에서는 맞지 않던 고려와 거란의 전쟁 상황이 만주지역으로 옮겨서 비교하였을 경우 동료하 이남 요령성 철령 및 개원 지역의 지리와 상당부분 부합한다고 파악하였다. 그러므로 서희 장군이 개척한 6주의 위치가 현재의 압록강과 청천강 사이 지역이 아니라 만주지역 개원과 철령 일대 지역이었을 것으로 보았고, 이에 따라서 고려와 거란이 전쟁을 하던 당시의 압록강은 현재의 압록강이 아니라 요하의 상류이고, 고려 서경인 평양 또한 요령성 요양이라는 최근의 주장을 뒷받침하고 있다.

　여덟 번째 논문인 양홍진 박사의 「천문 기상 기록을 이용한 고대 평양 위치 연구(I)」은 『삼국사기』에 기록된 천문과 기상 기록을 분석해 당시 관측지의 위치를 추정하였다. 자연 현상을 기록한 고구려의 일식과 서리 기록은 당시 수도와 영역을 가늠할 수 있는 매우 중요한 사료란 인식을 전제로 한다. 일식의 경우 개기식 기록이 없고 관측 기록이 부족한 경우 관측 지역을 확정하기 어렵다. 그러나 관측 가능 지역 분석을 통해 당시의 국가 영토의 최소 확정 영역을 추정할 수 있다. 이 논문에서는 「고구려본기」에 기록된 고구려 전반기의 일식 기록의 최적 관측지 계산을 통해 일식 관측 영역을 확인하였다. 이 논문에서 서기 200년까지의 고구려의 일식 관측 기록을 분석한 결과 평균식분의 중심지가 현재의 평양이 아닌 요동 지역에 위치하고 있음을 재차 확인하였다. 아울러, 고구려와 백제 및 신라의 서리 기록을 분석해 고구려의 관측지가 두 나라보다 높은 위도에 위치했었음을 확인하였다. 고구려의 천문과 기상 기록은 고구려 초기 관측지가 현재의 평양보다 높은 위도였을 가능성을 말해준다는 것이다.

　위에 개략적으로 소개한, 이 논문집에 실린 논문들은 고대평양 위치연구와 관련하여 2차년도 중간발표까지 연구된 결과물들의 일부이다. 물론 아직 연구기간이 몇 달 남았기 때문에, 더욱 깊고 체계적인 연구를 통해 계속 보완해나갈 필요성이 있는 결과물들임은 부정할 수 없다.

　1925년 신채호 선생은 「평양패수고」에서 우리 고대사의 논쟁거리로 남아있는 중요한 역사지리의 문제들이 바로 고대평양에 대한 올바른 위치비정을 통해서 비로소 해결될 수 있다고 주장했다. 그에 의하면 고대평양 연구는 한국고대사 아니 한국사 전반, 그리고 한중일 3국의 고대사를 바로잡는 주요한 첫 작업이 될 수 있는 것이다. 현재 시점에도 신채호가 강조한 고대평양 위치 연구의 중요성은 역시 유효하다. 특히 최근 우리의 역사학계뿐만 아니라 전사회적 논란이 되었던 중국의 동북공정 대응 문제, 역사지도 제작 문제, 한사군 등 역사지리 논쟁 문제 등을 지켜보며 신채호가 강조한 "고대평양 위치 연구의 중요성"이 새삼 더욱 크게 가슴에 와닿는 듯하다.

고대평양에 관한 연구는 아무리 강조해도 지나치지 않다. 이 자리를 빌어 고대평양 위치 연구가 가능하도록 지원해준 교육부와 연구비지원과 행정지원을 아낌없이 해준 한국학중앙연구원 한국학진흥사업단에게 다시 한 번 깊이 감사드린다. 또한 이 연구를 위하여 불철주야 노력해주신 연구단의 연구진들께도 다시금 감사의 인사를 드린다.

2017년 4월 20일
연구책임자로서 필자들을 대표하여 복 기 대

# 1부

# 고구려 평양 위치에 대한
# 인식 문제

# 고구려 평양
# 위치 인식 오류 형성 과정에 관한 검토

임찬경 (인하대학교 고조선연구소 연구교수)

## I. 서론

사대적이고 봉건적인 조선이 해체되며 근대로 넘어가는 시기에, 근대적 방법으로 우리 역사를 해석하고 또 복원하려는 역사가들이 본 당시 우리 역사의 현실은 실로 참담한 것이었다. 신채호가 "조선에 조선사라 할 조선사가 있었던가 하면 수긍하기 어렵다"고 하던가, "내가 보건대, 조선사는 내란이나 외구(外寇)의 병화(兵火)에서보다 곧 조선사를 저작하던 그 사람들의 손에서 더 탕잔(蕩殘)되었다 하노라"라고 하던가, "예전 조선의 역사가들은 … 도깨비도 뜨지 못한다는 땅 뜨는 재주를 부려 졸본을 떠다가 성천 혹은 영변에 놓으며, 안시성을 떠다가 용강(龍崗) 혹 안주(安州)에 놓으며"라고 비판했듯,[1] 기존 조선 역사의 서술이나 방법은 물론 그 서술 주체 등 모두가 전반적으로 혁신되어야 할 필요가 절실했다.

당시 신채호는 독립운동가이면서 또한 동시에 역사가이기도 했는데, 한국 근대사학을 창시한 그는 '구사(舊史)'를 비판하며 또한 그 '구사'를 전반적으로 변화시키려 시도했다. 당연히 그는 우리민족사를 올바로 세우기 위한 효과적인 방법들을 탐색하였는데, 그 과정에 찾아낸 가장 좋은 방법이 바로 "고대평양 위치 연구"이다.

신채호는 고대평양 위치 연구가 한국사 연구의 가장 중요한 문제임을 다음과 같이 강조했다.

> 지금의 패수(浿水)·대동강을 옛날의 패수로 알고, 지금의 평양·평안남도 중심 도시를 옛 평양으로 알면 평양의 역사를 잘못 알 뿐 아니라, 곧 조선의 역사를 잘못 아는 것이니, 그러므로 조선사를 말하려면 평양부터 알아야 할 것이다. 환도(丸都)가 어디냐? 졸본(卒本)이 어디냐? 안시성이 어디냐? 가슬나(迦瑟那)가 어디냐? 아사달이 어디냐? 백제의 육방(六方)이 어디냐? 발해의 오경(五京)이 어디냐? 이 모든 지리가 조선사에서 수백년 이래 해결되지 않은 쟁점이다. 그러나 그 가장 중요하고 또 유명한 쟁점은 평양 위치가 어디냐?의 문제이다. 왜 그러냐하면 평양 위치의 문제만 결정되면 다른 지리의 해석은 쉬워지는 까닭이다.(아래 [자료 1] 참조)[2]

고대 조선의 수도는 어디인가? 한사군의 위치는 어디인가? 부여와 고구려의 첫 도읍과 그 이후 몇 차례 천도했던 지역들은 어디인가? 고구려의 졸본이나 환도 및 국내성과 평양은 어느 지역인가? 공험진과 선춘령은 어디인가? 역대의 우리민족 각 국가들의 강역은 어떠한가? 신채호에 의하면, 이렇게 우리 고대사의 논쟁거리로 남아있는 중요한 역사지리의 문제들이 바로 고대평양에 대한 올바른 위치비정을 통해서 비로소 해결될 수 있었다. 고대평양 연구는 한국고대사 아니 한국사 전반, 그리고 한중일 3국의 고대사를 바로잡는 주요한 첫 작업이 될 수 있는 것이다.

현재 시점에도 신채호가 강조한 고대평양 위치 연구의 중요성은 역시 유효하다. 특히 최

---

1) 申采浩, 「二. 史의 三大元素와 朝鮮舊史의 缺點」『朝鮮日報』(1931. 6. 11).
2) 申采浩, 「平壤浿水考」『東亞日報』(1925. 1. 30).

[자료 1] "고대평양 위치 연구"의 중요성을 강조한 신채호의 『동아일보』 기사

근 우리의 역사학계뿐만 아니라 전사회적 논란이 되었던 중국의 동북공정 대응 문제,[3] 동
북아 역사지도 제작 문제,[4] 한사군 등 역사지리 논쟁 문제 등을 지켜보며 신채호가 강조한

---

[3] '동북 변경의 역사와 현상에 관한 일련의 연구 공정(東北邊疆歷史與現狀系列硏究工程)'의 줄임말인 동북공정은
2002년 2월부터 본격화되었지만, 그 준비는 1983년 중국사회과학원 산하에 설치된 '변강사지연구중심(邊疆史
地硏究中心)' 등에 의해 오래도록 준비되었다. 동북공정의 구체적 내용은 중국 동북지방의 역사, 지리, 민족문
제 등과 관련한 중국의 정치적 입장을 정리하는 것이다. 그 본질은 장기적으로 남북통일 이후의 국경문제 등을
비롯한 영토문제를 공고히 하기 위한 작업이라 볼 수 있다(최광식, 2004, 「'東北工程'의 배경과 내용 및 대응방
안-고구려사 연구동향과 문제점을 중심으로-」『한국고대사연구』33, 6~8쪽). 동북공정은 본질적으로 인접국가
특히 한반도 정세변화에 기인하는 중국 동북지방의 불안정 가능성을 해소하려는 국가전략 사업임을 알 수 있다
(이병호, 2008, 「'東北工程' 前史」『동북아역사논총』20, 244쪽). 동북공정은 한국사학계뿐만 아니라 광범위한
시민사회단체의 대응을 촉발시켰으며, 역사 관련 시민단체들은 정부의 대응이 체계적이지 못하고 미온적이라
고 강하게 비판하기도 했다(이병호, 2008, 앞의 논문, 208~213쪽).

[4] 동북아역사재단이 주도한 동북아 역사지도 제작 사업은 2008년부터 시작되었는데, 그 결과가 일부 공개되면서
시민사회단체 등이 "(동북아 역사지도) 편찬위원회가 제작한 동북아 역사지도는 일제식민사관과 동북공정을 추
종하는 지도"라고 비판하면서 여러 사회적 파문을 일으켰고, 아직도 그와 관련한 논쟁이 진행 중이다(趙仁成,
2016, 「'고대사 파동'과 고조선 역사지도」『韓國史硏究』172, 26쪽).

"고대평양 위치 연구의 중요성"이 새삼 더욱 크게 가슴에 와닿는 듯하다. 그나마 이 시점에 크게 다행스러운 것은 "고대평양 위치 연구의 중요성"을 절감한 정부와 일부 역사연구자들에 의해 2014년부터 국가연구과제인 「학제간 융합연구를 통한 고대평양 위치 규명연구」가 수행되면서,[5] 고대평양 위치연구와 관련한 다양한 형태의 성과들이 생산되고 있다는 점이다.

본고에서는 위에 언급한 고대평양 위치 관련 연구과제의 수행 중에 취득한 자료들을 활용하여, 고대평양 중 고구려 수도로 언급되는 평양의 위치에 대한 인식의 오류가 형성되는 역사적 과정을 검토하고자 한다. 고구려 평양의 위치에 대한 인식의 오류가 어떤 주체에 의해, 어떠한 원인이나 목적에 의해, 어떻게 형성되었는지에 대해 고려시대와 조선시대 그리고 근대 이후로 시기를 구분하여 살펴보려 한다. 또한 각 시기에 형성된 고구려 평양 위치에 대한 인식의 오류가 어떻게 소멸되지 않고 어떤 기제(機制)에 의해 오랜 기간 유지되고 있는지 등에 대해서도 검토하려 한다. 이러한 검토를 통해, 고대평양 관련 인식 오류의 원인을 이해함으로써, 그 오류를 바로잡는 연구방법의 도출에 유용한 자료들을 형성시키고자 한다.


## II. 고려시대, 고구려 평양 위치 인식 오류의 형성

고려시대에 고대평양의 위치를 처음으로 기록한 국내의 문헌은, 1145년 김부식 등에 의해 편찬된 『삼국사기』이다. 이 사서에는 평양뿐만 아니라 고구려 첫 도읍인 졸본과 국내성의 위치가 간략하게나마 함께 비정되어 있다.

필자는 지난 2015년 12월에 개최된 〈고대평양 위치 탐색 관련 학술회의〉(인하대 고조선연구소 주관)에서 고구려 첫 도읍인 졸본의 위치 비정 문제를 검토하면서, 『삼국사기』에 비정된 고구려 첫 도읍의 위치를 지도에 표시한 적이 있다. 그런데 『삼국사기』의 저자 김부식 등은 고구려 첫 도읍인 졸본을 요하 서쪽 의무려산 일대로 비정하고 있었는데, 이 비정

---

5) 고대평양의 위치에 대한 실증적 고찰을 목적으로 한 이 연구과제는 한국학중앙연구원 한국학진흥사업단이 지원하고 인하대학교 고조선연구소가 주관하는 사업으로서 2014년 9월에 시작하여 2017년 8월까지 시행된다. "고대평양의 위치에 대한 철저한 고증"을 목적으로 한 이 연구사업을 통해 고구려 평양의 위치와 관련된 여러 문제가 구체적으로 해석될 것이 기대되고 있다.

은 현재의 요령성 환인현(桓仁縣) 오녀산성 일대를 고구려 첫 도읍으로 비정하는 소위 기존의 다수설과는 전혀 다른 것이었으며, 필자로서는 비록 완전하지는 않지만 『삼국사기』의 고구려 첫 도읍 비정이 기존의 '고구려 첫 도읍 환인 일대설'보다는 사실에 훨씬 근접할 수 있다고 판단하였다.

여기서 당시 작성한 논문을 일부 인용하는데, 이는 『삼국사기』가 평양의 위치를 비정하는 방식과 고구려 첫 도읍인 졸본을 비정하는 방식을 서로 비교하여 보기 위해서이다. 먼저 『삼국사기』에서 고구려 첫 도읍 졸본의 위치를 서술한 부분을 인용하면, 다음과 같다.

『후한서(後漢書)』 「군국지(郡國志)」에 "요동군은 낙양에서 3천 6백리 떨어져 있다. 이에 속한 현으로서 무려현(無慮縣)이 있다"고 하였는데, 바로 「주례(周禮)」에서 말한 북진(北鎭)의 의무려산이다. 대요(大遼)가 그 아래쪽에 의주(醫州)를 설치하였다. 또한 "현토군은 낙양에서 동북쪽으로 4천리 떨어져 있었고, 이에 속한 현은 셋인데, 고구려가 그 중의 하나이다"라고 기록되어 있으니, 즉 주몽이 도읍을 정한 곳이라고 하는 흘승골성과 졸본이란 지방은 아마도 한(漢)의 현토군 경계이고, 대요국(大遼國) 동경(東京)의 서쪽인 듯하며, 『한서(漢書)』 「지리지」에서 말한 현토군의 속현(屬縣)인 고구려가 이것인가? 옛날 대요가 아직 멸망하지 않았을 때, 요의 황제가 연경(燕京)에 있자, 뵈러가는 우리 사신들이 동경을 지나 요수를 건너 하루 이틀 가면 의주에 이르러 연계(燕薊)로 향하게 되었으니, 때문에 그러함을 알 수 있다.[6)]

위에 인용한 『삼국사기』의 편찬자들은 『후한서』와 『한서』 등에 기록된 한사군 중의 현토군 위치를 의무려산 인근으로 인식하고 있었다. 또한 이러한 문헌에 근거하여, 주몽이 도읍한 졸본이 한의 현토군 경계에 위치했었는데, 이 지역은 요의 동경(東京, 현재의 중국 요령성 요양시)에서 서쪽으로 요하를 건넌 지점이라고 분명하게 인식하고 있었다.

또한 위의 인용문에 따르면, 『삼국사기』의 편찬자들은 그들의 고구려 첫 도읍 위치 비정에 현지를 직접 다녀온 견문에 의한 지리정보도 활용하였음을 밝히고 있다. 즉 1125년 요

---

6) 『三國史記』卷第三十七 「雜志」 地理 第四 高句麗 "漢書志云, 遼東郡, 距洛陽三千六百里, 屬縣有無慮. 則周禮北鎭醫巫閭山也, 大遼於其下置醫州. 玄菟郡, 距洛陽東北四千里, 所屬三縣, 高句麗是其一焉. 則所謂朱蒙所都紇升骨城·卒本者, 蓋漢玄菟郡之界, 大遼國東京之西, 漢志所謂玄菟屬縣高句麗是歟. 昔大遼未亡時, 遼帝在燕景, 則吾人朝聘者, 過東京涉遼水, 一兩日行至醫州, 以向燕薊, 故知其然也."

가 멸망하기 이전에 연경(지금의 북경 일대)에 왕래하는 고려의 사신들이 동경(현재의 요양)을 지나고 요수를 건너 서쪽으로 하루 이틀을 가면 의주에 이르러서, 다시 연경 방향으로 향한다는 것이다. 이러한 사신 왕래 과정에 고구려 초기 도읍이 그곳에 위치했음을 알게 되었기 때문에, 『삼국사기』의 편찬자들은 위의 인용문에서 "때문에 그러함을 알 수 있다"고 서술한 것이다. 요가 멸망한 1125년 이후 20년만인 1145년에 『삼국사기』가 완성되었는데, 그때의 편찬자들에게는 요의 동경이나 요수 및 그 서쪽의 의무려산 일대에 대한 여러 유형의 체험적 지리정보가 있었을 것이며, 이렇게 체험으로 파악된 지역들에서 고구려의 첫 도읍인 흘승골성 즉 졸본의 위치를 비정했던 것이다(『삼국사기』에 의해 비정된 고구려 첫 도읍 위치는 [지도 1] 참조).

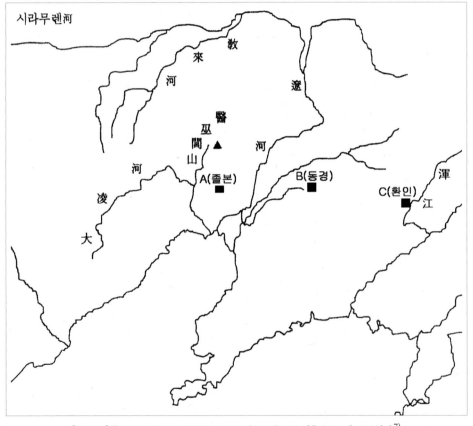

[지도 1] 『삼국사기』에 비정된 고구려 첫 도읍 졸본(흘승골성) 위치(A)[7]

고구려의 평양과 그 여운

그런데 이렇게 당시에 확보할 수 있는 각종 지리정보를 활용하여 졸본을 의무려산 일대로 비정한 『삼국사기』의 편찬자들이, 장수왕이 427년에 천도했다는 평양의 위치를 비정하는 과정은 다소 의아스럽다. 평양 위치에 대한 비정을 『신당서』의 기록만을 근거로, 그것도 너무 쉽고도 단순하게 현재의 북한 평양 대동강 일대로 추정하는 것이다. 그것도 『삼국사기』에 기록된 문맥 그대로 "그저 단지 추정하고 있는"것에 불과하다.

『삼국사기』가 평양성의 위치를 현재의 북한 평양 대동강 일대로 단지 추정하게 된 이유는 『신당서』의 관련 기록을 그대로 받아들인 때문인데, 이 『신당서』는 그 이전의 『구당서』의 평양성 관련 기록을 그대로 따르고 있다. 그러므로 『삼국사기』의 고구려 평양 위치 관련 왜곡은 『구당서』의 관련 기록으로부터 비롯된 것으로 판단된다. 『삼국사기』의 평양 관련 기록을 이해하기 위해서는, 당연히 『구당서』를 살펴보아야 마땅하다.

분명히 이십오사(二十五史) 중에서 고구려 평양성의 위치를 처음 왜곡하기 시작한 사서(史書)는 『구당서(舊唐書)』이다. 『구당서』는 940년에서 945년 사이에 작성되었는데,[8] 그 때는 고구려가 668년에 정치적으로 해체된 지 270여년이 지난 시기이다. 『구당서』는 고구려 도읍인 평양성을 다음과 같이 기록하였다.

> 고구려는 부여로부터 나온 별종(別種)이다. 그 나라는 평양성에 도읍하였는데, 곧 한(漢) 낙랑군의 옛 지역이며, 경사(京師)에서 동쪽으로 5천 1백리 밖에 있다.[9]

위에 인용한 『구당서』에서 평양성의 위치를 "한(漢) 낙랑군의 옛 지역"으로 설명했는데, 이것이 정사(正史)에서는 처음으로 평양성을 낙랑군과 연결시켜 그 사실을 왜곡한 첫 기록이다. 『구당서』 이전에 평양성을 언급한 정사로는 『위서(魏書)』, 『주서(周書)』, 『북사(北史)』, 『수서(隋書)』가 있다. 이들 사서 모두에서 평양성을 낙랑군과 연결시키는 기록이 없는 것이다. 참고를 위해, 대표적으로 『수서』의 평양 관련 기록을 살펴보면 아래와 같은데, 『수서』에도 평양성을 낙랑군과 연결시키는 기록은 없다.

---

7) 임찬경, 2016, 「고구려 첫 도읍 위치 비정에 관한 검토」 『선도문화』제20권, 310쪽.

8) 國史編纂委員會, 『국역 中國正史 朝鮮傳』, 國史編纂委員會, 1986, 160쪽.

9) 『舊唐書』卷199上 「列傳」第149上 東夷 高麗 "高麗者, 出自扶餘之別種也. 其國都於平壤城, 卽漢樂浪郡之故地, 在京師東五千一百里."

그 나라는 동서로 2천리이며, 남북으로 천여리이다. 평양성에 도읍했다. 또한 장안성에 도읍했다고도 말한다. 동서로 6리이며, 산을 따라 굴곡이 지고, 남쪽은 패수에 닿았다. 또한 국내성과 한성이 있는데, 모두 도회지로서 그 나라에서는 삼경이라 부른다.[10]

물론 『구당서』보다 더 이른 시기에 작성된, 정사(正史) 이외의 문헌에서도 고구려 평양성과 낙랑군을 연결시키는 기록을 찾아볼 수 있다. 당(唐)의 장수절(張守節)이 736년에 완성했다는 『사기정의(史記正義)』를 보면, 이태(李泰, 618~652년)가 642년에 작성했다는 『괄지지(括地志)』를 인용하며 "『괄지지』에서 말하길, 고려(高驪)는 평양성에 도읍했는데, 한(漢) 낙랑군 왕험성이다"라는 기록이 있다.[11]

그러나 『괄지지』를 인용한 위의 『사기정의』 기록은 그 존재가 의심되는 측면이 있다. 위의 인용문에서처럼 『괄지지』가 쓰여진 642년 무렵에 평양성과 낙랑군을 연결시키는 지리인식이 이미 존재하여 그러한 기록이 가능했다면, 『괄지지』와 비슷한 시기에 쓰여진 다른 정사들에도 그러한 기록들이 남겨졌어야 마땅하다. 그러나 『괄지지』와 비슷한 시기인 7세기에 쓰여진 『주서』와 『수서』 및 『북사』 등의 정사에는 고구려 평양성과 낙랑군을 연결시키는 기록이 전혀 없다. 이러한 여러 정황으로 판단하면, 『괄지지』는 물론 『주서』와 『수서』 및 『북사』 등이 쓰여지던 7세기까지도 평양성과 낙랑군을 연결시켜 이해하는 지리인식은 분명하지 않았던 것이다.

9세기 초에 이르면, 당(唐)의 두우(杜佑, 735~812년)가 801년에 완성했다는 『통전(通典)』에 고구려의 도읍인 평양성을 낙랑군과 연결시키는 기록들이 분명하게 보인다.

고려는 본래 조선의 지역이다. 한(漢)의 무제(武帝)가 현(縣)을 설치하며, 낙랑군에 속하게 했다. 그때는 심히 미약하였다. 후한(後漢) 이후 여러 대를 거치며 모두 중국의 봉작(封爵)을 받았고, 도읍한 곳은 평양성인데, 곧 옛 조선국의 왕험성이다. 후위(後魏)와 주(周) 및 제(齊)의 시기에 점차 강성해졌다.[12]

---

10) 『隋書』卷81 「列傳」第46 高麗 "其國東西二千里, 南北千餘里. 都於平壤城, 亦曰長安城, 東西六里, 隨山屈曲, 南臨浿水. 復有國內城·漢城, 並其都會之所, 其國中呼爲三京."

11) 『史記』卷115 「朝鮮列傳」第55 중의 '朝鮮'에 대한 주석 "【正義】潮仙二音. 括地志云, 高驪都平壤城, 本漢樂浪郡王險城, 又古云朝鮮地也."

12) 『通典』卷185 「邊防」1 東夷 上 序略 "高麗本朝鮮地, 漢武置縣, 屬樂浪郡, 時甚微弱. 後漢以後, 累代皆受中國

(고구려) …동진(东晋, 317~420년) 이후로, 그 왕이 머무는 곳은 평양성인데(즉 한의 낙랑군 왕험성이다. 모용황이 와서 정벌한 이후, 국내성으로 옮겼고, 옮겨 이 성에 도읍했다), 혹은 장안성이라고 말하기도 한다.[13]

그러나 위에 인용한, 『통전』에서 고구려의 도읍을 낙랑군 왕험성과 연결시키는 두 기록 역시 그 존재가 의심되는 점이 있다. 김부식 등이 『삼국사기(三國史記)』「지리지」의 고구려 관련 부분을 서술하면서 그 서두(書頭)에 『통전』을 인용하고 있는데,[14] 그 몇 줄 뒤에 평양성을 서술하면서 위에 소개한 『통전』의 기록들을 전혀 인용하지 않았다. 평양성의 위치에 대한 문헌자료가 극히 적은 상황에서 김부식 등이 위의 『통전』 인용문을 보았다면, 평양성의 위치 서술에 반드시 인용했을 법하다. 김부식 등이 『통전』을 저술에 활용했음에도 『삼국사기』「지리지」의 평양 부분 서술에 위의 인용문을 언급하지 않은 것은, 김부식이 접한 당시의 『통전』 판본에 위와 같이 평양성을 "한의 낙랑군 왕험성"으로 보충설명해주는 기록이 아직 없었던 것은 아닌지 의심스러운 것이다.

위와 같은 여러 상황으로 판단하면, 장수왕이 427년에 천도해간 평양성의 위치를 한(漢)의 낙랑군과 관련시켜 그 위치를 현재의 북한 평양 일대로 왜곡시키기 사서는 『구당서』이며, 그 이후 북송(北宋)의 구양수(歐陽修, 1007~1072) 등은 『구당서』의 평양 관련 기록을 그대로 옮겨놓는 『신당서(新唐書)』를 작성했다. 『신당서』의 관련 기록은 다음과 같다.

고려는 본래 부여의 별종(別種)이다. 그 지역은 동쪽으로 바다를 건너 신라에 이르고, 남쪽으로 역시 바다를 건너 백제에 이르며, 서북쪽으로 요수를 건너 영주(營州)와 접하고 있고, 북쪽은 말갈이다. 그 왕은 평양성에 머무는데, 또한 장안성에 머문다고도 말하며, 한(漢)의 낙랑군이다. 경사(京師)에서 5천리 떨어져 있다. 산의 굴곡을 따라 외성(外城)을 쌓았으며, 남쪽 물가가 패수인데, 그 왼쪽에 왕이 궁을 쌓았다. 또한 국내성과 한성이 있는데, 별

---

封爵, 所都平壤城, 則故朝鮮國王險城也. 後魏·周·齊漸强盛."

13) 『通典』卷186「邊防」2 東夷 下 高句麗 "自東晉以後, 其王所居平壤城, 即漢樂浪郡王險城. 自為慕容皝來伐, 後徙國內城, 移都此城. 亦曰長安城."

14) 살펴보면, 『통전』에서 말하기를, 주몽이 한(漢) 건소(建昭) 2년에 북부여로부터 동남으로 가서, 보술수(普述水)를 건너 흘승골성(紇升骨城)에 이르러 거주하며, 구려(句麗)라 칭하고, 고(高)를 성씨로 했다고 한다(『三國史記』卷第37「雜志」第6 地理 第4 高句麗 "按, 『通典』云: 朱蒙以漢建昭二年, 自北扶餘東南行, 渡普述水, 至紇升骨城居焉. 號曰句麗, 以高爲氏.").

도(別都)라 부른다.[15]

그런데 1145년에 작성된 『삼국사기』에서 김부식 등은 『구당서』를 답습한 『신당서』의 관련 기록만을 근거로, 장수왕이 427년에 천도한 평양성을 현재의 북한 평양 대동강 일대로 다음과 같이 추정하고 있는 것이다.

평양성은 지금의 서경인 듯하고, 그렇다면 패수는 곧 대동강(大同江)이 이것이다. 어떻게 이를 알 수 있는가? 『당서(唐書)』에서 "평양성은 한(漢)의 낙랑군이다. 산의 굴곡을 따라 외성(外城)을 쌓았으며, 남쪽 물가가 패수이다"라고 기록되어 있으며, 또한 「지리지」에는 "등주(登州)에서 동북쪽 바다로 가서 남쪽으로 해변을 끼고 패강 어귀에 있는 초도(椒島)를 지나면 신라의 서북 지방이 된다"고 했으며, 또한 수(隋) 양제가 동방을 정벌하는 조서에서는 "창해도(滄海道)의 군사는 배를 천 리에 잇대어, 높이 단 돛은 번개처럼 가고, 큰 배는 구름처럼 나르니, 패강을 가로 끊어 멀리 평양으로 나아간다"고 했으니, 이로써 말하면 지금의 대동강이 패수가 됨이 명백하며, 그렇다면 서경이 평양이 됨을 또한 알 수 있겠다. 『당서』에는 "평양성 또한 장안(長安)이라고 말해진다"고 했으나, 『고기』에서는 "평양으로부터 장안으로 옮겼다"라고 했다. 그러므로 두 성이 같은 곳인지 다른 곳인지, 먼지 가까운지는 알 수가 없다. 고구려는 처음에 중국 북쪽 지역에 있었으니, 그렇다면 점차 동쪽으로 패수 옆으로 옮겨온 것이다.[16]

위의 인용문을 잘 검토해보면, 『삼국사기』는 "평양성은 지금의 서경인 듯한데", "그렇다면 패수는 곧 대동강(大同江)이고", "지금의 대동강이 패수가 됨이 명백하여", "서경이 평양이 됨을 또한 알 수 있겠다"고 서술했다. 추정만이 있었을 뿐, 논증이 전혀 없는 것이다. 고

---

15) 『新唐書』卷220 「列傳」第145 東夷 高麗 "高麗, 本扶餘別種也. 地東跨海距新羅, 南亦跨海距百濟, 西北度遼水
與營州接, 北靺鞨. 其君居平壤城, 亦謂長安城, 漢樂浪郡也, 去京師五千里而贏, 隨山屈繚爲郭, 南涯浿水, 王築
宮其左. 又有國內城·漢城, 號別都."

16) 『三國史記』卷第37 「雜志」地理 第4 高句麗 "平壤城似今西京, 而浿水則大同江是也. 何以知之? 『唐書』云: 平壤
城, 漢樂浪郡也, 隨山屈繚爲郭, 南涯浿水." 又 「志」云: 登州東北海行, 南傍海壖過浿江口椒島, 得新羅西北. 又
隋煬帝東征詔曰: 滄海道軍, 舟艫千里, 高帆電逝, 巨艦雲飛, 橫絶浿江, 遙造平壤. 以此言之, 今大同江爲浿水,
明矣. 則西京之爲平壤, 亦可知矣. 『唐書』云: 平壤城亦謂長安. 而古記云: 自平壤移長安. 則二城同異遠近, 則不
可知矣. 高句麗始居中國北地, 則漸東遷于浿水之側."

고구려의 평양과 그 여운

구려의 평양성이 대동강 가에 위치한 현재의 평양일 것이라고 추정하였지만, 실증(實證)을 할 수 없었던 것이다.

더욱이 『삼국사기』는 평양성을 대동강 가의 서경으로 위치시키면서, 장안성과 혼동할 수밖에 없는 모순을 드러냈다. 그러므로 "평양으로부터 장안으로 옮겼다"는 기록은 분명한데, 평양성의 위치를 낙랑군의 옛 지역인 서경으로 위치시켜놓고 보니, 평원왕이 586년 평양에서 또 옮겨갔다는 장안성을 찾을 수 없어, 평양성과 장안성이 "두 성이 같은 곳인지 다른 곳인지, 먼지 가까운지는 알 수가 없다"고 그 인식의 한계를 드러낸 것이다.

위에 인용한 『삼국사기』의 기록을 검토해보면, 평양성이 대동강 일대의 서경에 위치했었다고 인정하기 어렵다. 평양성 위치에 관한 일종의 왜곡이 『삼국사기』에서 쉽게 파악되는 것이다. 물론 『삼국사기』에서의 그 왜곡은, 평양성 위치를 한(漢)의 낙랑군과 연결시키는 『구당서』 및 『신당서』의 지리인식 왜곡에서 비롯되어 더욱 확장된 것이다. 김부식 등 『삼국사기』의 편찬자들이 『신당서』의 평양성 관련 기록을 조금 더 비판적으로 검토할 수만 있었다면, 피할 수 있는 왜곡이었는데, 위의 인용문에서 확인할 수 있듯, 아쉽게도 『삼국사기』의 편찬자들은 아무런 비판없이 『신당서』의 평양성 관련 기록을 전재로 "평양성은 지금의 서경인 듯하다"는 추정을 곧바로 결론으로 확정지었던 것이다.

『구당서』가 고구려 평양성을 한(漢)의 낙랑과 관련시켜 그 위치를 현재의 북한 평양 일대로 왜곡시킨 배경은 그 사서의 편찬 시기, 그 사서에서의 자료 수집 과정, 그리고 당시의 사관(史觀)과 관련이 있다. 이들 사항을 검토하면, 『구당서』에 평양성의 위치 관련 왜곡이 기록된 상황을 이해할 수 있는 것이다.

『구당서』는 유구(劉昫, 887~946년)의 주관 아래 940년에 편찬을 시작하여 945년에 완성하였는데, 특이한 점으로, 삼국 중 신라와 관련해서는 신라 문성왕3년(841년)까지의 사실을 기록하고 있다.[17] 즉 『구당서』는 945년에 완성되면서, 그 작성 시점까지 수집될 수 있는 여러 자료들이 삼국과 관련된 서술에 반영되었다고 볼 수 있는 것이다.

당시 유구는 후진(後晉, 936~947년)의 동중서문하평장사(同中書門下平章事)란 직책으로서 『구당서』의 편찬을 주관했는데, 그 사서의 편찬 기간에 후진은 고려와 정치적·문화적인 교류관계를 유지하고 있었다. 『해동역사(海東繹史)』에는 941년 후진이 고려의 왕건을 고려 국왕에 봉하고, 또 사신들을 고려로 파견하여 책명(冊命)했다는 『책부원귀(冊府元龜)』의 기

---

17) 國史編纂委員會, 『국역 中國正史朝鮮傳』, 國史編纂委員會, 1986, 160쪽.

사를 인용하고 있다. 또한 『해동역사』에는 왕건이 고려에 와 머물던 서역의 승려 말라(襪囉)를 다시 후진으로 보내어, 후진에게 함께 거란을 공격하자는 제의를 했다는 『속통전(續通典)』의 기록을 인용하며, 고려가 후진과 교류한 사실들을 전하고 있다.[18]

이러한 교류의 시기에 『구당서』의 편찬이 이루어지는데, 적지 않은 교류 과정에 파악되어 후진 사회에 전해진 고려사회의 평양 관련 지리인식 등이 당연히 『구당서』의 평양성 관련 기록에 영향을 미쳤을 수 있다. 또한 10세기에 살고있는 저자들이 3백여년 이전의 고구려 평양성 관련 사실을 기록하면서, 현재의 지리인식을 적용시켰을 수도 있고, 또한 현재 중국의 소위 '동북공정(東北工程)'과 비슷한 시각으로 고구려사를 의도적으로 왜곡하기 위해 평양성 관련 기록을 낙랑과 연결시켜 남겨놓았을 가능성도 높다. 어쨌든 10세기에 그렇게 형성된 평양 관련 왜곡이 11세기의 『삼국사기』 저자들에게 답습되고, 현재까지도 영향을 미친다고 파악할 수 있다.


# III. 조선시대, 기자 혹은 정통론에 따른 평양 인식의 오류

고려 말에서 조선 초기에 들어서며, 고대평양에 대한 공통된 하나의 인식이 새로이 형성되는데, 그 인식의 출발점에는 기자(箕子)가 놓이게 된다는 특징이 있다. 이 점이 고려시대의 평양 인식과 조선시대의 평양 인식의 큰 차이를 초래하게 된다. 조선시대에 들어서 새로이 형성되는 평양 인식의 배경은 대표적으로 다음의 글에서 파악할 수 있다.

나는 말하기를, 평양은 곧 고조선 기자가 도읍하였던 곳이요, 구주(九疇)는 천인(天人)의 학설이고 팔조(八條)는 아름다운 풍속이니, 진실로 우리 동방 수천 년 예의의 교화를 이루게 한 것이다. 아아, 아름다운 일인데, 위만(衛滿) 때부터 고씨(高氏)에 이르는 동안 오로지 무력만을 숭상하여 그 풍속이 크게 변하였고, 고려 때에 와서는 요·금·원 나라와 국경이 서로 이웃하게 되니, 오랑캐 풍속에 물들어서 더욱 교만하고 사납게 되었다.[19]

---

18) 韓致奫, 『海東繹史』 第12卷 世紀12 「高麗」1.

19) 『陽村集』 卷12 「平壤城大同門樓記」 "予曰平壤卽古朝鮮箕子之所都也 九疇天人之學 八條風俗之美 實基我東方數千載禮義之化 猗歟休哉自衛滿歷高氏專尙武强 其俗大變 逮夫王氏之世 遼金與元境壤相鄰 熏染胡俗 益以驕悍 是猶岐豐之地."

위에 예로 든 글을 쓴 권근(權近, 1352~1409)은 고려 말 조선 초를 살았던 유학자로서, 위의 글은 고려 말과 조선 초기 지식인들의 고구려 평양에 대한 인식을 이해할 수 있는 하나의 단서가 된다. 위의 인용문에서 "우리 동방 수천 년 예의의 교화를 이루게 한" 기자를 부각시키면서 상대적으로 위만과 고씨(高氏) 즉 고구려는 "오로지 무력만을 숭상하여 그 풍속이 크게 변하였고, 고려 때에 와서는 요·금·원 나라와 국경이 서로 이웃하게 되니, 오랑캐 풍속에 물들어서 더욱 교만하고 사납게 되었다"고 비하한다. 이와 같이 고려 말에서 조선 초기의 고대평양 관련 언급에서, "우리 동방 수천 년 예의의 교화를 이루게 한" 기자와의 관련성을 부각시킴은, 당시의 지배층이 지닌 문화의식 및 사대정책과 깊은 관련이 있다. 이러한 평양 인식은 조선시대 전반을 지배했던 다음과 같은 이데올로기 아래에서 가능했다.

해동(海東)은 그 국호가 일정하지 않았다. 조선이라고 일컬은 이가 셋이 있었으니, 단군·기자·위만이 바로 그들이다. 박씨·석씨·김씨가 서로 이어 신라라고 일컬었으며, 온조는 앞서 백제라고 일컫고, 진훤은 뒤에 후백제라고 일컬었다. 또 고주몽은 고구려라고 일컫고, 궁예는 후고구려라고 일컬었으며, 왕씨는 궁예를 대신하여 고려라는 국호를 그대로 사용하였다. 이들은 모두 한 지역을 몰래 차지하여 중국의 명령을 받지 않고서 스스로 명호를 세우고 서로를 침탈하였으니 비록 호칭한 것이 있다손 치더라도 무슨 취할 게 있겠는가? 단 기자만은 주무왕(周武王)의 명령을 받아 조선후에 봉해졌다. 지금 천자(*명의 태조를 가리킴)가, "오직 조선이란 칭호가 아름다울 뿐 아니라, 그 유래가 멀고 오래다. 이 이름을 그대로 사용하고 하늘을 체받아 백성을 다스리면, 후손이 길이 창성하리라"고 명하였는데, 아마 주무왕이 기자에게 명하던 것으로 전하에게 명한 것이니, 이름이 이미 바르고 말이 이미 순조롭게 된 것이다. 기자는 무왕에게 홍범(洪範)을 설명하고 홍범의 뜻을 부연하여 8조(條)의 교(敎)를 지어서 국중에 실시하니, 정치와 교화가 성하게 행해지고 풍속이 지극히 아름다웠다. 그러므로 조선이란 이름이 천하 후세에 이처럼 알려지게 된 것이다. 이제 조선이라는 아름다운 국호를 그대로 사용하게 되었으니, 기자의 선정(善政) 또한 당연히 강구해야 할 것이다(『三峰集』第13卷「朝鮮經國典」上 國號).

조선의 개국과 통치기반 확립을 주도했던 정도전이 작성한 위의 「조선경국전」은 그 뒤

조선왕조를 움직이는 통치이데올로기가 되었다. 그 통치이데올로기의 핵심에는 기자가 있었다. 즉 기자를 계승한다는 의미의 국호를 가진 조선은 "기자의 선정(善政) 또한 당연히 강구해"야 하는 것이다. 나아가 정도전은 기자가 주무왕의 책봉을 받아 고조선의 임금이 되었듯 이성계가 명(明)의 책봉을 받아 조선의 왕이 된 것을 연결시켜, 조선 건국의 대내외적 정당성을 드러내려 하였다.[20] 물론 그 결과는 사대(事大), 소중화(小中華), 화이관(華夷觀)의 함정에 더욱 깊이 빠져드는 것이었다.

이러한 시기에, 기자를 중심에 세운 조선의 사대적 통치이념과 역사관을 확립할 목적으로 권근 등이 태종의 왕명을 받고 1403년에 완성한 사서가 바로 『동국사략(東國史略)』이다. 성리학적 제도를 정착시키고, 중국에 대한 사대외교를 확립시킴으로써 건국의 정당성과 왕권을 강화하며, 조선왕조의 정치체제와 정치이념을 공고히 하려는 목적을 띤 『동국사략』의 상고사 서술에서 특별히 강조되었던 것은 바로 기자였다.

『동국사략』은 〈단군조선-기자조선-위만조선-한사군-이부(二府)-삼한-삼국〉으로 이어지는 역사체계로 서술되었는데, 삼한의 위치 비정은 『삼국유사』와 달랐다. 『삼국유사』는 최치원의 관점에 따라 마한-고구려, 변한-백제, 진한-신라를 연결시켰다. 이와 비교하여 『동국사략』은 마한-백제, 변한-고구려, 진한-신라를 연결시켰다. 변한을 고구려와 연결시켜 북쪽에 위치시킨 근거는 『후한서』의 "변한은 남쪽에 있고 마한은 서쪽에 있고 진한은 동쪽에 있다"란 기재가 한(漢)의 경계인 요동을 기준으로 했기 때문이라고 설명했다.[21]

『동국사략』에서 기자조선의 후예가 세운 마한을 백제와 연결시켜 남방에 위치시킨 것은 결과적으로 삼한의 중심체를 남방으로 끌어내린 것을 뜻하며, 기자조선의 발달한 문물이 고구려에 전승되었음을 부인하는 것이기도 하다. 그로써 기자조선과 마한의 위치를 상고사의 주류로 설정하고 그 중심무대를 반도 이남으로 끌어내리는 결과를 가져왔다. 따라서 상고사의 범위는 더욱 협소해지고, 중국문화의 영향은 한층 강조되었던 것이다. 또한 신라를 삼국 중의 주인으로 설정하여 고대사의 주류가 〈기자-마한-신라〉로 이어지는 것으로 체계화시켰다. 신라를 삼국의 주인으로 설정한 것은 권근이 "신라가 먼저 일어나고 나중에 망했기" 때문이라고 말하였지만, 실은 사대와 강상(綱常)의 명분을 확립하는 데 있어 신라

20) 유성선, 2012, 「栗谷의 華夷論 硏究」『인문과학연구』34, 380쪽.
21) 鄭求福, 1975, 「東國史略에 대한 史學史的 考察」『역사학보』68, 12~14쪽.

를 정통으로 세우는 것이 유리하다고 판단한 때문이었다고 볼 수 있다.[22] 이러한 역사인식은 1485년 성종의 왕명에 따른 『동국통감(東國通鑑)』에 그대로 이어졌고, 이들 사서는 이후의 역사인식 형성과 그 유지에 큰 영향을 미쳤다.

한편 조선 초기부터 사대적 역사인식과 서술이 강화되면서 역사지리에서 나타난 현상은 단군, 기자, 위만, 한사군의 낙랑 등이 모두 현재의 대동강 강변 현재의 북한 평양 일대로 설정되는 것이었다. 대표적인 예를 들면, 『동국여지승람』의 다음과 같은 기록을 들 수 있다.

〔평양부〕 본래 삼조선과 고구려의 옛 도읍으로 당요(唐堯) 무진년에 신인(神人)이 태백산 박달나무 아래에 내려왔으므로 나라 사람들이 그를 세워 임금을 삼아 평양에 도읍하고 단군이라 일컬었으니, 이것이 전조선이요, 주무왕(周武王)이 상(商)을 이기고 기자를 여기에 봉하니, 이것이 후조선이요, 전하여 41대 손인 준(準)에 이르러 연인(燕人) 위만이 그 땅을 빼앗아 왕험성〔험(險)은 검(儉)이라고도 쓰니, 바로 평양이다〕에 도읍하니, 이것이 위만조선이다. 그 손자 우거가 한(漢)의 조명(詔命)을 받들려 하지 않으니 무제가 원봉 2년에 장수를 보내어 토벌하여 사군으로 만들고 왕험성으로 낙랑군을 삼았다. 고구려 장수왕 15년(427)에 국내성으로부터 옮겨와 도읍하였다.[23]

그 이후 조선 중후기에 들어서면, 기자가 도읍하여 문명을 교화한 평양에서 시작하여, 우리민족의 전반 역사의 강역을 한반도에 한정하는 유형의 역사서술이 지배적 관점으로 자리잡게 되었다. 대표적인 사례가 정약용인데, 그의 『아방강역고』는 우리민족의 영역이 원래부터 대체로 한반도 지역 안에 있었음을 입증하려는 의도에서 작성되었다고 평가할 수 있다.[24]

이 무렵의 대표적 역사지리서라 할 수 있는 『동사강목』과 『아방강역고』는 조선시대 중후기의 학자들이 역사를 구성하는 일정한 틀로 작용한 소위 '정통론'에 의해 우리역사를 서술한 것들이다. 이러한 '정통론'에서의 조선역사는 반드시 기자(箕子)로부터 시작되어, 기자를 중심에 세워, 그 정통을 계승하는 역사를 서술하는 것으로서 근본적으로 사대적이다.

---

22) 韓永愚, 1981, 『朝鮮前期 史學史 硏究』, 서울大學校出版部, 25~33쪽.

23) 『新增東國輿地勝覽』 第51卷 平安道 平壤府.

24) 趙誠乙, 1992, 「《我邦彊域考》에 나타난 丁若鏞의 歷史認識」 『奎章閣』 15, 91~92쪽.

정약용 『아방강역고』의 첫 부분인 「조선고(朝鮮考)」도 "조선이란 이름은 평양에서 생겼는데, 실은 기자가 도읍한 본지(本地)를 말한다"며 기자로부터 우리역사 서술을 시작한다.[25] 『동사강목』은 〈단군조선-기자조선-마한〉을 정통으로 세웠는데, 실제로 『동사강목』 본문의 역사서술은 기자 원년으로부터 시작한다.[26]

여기서 분명하게 지적해야 할 점은, 그들의 역사편찬 논리인 정통론은 실은 중화(中華) 혹은 소중화(小中華) 혹은 사대(事大)를 포괄하는 개념으로서 근본적으로 사대주의(事大主義) 입장에 선 것이란 점이다. 정통론이란 실제로 '중화계승의식'의 역사학적 표현에 다름 아니다.[27] 기자가 현재의 평양 일대에서 조선이란 나라를 문명국으로 교화시키고, 뒤에 한(漢)의 무제가 그 평양에 낙랑군을 세웠으며, 한사군 중의 현토군은 압록강 중류 일대에 있었는데 그곳에서 고구려가 건국되었으니, 고구려의 첫 도읍은 압록강 중류 이북 일대에 비정된다는 논리가 조선시대에 나타나서 지배적 인식으로 작용하기 시작한 것이다. 또한 당연히 압록강 중류 일대에 있던 고구려는 427년에 지금의 평양으로 천도했다는 논리도 확산된 것이다.

그러므로 조선시대의 위와 같은 고대평양 인식은 사대사관(事大史觀)에서 비롯되었음을 부정할 수 없는 것이다. 조선시대의 사대사관이란 것은 기자를 평양과 연관시키는 인식으로부터 비롯되었음을 알 수 있는 것이다.

한편 조선시대에는 역사와 관련된 이러한 인식 오류를 유지시키는 강력한 사회적 기제들을 갖고 있었다. 그 기제 중 대표적인 것이 오늘날의 초중 교과서에 해당하는 『동몽선습(童蒙先習)』이다. 『동몽선습』은 16세기 조선의 대표적인 아동용 교과서인데, 전체적 구성은 유학적 이론 도덕을 담고 있는 '경(經)'과 중국과 우리나라의 역사를 서술해 놓은 '사(史)'로 나뉘어져 있다. 그 중 역사 부분은 장황한 중국 역사를 서술한 뒤에, 〈단군-기자-위만(한사군)-마한(삼한)-신라(삼국)-고려-조선〉으로 이어지는 역사를 서술하고 있다. 이 역사가 모두 "궁벽한 반도(半島)" 그중에서도 '평양'을 중심으로 서술되고 있는데, 그 내용이 사대적인 '소중화(小中華)' 의식에 근거하고 있으며, 또한 목적도 사대적인 '소중화'의 교육과 양

25) 정약용 지음/이민수 옮김, 1995, 「朝鮮考」『我邦疆域考』, 범우사, 21쪽.

26) 『東史綱目』第1 上 己卯年 朝鮮 箕子 元年.

27) 許太榕, 2007, 「17세기 말~18세기 초 中華繼承意識의 형성과 正統論의 강화」『震檀學報』103, 75쪽.

산에 있었다.[28)]

그 목적을 상징적으로 서술한 『동몽선습』의 끝 부분은 다음과 같다.

명(明) 태조 고황제(高皇帝)가 국호를 조선이라고 고쳐 내리자 한양에 도읍을 정하여 성스럽고 신령스러운 자손들이 끊임없이 계승하여 거듭 빛내고 여러 차례 스며들어서 지금에 이르니 실로 만세토록 끝없을 아름다움이로다. 아! 우리나라가 비록 궁벽하게 바다 모퉁이에 자리 잡고 있어 영토가 좁지만 예악법도와 의관문물을 모두 중화의 제도를 따라 인륜이 위에서 밝혀지고 교화가 아래에서 시행되어 풍속의 아름다움이 중화(中華)를 방불하였기 때문에 중화인들이 우리를 소중화(小中華)라고 일컬으니 이 어찌 기자(箕子)가 끼쳐준 교화 때문이 아니겠는가. 아! 너희 소자(小子)들은 의당 보고 느껴서 흥기(興起)할지어다.[29)]

## IV. 일제강점 이후 현재까지 평양 인식 오류의 형성과 그 유지 기제

일제강점기 이후 고대평양 인식은 사대사관과 함께 식민사관의 논리에 의해 강화 및 계속 유지되고 있다. 일제는 조선침략 및 영구지배를 위한 역사관점인 식민사관에 따라, 조선시대의 사대사관에 의해 형성된 기존의 고대평양 인식을 그대로 수용하였고 또 유지시켰다.[30)]

예를 들면 하야시 다이스케(林泰輔)는 1892년에 출간한 『조선사』에서 "전하기로는 처음에 군장(君長)이 아니라 신인(神人)이 있었는데, 박달나무 아래에 내려와 국인(國人)이 추대하여 임금이 되니 이를 단군이라고 한다. 그 국호를 조선이라고 하고 평양(평안도 평양부)에 도읍하였다"고 서술하면서 황당하기에 믿을 수 없다고 하고, "주(周)의 무왕(武王)이 주왕(紂王)을 토벌하여 이를 멸망시키자, 기자는 중국인 5천 명을 이끌고 조선으로 피난하여 평양에 도읍하였다"고 하고, 조선이 이로 인해 비로소 발전했다는 것이며, 그 영토가 대략 지

---

28) 韓永愚, 1981, 『朝鮮前期 史學史 研究』, 서울大學校出版部, 256쪽.

29) 『童蒙先習』

30) 필자는 조선시대의 사대사관과 일제강점기의 식민사관은 크게 다르지 않다고 평가한다. 일제가 강점 이후 짧은 시간에 식민사관을 형성하여 조선 역사왜곡에 바로 작동시킬 수 있었던 이유는 조선시대에 형성된 사대사관을 식민사관으로 변용시켰기에 가능했다고 볼 수 있다.

금의 황해도 이북 및 만주 남부라는 것이다. 또한 뒤에 위만이 준왕의 지위를 빼앗아 왕이 되었는데, "왕검(지금의 평양)에 도읍하였다"고 하였고, 한무제가 그 지역을 나누어 4군을 두고, 그 뒤에 일어난 고구려가 몇 차례 옮긴 평양이 바로 평안도 평양이라고 서술했다. 조선시대의 고대평양 인식을 한층 더 강화한 서술에 불과한 것이다.

일제강점기 이후 일제는 조선과 만주에 대한 고고학적 조사 및 연구에 적극적이었다. 물론 그 조사 및 연구의 목적이 일제의 침략 및 식민지 지배정책과 관련되어 있었기 때문에, 위에 소개한 하야시 다이스케의 역사관을 벗어나지 않는다. 동천왕이 247년에 환도성을 도읍으로 쓸 수 없어 축성했다는 평양성을 도리이 류조(鳥居龍藏)가 현재의 집안(集安) 일대로 본 연구도 있고,[31] 그 밖에 고구려 첫 도읍인 졸본과 국내성 등에 대한 다수의 연구가 있다.[32] 427년 천도한 평양성에 대해서는 세키노 다다시(關野貞)가 1910년대 평양일대 고구려 유적을 조사하면서 장수왕이 천도한 평양성을 대성산성으로 보았다.[33] 세키노 다다시는 장수왕이 평양으로 천도하며 궁성의 용도로 청암동토성을 축조한 것으로 보기도 했다.[34] 이렇듯 일제의 연구자들은 기자, 위만, 한사군 중의 낙랑, 장수왕이 천도한 평양성 등을 현재의 평양 일대로 보는데 이견이 없었다.

한편 일제강점기 중 일제의 연구자 이외에 일찍이 한국인으로서 고대평양을 전반적으로 언급한 연구자가 있어 특히 주목되는데, 그가 바로 이병도(李丙燾, 1896~1989)이다. 위에 이미 언급한 신채호의 「평양패수고」(1925)가 발표되기 2년 전에, 이병도는 1923년 9월 28일부터 1924년 2월 24일까지 『동아일보』에 「조선사개강(朝鮮史概講)」을 87회에 걸쳐 연재하였다([자료 2] 참조). 조선사의 전반 흐름을 정리한 일종의 개설서를 여러 부분으로 나

---

31) 鳥居龍藏, 1914, 「丸都城及び國內城ねの位置た就きて」, 『史學雜誌』25-7.

32) 1945년 이전 일제에 의한 고구려 도읍 관련 연구성과로 대표적인 것들은 다음과 같다. 松井 等, 1911, 「國內城の位置について」『東洋學報』1-2. 淺見倫太郎, 1911, 「平壤と長安城」『朝鮮』35. 鳥居龍藏, 1914, 「丸都城及び國內城の位置に就よきて」『史學雜誌』25-7, 史學會. 關野貞, 1914, 「滿洲輯安縣及平壤附近に於ける高句麗時代の遺蹟」『考古學雜誌』5-3, 日本考古學會. 白鳥庫吉, 1914, 「丸都城及國內城考(1·2)」『史學雜誌』25-4·5, 史學會. 關野貞, 1914, 「國內城及丸都城の位置」『史學雜誌』25-11, 史學會. 朝鮮總督府, 1919, 「大正七年度古蹟調査成績」『朝鮮彙報』8月號. 關野貞, 1920, 「丸都城考」『大正6年度古蹟調査發掘報告』. 關野貞, 1928, 「高句麗の平壤城及び長安城に就いて」『史學雜誌』39-1, 史學會. 日滿文化協會, 1938, 『通溝 上-滿洲國通化省輯安縣高句麗遺蹟』. 日滿文化協會, 1940, 『通溝 下-滿洲國通化省輯安縣高句麗壁畫墳』. 藤田亮策, 1940, 「通溝附近の古墳と高句麗の遺蹟」『池內宏博士還曆紀念東洋史論叢』. 藤田亮策, 1940, 「通溝附近の古墳と高句麗の墓制」『池內宏博士還曆紀念東洋史論叢』. 池內宏, 1941, 「漢魏晉の玄菟郡と高句麗」『史苑』14-3.

33) 關野貞, 1915, 「朝鮮古蹟圖譜解說二」『朝鮮古蹟圖譜』卷2.

34) 關野貞, 1941, 「高句麗の平壤及び長安城に就いて」, 『朝鮮の建築と藝術』, 345~358쪽.

朝鮮史概講(七)

杜梓生 李丙燾

第一篇 上古史(續)

第三章 漢人國家의興亡과및漢四郡의設置(續)

[자료 2] 1923년 『동아일보』에 연재된 이병도의 「조선사개강」 일부

누어 한 회에 200자 원고지 7~8매 정도의 분량을 실은 것이었다. 「조선사개강」은 서론 및 상고사, 중고사, 근세사의 3편으로 나누어 계획되었으나 질병을 이유로 제2편 중고사까지만 연재하고 중단되었다. 만약 원래 계획대로 근세사까지 계속 집필되었다면 200자 원고지 1000매가 넘는 한 권의 한국사 개설서가 될 수 있었을 것이다.[35] 이병도는 여기에서 고대평양에 대한 자신의 관점을 밝히는데, 이것이 해방 이후에도 그의 고대사 체계의 큰 틀로 유지되었을 뿐만 아니라, 한국사학계에 고대사에 관해 큰 영향력을 미치는 작용을 하게 되었다.[36]

아래의 인용문에서 분명하게 확인할 수 있듯, 이병도의 「조선사개강」은 위에 언급한 하야시 다이스케(林泰輔)가 1892년에 출간한 『조선사』의 조선사 인식에 적용된 관점 즉 식민사관을 그대로 재현하고 있었다고 볼 수 있다(원문의 의미를 그대로 살리기 위해, 『동아일보』에 연재된 그대로의 용어를 옮겨 놓는다).

第三章 漢人 國家의 興亡과 및 漢四郡의 置, 廢

(一)箕, 衛 兩朝鮮의 興亡

北部 朝鮮에는 大同江 附近을 根據로 하야 建立한 漢人의 國家가 잇섯다. 몬저 現出한 者가 所謂 箕氏朝鮮이오 後에 이를 替領한 者가 衛滿의 朝鮮이엇섯다. 箕氏朝鮮의 始祖와 開國年代에 關하야 史에 明文이 업서 詳치 못하나 논컨대 支那 春秋戰國 兩時代 卽 그 社會가 紊亂할때에 漢人으로서 陸上 或은 海上으로 遼東 方面에 移民하야 鴨綠江 內外에 蔓延한 貊人을 다소 威壓하는 集團이 만히 잇섯는대 그 中에 箕子의 後裔라 自稱하는 偉人이 잇서 甚至於 北部朝鮮地에 國을 建하고 今 平壤을 그 首府로 하야 威勢를 보인듯하다. 어쩌든지 이 나라의 始祖는 그네들의 말과 가치 古殷人인 箕子라고 斷定할수 업는 것은 우에 이미 說明하얏슴으로 그대로 聽信키 難하나 그 始祖가 箕否 箕準으로부터 멀지 아닌 祖上인 것은 그 建國이 大抵 支那 戰國時代에 되얏스리란 推論에 의하야 可히 斟酌할수잇다.

…… 그러나 秦이 맛참내 亡하고 漢이 興하야 그 功臣 盧綰이 燕王에 封하야짐애 朝鮮은 燕과 다시 浿水(卽 鴨綠江)로 境界를 하게 되얏섯다. 얼마 아니되어 燕王 盧綰이 漢을 叛하고

35) 閔賢九, 2012, 「斗溪 李丙燾의 修學과정과 초기 學術活動」『震檀學報』116, 280~281쪽.
36) 이병도의 「조선사개강」과 그 글이 한국사학에 미친 영향에 대해서는 다음의 논문을 참고할 수 있다. 임찬경, 2014, 「이병도 한사군 인식의 형성과정에 대한 비판적 검토」『국학연구』 제18집.

匈奴에 入함에 미처서 燕人 衛滿이란 者 亦是 亡命하야 朝鮮에 來寓하얏섯다. 箕準은 이를 信任하야 西界의 若干 땅을 封與하얏더니 後에 도리어 衛滿의 詐欺에 빠지어 그 叛襲을 바더 國을 失하고 (箕準은) 難을 避하야 殘黨을 잇글고 馬韓으로 逃亡하얏섯다.[37]

위의 인용문에서 보듯, 1923년 10월 4일에 연재된 「조선사개강」 속의 한 항목은 바로 "한인(漢人) 국가의 흥망과 한사군(漢四郡)의 설치 및 폐지"이다. 이곳에서 이병도는 춘추전국 시기에 평양 일대에 나라를 세운 기씨(箕氏)와 그 이후의 한(漢) 시기에 이 지역으로 망명하여 기준(箕準)의 나라를 빼앗은 위만의 조선 모두를 한인(漢人)의 국가로 설정하여, 조선의 고대사를 서술하였다. 그리고 뒤이어 10월 5일 연재한 「조선사개강」에서 서기전108년 위만의 조선은 한(漢)의 무제에게 멸망되면서, 한반도 중부 이북과 압록강 북쪽의 동가강 유역 및 그 동쪽의 두만강 일대에 한사군이 설치됨으로써 이들 지역 모두는 한(漢)의 식민지가 되었다고 서술하였다. 「조선사개강」에 나타난 이병도의 인식에 따르면, 한반도의 조선사는 그 출발부터 "한인(漢人) 국가에 의한 식민지의 역사" 그 자체인 것이다. 이러한 내용의 역사서술은 당시 식민사관에 의한 조선사 서술의 전형적인 것이었다.

고대평양 위치 인식과 관련한 이병도의 관점은 조선시대 및 일제강점기의 인식 오류를 벗어나지 못하였다. 이병도의 「조선사개강」은, 일찍이 춘추전국 시대에 이미 한인(漢人)의 국가가 평양 일대를 중심으로 한반도 북부 지역을 점거하였고, 한인(漢人)의 국가인 기씨조선과 위만조선의 뒤를 이어 한(漢) 무제(武帝)의 한사군이 평양 일대를 중심으로 한반도의 중부 이북과 압록강 중류 이북의 동가강 일대를 다시 지배하였다고 서술했다. 이러한 서술에서 고대평양은 항상 한국고대사의 중심지이면서, 동시에 그 자체가 한국고대사의 식민성을 부각시키는 상징이었다.

이렇듯 조선시대 사대사관의 틀에서 형성되고, 그에 이은 일제 식민사관의 틀로 한층 강화되고, 또 그와 같은 역사서술을 진행한 이병도 등 여러 국내 연구자들에 의해 기자로부터 비롯된 고대평양 위치 인식의 오류는 오래도록 심지어 현재까지도 한국사회에 유지되면서, 아래와 같은 지도가 우리사회에 역사를 가르치는 교재로 사용되도록 만들어 주었다. [지도 2]는 고등학교 국정 교과서에 실린 것이다.[38] 고구려의 첫 도읍으로 알려진 졸본과

---

37) 「朝鮮史開講」(六) 『東亞日報』大正十二年十月四日.

38) 교육부 국사편찬위원회, 1990, 『고등학교 국사』(상), 대한교과서주식회사, 21쪽.

그 이후의 도읍인 국내성을 압
록강 중류에 위치시키고, 그 북
쪽의 동류 송화강 이남에 부여
를 위치시킨 이러한 지도는 결
국 기자조선의 평양 정착과 그
뒤를 이은 위만의 평양 지배,
위만조선을 해체시키고 역시
평양을 중심으로 한사군을 설
치했으며, 그 평양을 중심으로
한 한사군 일대에서 고구려 등
의 삼국이 국가로서 발전했다
는 역사서술에 의해 정형화된
것이다.

물론 우리사회가 최근 들어
변화하고 있다. 고대평양 위치
인식을 둘러싼 서술들이 점차
변하고 있는 것이다.[39] 예를 들
면, 1996년에 제작된 고등학
교 국사 국정교과서의 고구려

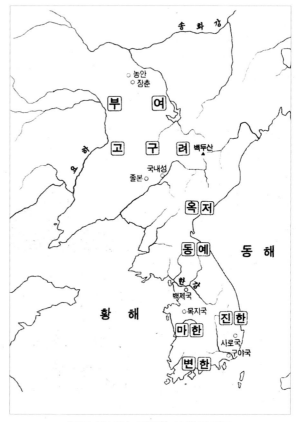

[지도 2] 부여, 고구려, 삼한 등 지도

건국을 설명하는 부분에는 "고구려는 부여로부터 남하한 주몽에 의하여 건국되었다(B.C.
37)"라고 서술했는데,[40] 2002년 제작된 고등학교 국사 국정교과서의 고구려 건국 관련 설
명에는 "삼국사기의 기록에 따르면 고구려는 부여에서 남쪽으로 내려온 주몽이 건국하였
다(기원전 37)"라고 기록한 것을 들 수 있다.[41] 몇 글자 차이에 불과하지만, 이것은 고구려
역사를 정립하는 데 매우 중요한 변화이다. 왜냐하면, 기존 고구려 역사 서술의 변화는 고
구려 건국년대와 평양위치와 관련된 기존의 오류 수정을 통해서만 가능한데, "삼국사기의

---

39) 고대평양의 위치와 관련된 인식을 시급히 변화시켜야할 한국사학계의 필요와 당위성에 대해서는 복기대의 다
  음 논문을 참고할 수 있다. 복기대, 2010, 「고구려 도읍지 천도에 대한 재검토」, 『단군학연구』 제22호.
40) 교육부 국사편찬위원회, 1996, 『고등학교 국사』(상), 대한교과서주식회사, 32쪽.
41) 교육인적자원부 국사편찬위원회, 2002, 『고등학교 국사』, ㈜두산, 37쪽.

기록에 따르면"이란 년대비정 자료를 명시함은, 건국년대에 대한 올바른 비정의 가능성을 열어두는 의미가 있기 때문이다.[42] 이제 머지 않아, 고등학교 교과서의 고구려 평양 천도 관련 서술에도 어떠한 변화가 불가피할 것으로 전망한다. 작지만, 변화되고 있는 중인 것이다. 그 작은 변화들이 우리 역사학계의 희망인 것이다.

## V. 결론 : 그 오류의 인정과 시정

역사지도 제작 문제, 역사적 쟁점을 둘러싼 각종 쟁의 등 최근 우리사회에서 일어나는 역사학 관련 논쟁들을 지켜보는 역사학 연구자들의 입장은 사실 참담하기만 하다. 그 논쟁들은 우리 사학계가 이미 해결했어야 함에도 아직 미처 해결하지 못한 문제가 그 원인이 되고 있다. 어쩌면 위의 서론에서 신채호가 지적했듯, 고대평양 위치를 진작에 제대로 연구하여 밝혔으면, 발생하지 않았을 문제임이 틀림없다. 그러므로 현재 진행 중에 있는, 우리사회의 고대평양 위치 관련 연구는 모두 더욱 중요하고도 시급한 것이다.

고대평양 위치 연구는 사실 그리 어려운 과제가 아닐 수 있다. 기존의 고대평양 관련 인식의 오류가 지닌 결함이 너무도 명백하고, 그 오류의 형성 배경 및 과정 그리고 그 유지

---

42) 고려에서는 1135년 정월에서 1136년 2월까지 소위 '묘청의 난'이 일어났다. 김부식 등은 이 내란을 진압하고 국정의 주도권을 장악한 이후에 『삼국사기』를 집필하여, 그들 지배계급의 지배이데올로기를 형성시켜 고려사회에 확산시키려 했는데, 그 핵심이 고려 초기의 고구려 계승의식을 신라 계승의식으로 전환시키는 것이었다(임찬경, 2016, 「고려시대 한사군 인식에 대한 검토-『삼국사기의 현토와 낙랑 인식을 중심으로』, 『국학연구』 제20집, 65~66쪽). 당시 김부식 등이 진압했던 정치세력들은 소위 '고구려 계승론자'들이었는데, 그들의 주요한 주장은 왕권강화와 '주체의식의 강조'에 따른 대외적 강경론 등이었다. 이런 고구려 계승론자들의 의도를 철저하게 좌절시킨 김부식 등은 왕권은 철저히 자신들 집권세력에 의해 견제되어야 하며, 또한 당시에 시도되었던 서경천도(西京遷都)·금국정벌(金國征伐)·칭제건원(稱帝建元) 등은 완전하게 부정되어야 했는데, 이러한 그들의 의도에 따라 『삼국사기』가 편찬되었고, 그 편찬의 핵심은 고려사회의 역사인식을 상징하는 고구려 계승의식을 신라 계승의식으로 의도적으로 전환시키는 것이었다(金塘澤, 2001, 「高麗 仁宗朝의 西京遷都·稱帝建元·金國征伐論과 金富軾의 《三國史記》 편찬」, 『歷史學報』 第170輯, 15~23쪽). 김부식 등은 신라계승의식을 부각시키기 위해, 『삼국사기』에 고구려가 신라보다 더 늦은 서기전37년에 건국된 것으로 편년(編年)했다. 그러나 『삼국사기』의 저자들이 고구려의 건국년대를 서기전37년으로 통일시켜 서술하려 애썼지만, 『삼국사기』 본문 곳곳에서 고구려가 '9백년' 혹은 '8백년' 동안 존속했다는 기록이 남겨지게 되었다. 고려를 직접 방문하였던 서긍(徐兢)에 의해 『삼국사기』보다 앞서 1124년에 작성된 『고려도경』에는 고구려의 건국년대가 서기전 194년 이전으로 기록되었다. 앞으로 『고려도경』과 『삼국사기』 그리고 여러 사서를 종합하여 검토하면, 고구려의 건국년대를 바로잡을 수 있을 것이며, 고구려의 건국년대가 바로잡히면, 그에 따라 고구려 첫 도읍 졸본의 위치도 바로 잡히고(임찬경, 2015, 「『고려도경』·『삼국사기』의 고구려 건국 연대와 첫 도읍 졸본」, 『국학연구』 제19집 참조), 그에 따라 평양의 위치에 대한 역사인식의 왜곡도 바로잡힐 것이다.

기제가 또한 명백히 파악되기 때문이다. 우리사회의 학술 역량이 이제는 "서기전 10세기에 주(周) 무왕의 신하가 되기 싫은 기자가 대동강 가의 평양에 와서, 조선의 야만을 깨우쳐 문명화시켰고, 연(燕)에서 망명한 위만이 서기전2세기에 역시 평양 일대를 차지했다가, 다시 한(漢) 무제의 조선 정벌로 평양을 중심으로 한 한반도 일대에 한사군이 설치되었고, 그 주위에 삼국이 일어나서…"로 이어지는 비상식적 역사를 거부하고 바꿀 때가 충분히 된 때문이다. 그러므로 이제 고대평양 위치 관련 인식의 오류를 인정하고, 또 그런 오류를 더 이상 유지시키지 말고 과감하게 시정하기 위한 노력에 우리 학계의 역량이 집중되어야 할 것이다.

신채호가 고대평양 위치 연구의 중요성을 특별히 강조한 시점은 1925년이다. 물론 신채호가 그 연구의 중요성을 강조하기 이전에 고대평양 위치에 관한 연구가 없었던 것은 아니다. 801년에 편찬된 『통전(通典)』에도 다른 지명 등을 빌어 평양성의 위치를 설명하는 서술이 나타나는데,[43] 이런 서술도 일종의 고대평양 위치 연구인 것이다. 대체로 고구려가 정치적으로 해체된 지 100여년이 훨씬 넘은 그 무렵 이후로 고대평양의 위치를 서술하려는 노력들은 계속되어 왔다.

사실 현재는 물론 과거에도 고대평양의 위치가 연구된다는 것은, 근본적으로 고대평양의 위치를 명확하게 이해하지 못하기 때문에 나타난 현상으로 보아야 한다. 분명히 역사적으로 실재한 평양이 있고, 관련 문헌 자료까지 남아 있으며, 이미 발굴되어 세상에 공개되었거나 혹은 아직 발굴되지 못했을 고고학적 자료들도 있다. 그러므로 머지않아 더욱 심층적인 연구를 통해 고대평양 위치에 관한 진실이 밝혀질 수 있음은 너무도 당연하고도 분명한 것이다.

위와 같은 인식을 바탕으로 본고에서는 고대평양 위치와 관련된 인식의 오류가 형성되는 원인 및 과정 그리고 그 오류가 소멸되지 않고 유지되는 기제를 검토하고자 시도했다. 고대평양 위치 비정을 위한 준비자료로서의 성격을 지닌 본고의 부족한 점은 앞으로 더 많은 탐색을 곁들여 보충하고자 한다.

---

43) 『通典』「邊防」二 高句麗 "自東晉以後, 其王所居平壤城, 卽漢樂浪郡王險城. 自爲慕容皝來伐, 後徙國內城, 移都此城. 亦曰長安城, 隨山屈曲, 南臨浿水, 在遼東南千餘里."

# 燕行錄에 나타난 고구려 인식

김철웅 (단국대학교 교양학부 교수)

## I. 머리말

『新增東國輿地勝覽』과 같은 조선의 공식 문헌에서는 고구려의 도읍과 영역을 압록강 이남으로 비정하고 있었다. 즉 『신증동국여지승람』에는 평양 일대의 동명왕 유적을 자세히 소개하고 있고, 동명왕에게 병합된 송양국은 성천도호부, 황룡국은 용강현에 있었다고 하였다. 그리하여 鄭逑(1543~1620)는 成州(成川)는 송양의 옛 나라로서 동명성왕이 도읍으로 삼은 곳인데, 이는 역사서에 실려 후세에 전해 오고 있고 온 나라 사람들이 다 아는 사실이라고 하였다.[1] 이러한 이해는 후기까지 이어져 『여지도서』도 같은 내용을 기록하고

---

1) 『寒岡集』권10 降仙樓記, "成州 乃松壤故國 東明聖王之所都也 多古事異迹 又土壤肥美 山河險固 前史所傳 國人

있다.[2] 그렇지만 연행록에는 이러한 공식 기억과는 다른 내용을 전하고 있다.

요동은 시대에 따라 지배의 주체와 영역에 차이가 있었지만 분명한 것은 唐 이전에는 고구려와 발해의 땅이었다.[3] 요동이 고구려의 땅이었다는 인식은 993년 고려·거란 전쟁 중에 서희가 "거란의 동경은 옛 고구려의 땅"이라는 주장과 이색(1328~1396)의 시 「貞觀吟榆林關作」[4]에서 잘 드러난다. 원을 대신해 중원을 차지하게 된 명은 고려 및 조선과의 관계에서 요동은 매우 중요한 지역이었다. 명은 중원에서 건국되었다는 점에서 본래 근거지가 요동과 관련이 있던 몽골의 원과는 요동에 대한 접근이 달랐다. 명은 원에 이어 요동을 차지하고 나서도 고려의 요동 정벌에 민감할 수밖에 없었다. 본래 이 지역은 고려가 계승한 고구려의 영토였던 역사적 사실이 명으로 하여금 요동 문제에 민감하게 접근하게 하였다. 명은 조선에서 보낸 표전문을 트집을 잡아 사신을 억류하고, 나아가 문서의 작성자인 정도전(1342~1398) 등을 명으로 압송할 것을 요구한 것도 명이 요동 문제를 매우 민감하게 대하고 있음을 잘 보여준다.[5] 요동을 둘러싼 조선과 명의 긴장 관계는 정도전의 몰락으로 약화되어 갔지만 요동은 여전히 매우 조심스러운 문제였다.[6] 조선에서는 요동이 고토라는 인식이 여전히 지속되고 있었다, 예를 들면, 성종 12년(1481)에 성절사로 북경을 다녀온 적이 있는 한치형은[7], "요동 등지는 원래 고구려의 땅이었으므로 압록강에서 요하까지 거주하는 사람이 모두 우리 나라 사람입니다. 명 태조가 처음 천하를 평정하고 압록강으로 국경을 삼았습니다"라고 하였다.[8] 그리고 김일손(1464~1498)은 자신의 사행을 생각

所知"

2) 고구려 도읍 변천에 대한 논의는 김영수, 1958, 「高句麗國都考」, 『논문집』2 ; 차용걸, 1993, 「高句麗 前期의 都城」, 『國史館論叢』48 ; 장효창, 2002, 「『삼국사기』 고구려본기 동천왕 21년조 검토-평양성의 위치 비정을 중심으로」, 『고구려연구』13 ; 공석구, 2004, 「고구려 영역과 평양천도 문제」, 『한국고대사연구』33 ; 복기대, 2010, 「고구려 도읍지 천도에 대한 재검토」, 『단군학연구』22 ; 노태돈, 2012, 「고구려 초기의 천도에 관한 약간의 논의」, 『한국고대사연구』68 ; 양시은, 2014, 「고구려 도성 연구의 현황과 과제」, 『고구려발해연구』50 참조.

3) 『元史』권59 志11 地理2, "遼陽路 上 唐以前爲高句驪及渤海大氏所有"

4) "晉陽公子結豪客 風雲壯懷滿八極 … 那知玄花落白羽" 진양공자는 당 태종이고, 玄花는 눈을 말한다.

5) 정도전은 요동에 대해 적극적인 관심을 갖고 군비를 강화하고 있었다. 고려말 조선초 명의 요동 지배에 대해서는 박원호, 1975, 「명초 조선의 요동정벌계획과 표전문제」, 『백산학보』19 ; 남의현, 2008, 『明代遼東支配政策研究』, 강원대출판부, 참조.

6) 이혜순, 2015, 「'요동'의 기억」, 『대동문화연구』92, 330~331쪽.

7) 『成宗實錄』 성종 12년 8월 병오.

8) 『燕山君日記』권43 연산군 8년(1502) 4월 신미, "領議政韓致亨 … 吏曹判書姜龜孫議…但遼東等地 本是高句麗之地 故自鴨綠江至遼河所居之人 皆我國之民 高皇帝初定天下 以鴨綠爲界"

하며 지은 시에서, 압록강 너머가 고구려와 발해의 옛 강토이며 안시성주가 당군을 물리친 일을 말하였다.[9]

영락 19년(1421) 명이 북경으로 천도한 이후 조선 사신들은 요동 지역을 폭넓게 체험할 수 있었다. 명·청에 파견된 조선 사신들의 요동 체험은 수많은 연행록[10]에서 빈번하게 묘사되어 있다. 이른바 '연행록'은 2001년에 1차로 정리된 후에 모두 5차례의 증보가 있었다. 2013년까지 정리된 연행록은 총 556종이다.[11] 연행록 중에는 조선 사신들이 체험한 고구려의 역사 현장이 기록되어 있다.

조선의 사행로는 여러 차례에 걸쳐 변경되었지만 조선의 사신들은 대체로 압록강을 넘어 봉황성, 책문, 요양, 심양, 광녕 등 요동의 주요 지역을 거쳐 갔다. 이들 지역은 바로 고조선, 고구려, 발해로 이어지는 우리 역사의 주요 무대였다. 따라서 이 지역을 지나간 조선의 사신들은 역사의 현장을 직접 답사하는 체험을 하게 되었다. 이러한 현장 체험을 통해 조선 사신들은 고구려 역사에 대한 관심을 연행록 곳곳에서 드러내었다. 특히 『표해록』(최부), 『무술조천록』(이정구), 『조천일기』(조헌), 『경자연행잡지』(이의현), 『입연기』(이덕무), 『열하일기』(박지원), 『연행기』(서호수), 『연행록』(김정중), 『무오연행록』(서유문), 『연계기정』(박사호), 『연원직지』(미상) 등에서 고구려에 대한 역사 지리 인식을 확인할 수 있다. 이에 이들 연행록을 검토하여 조선의 지식인들이 직접 체험한 요동의 지리를 통해 고구려의 역사와 지리를 어떻게 인식하고 있었는지 살펴보고자 한다.

9) 『灌纓先生文集』권1 「感舊遊賦送李仲雍」, "凌鴨江之洪波 … 日玆爲渤海之舊疆兮 憶全盛於高句…主安市兮何人 抗大邦兮爲讐 嬰一里之孤郭 挫百萬使逗遛"

10) 임기중, 2014, 『연행록 연구 층위』, 학고방, 846쪽. 〈부록 1, 전승 연행록의 현황〉, 〈부록 3, 2014 유네스코 세계기록유산 등재신청서〉에 의하면 연행록은 5차례 증보되었다. 이에 따르면 1차(2001년), 『연행록전집』 100권 총 398종, 2차(2001년) 『연행록전집-일본 소장편』3권, 3차(2008년) 『연행록속집』50권 170종 추가 총 568종, 4차(2011년) 『연행록총간 DB』 455종 엄선, 5차(2013년) 『연행록총간 증보판 DB』 총 556종 등이다.

11) 현재 조천록을 포함한 연행록에 대한 연구가 꾸준하게 진행되어 왔다. 정영문, 2011, 『조선시대 사행록의 텍스트와 콘텍스트』, 학고방. 특히 연구 목록은 〈부록, 「연행록 및 통신사 사행록 연구 논저 목록」, 305~345쪽, 참조 ; 최은주, 2011, 「연행록 자료 집성 및 번역의 현황과 과제」, 『대동한문학』34 ; 홍성구, 2011, 「중국학계의 연행록 연구」, 『대동한문학』34 ; 이학당, 2012, 「연행록의 연구 현황과 전망」, 『동방한문학』50 ; 최소자, 2015, 「역사자료로서의 연행록」, 『연행록의 세계』, 경인문화사.

## II. 연행록의 고구려 지리 인식

### 1. '봉황산성 = 안시성' 인식

조선 초기에 안시성은 압록강 이남으로 비정되었다. 『신증동국여지승람』에는 안시성을 龍岡에 있다고 하였다. 그러나 趙緯韓(1567~1649)은 광해군 2년(1610)에 북경으로 가는 도중에 봉황성을 지나다가 그것이 안시성일지 모른다고 추정하였다.[12] 그리고 申濡(1610~1665) 역시 『燕臺錄』에서 봉황산성을 안시성으로 보았다.[13] 이는 麟坪大君(1622~1658)의 체험으로 이어진다.

봉황산 밑을 지났다. 이곳은 옛 안시성으로 온 산이 모두 돌이요, 깎은 듯한 절벽이 하늘로 치솟아 나는 새도 넘어갈 수 없이 되었으니, 참으로 천하에 제일가는 관애이다. 성 위에서 天子에게 절했다는 말이 실로 거짓이 아니었다. 성터는 아직도 뚜렷했다. 사시에 책문 밖에 도착했다.[14]

麟坪大君(1622~1658)은 『燕途紀行』에서 봉황산을 지나면서 이곳이 옛 안시성이라고 보고 그 실상을 적고 있다. 그런데 봉황성이 안시성이라는 인식은 『대명일통지』에 의해 비판을 받게 되었다. 이에 대해 南九萬(1629~1711)은 다음과 같이 기록하고 있다.

봉황성 책문 밖에 봉황산이 있으니, 바위 봉우리가 펼쳐지고 동서로 마주 보고 서 있어서 마치 봉황의 두 날개와 같다. 옛날에 축조한 석성이 두 산을 감싸고 있는데, 가운데에는 10여 만 명을 수용할 수 있다. 象胥(譯官)들이 이 성을 가리켜 말하기를, "이곳은 바로 옛 안시성이다"고 하는데, 나는 이 성이 너무 넓어서 방어하여 지키기 어려움을 의심하였고, 또

---

12) 『玄谷集』권5 「鳳凰城 或曰安市城 或曰莒州城 安市則楊萬春之所守 莒州則盍蘇文所據也」

13) 『竹堂集』卷6 「燕臺錄」, 「鳳凰山城〈俗傳爲安市〉」
    봉황산성과 안시성에 대해서는 이승수, 2013, 「연행로상의 공간 탐색, 봉황산성 : 안시성설과 관련하여」, 『정신문화연구』103. 안시성 위치에 대한 여러 학설에 대해서는 김일경, 2004, 「안시성은 어디에 있는가」, 『건축역사연구』38 ; 최남희, 2004, 「고구려 지명 '안시성'의 재고찰」, 『국어교육연구』36 등이 참고 된다.

14) 『燕途紀行』(『송계집』권5~7), 1656년 병진년 효종 7년 8월 24일, "過鳳凰山底 是古安市城 滿山皆骨 削壁男崗 聳入雲霄 飛鳥難越 眞天下第一關阨 城上拜天子之說 信不虛矣 城基今猶宛然 已到柵門"

당 태종이 행군할 적에 해변의 평탄한 길을 따라 행군하였을 터인데 이 지역은 앞뒤에 내와 산이 험하게 막혀 있으니, 그들의 말이 옳지 않을 듯하였다. 그리하여 『大明一統志』를 가져다 살펴보니, 거기에 이르기를, "金州衛의 동쪽과 遼東都司의 성 동쪽 360리 지점에 두 봉황산이 있으니, 이 지역은 모두 당 태종이 駐蹕한 곳이다"고 하였고, 또 이르기를, "폐지된 안시성이 蓋州衛의 동북쪽 70리 지점에 있는바, 당 태종이 이곳을 공격하였으나 함락시키지 못하였다. 설인귀가 白衣를 입고 성에 올라간 것이 바로 이곳이다"고 하였으며, 또 이르기를, "압록강이 흘러 안시성 아래에 이르러 바다에 들어가니, 당 태종이 압록강에서 군대의 위용을 과시한 것이 바로 이곳이다"하였다. 이것을 가지고 미루어 보면 책문 밖에 있는 봉황성은 바로 요동 도사의 성 동쪽 360리 지점에 있는 것이요, 개주위의 동북 70리 지점에 있는 것이 아니다. 압록강과의 거리가 거의 3일 노정에 이르고 바다에 들어가는 곳이 아니니, 그렇다면 이곳을 가리켜 안시성이라고 말하는 것은 과연 무엇을 근거한 것인가? 당 태종이 고구려를 정벌할 적에 바다를 따라 동쪽으로 왔으니, 금주와 개주가 모두 당 태종이 행군한 길이다. 금주의 봉황산에 주필하였다는 것은 당연하나, 책문 밖 봉황산으로 말하면 산 이름이 우연히 같기 때문에 『대명일통지』에 이처럼 두 곳을 인정하는 말이 있게 된 듯하며, 우리나라 사람들은 태종이 주필한 곳이라는 말을 전해 듣고는 또 안시성이라고 지목하였으니, 이는 『대명일통지』에 기재된 안시성이 따로 있음을 알지 못한 것이다. 전해지는 과정에 속아서 이와 같은 지경에 이르렀으니 참으로 가소롭다.[15]

남구만은 "폐지된 안시성이 蓋州衛의 동북쪽 70리 지점에 있다"는 『大明一統志』를 근거로 봉황성이 안시성이 아니라고 하였다. 사람들이 봉황성을 안시성으로 오해한 것은 금주의 봉황산과 책문 밖 봉황산의 이름이 우연히 같기 때문이라고 하였다. 이후에는 봉황산성이 안시성이라는 인식을 비판하는 기록이 늘어갔다.

책문에서 10리쯤의 안시성은 옛날 안시성이 아니다. 개주위 바닷가에 있다고 한다. … 삼류하를 건넜는데, 삼류하는 작은 냇물이었다. … 냉정참에 도착하여 들판에서 조반을 먹었다. … 구요동 남쪽의 뾰족한 봉우리 하나가 있으니 이것이 바로 주필봉이다. 당 태종이 고

---

15) 『藥泉集』권2 詩「鳳凰山 幷序」.「연보」에 의하면 남구만은 숙종 10년(1684)에 연행을 떠나 이듬해 4월에 귀국하였다.

구려를 정벌할 때에 주둔했던 곳이기 때문에 이런 이름을 얻은 것이다.[16]

1712년(숙종 38년)에 사행을 갔던 최덕중은 안시성이 개주위에 있으며 주필봉도 구요동 남쪽에 있다고 하였다. 노가재 김창업(1658~1721)도 최덕중과 같은 인식을 보이고 있다. 김창업 역시 『대명일통지』에 실린 "안시성은 개주 동북 70리에 있다"는 기록에 의거했다.[17]

그런데 李宜顯(1669~1745)[18]은 『庚子燕行雜識』(1720)에서 봉황산 남쪽에 주필산이 있다고 하였다. 따라서 봉황산성이 안시성이 된다. 즉,

책문은 봉황산 남쪽에 있다. … 태자하는 옛날부터 전하는 말에 연 나라 태자 단이 숨어 있던 곳이라고 하는데, 어떤 이는 그런 것이 아니라 탑자하가 태자하로 잘못 불린 것이라고도 한다. 나는 백탑에 가 보기로 부사와 약속하였으나 해는 짧고 갈 길은 바빠서 안타깝게도 중지할 수밖에 없었다. 가면서 바라다보니 서쪽으로 6, 70리 되는 곳에 주필산이 있었다. 이곳은 당 문황이 遼를 정벌할 때 주필했던 곳이다.[19]

고 하였다. 이갑(1737~1795)도 여전히 봉황산성을 안시성이라 인식하였다.

책문을 떠나 안시성에 이르렀다. 성은 봉황산 꼭대기에 있는데, 남은 성가퀴가 아직도 있고 삼면은 모두 절벽이다. 남쪽 한 면이 수문이어서 조금 평이한데 그 너비가 수백 보에 불과하고 큰 내가 앞에 둘렀다. 성안의 터는 경사지고 둘레 또한 좁다. 작은 성으로 대군이 오래 머무를 곳은 아닌 것 같다. 당 태종이 멀리서 와 친정할 때 의당 낭패하였을 것 같은데 그때 명장 양만춘이 이 작은 성을 지켜 능히 만승의 세력을 막아 냈으니 참으로 요새이다.[20]

---

16) 최덕중, 「일기」, 숙종 38년(1712) 11월 28일 및 12월 4일.
17) 『노가재연행일기』권1 11월 28일, "山之南有古城 石築宛然 世以此爲安市城 而非也 或云東明舊城 其說近似 安市城 一統志謂在蓋州東北七十里 去此深遠也"
18) 李宜顯의 연행록은 『庚子燕行雜識』, 『壬子燕行雜識』이 있다. 그의 문집 『陶谷集』에 실려 있다. 경자는 숙종 46년(1720), 임자는 영조 8년(1732)이다.
19) 『陶谷集』「庚子燕行雜識」상.

그리고 정조 2년(1778)에 연행을 갔던 이덕무(1741~1793) 역시 봉황산성을 안시성이라고 보았다.

　봉황성에서 유숙했다. 안시성은 책문에서 10리쯤 되는 지점으로 봉황산 위에 있었다. … 고구려의 방언에 봉황을 안시라고 하기 때문에 안시성이라 이름한 것이다. … 老稼齋가, "이것은 동명왕이 쌓은 것으로 안시성이 아니다"고 했는데, 안시성만 동명왕이 창건한 것이 아닐 수 있겠는가? 『一統志』를 상고하면 이것이 진짜 안시성이다. 그러므로 성에서 5리쯤 되는 곳에 주필산이 있다. … 安市城主의 성명을 세상에서는 양만춘이라고 전한다. 三淵(金昌翕)의 시에도 그렇게 인용했다. 그러나 『月汀漫筆』에 이미 그것이 『唐書演義』에서 나온 것임을 변증했으니, 믿을 수 없다.[21]

이덕무는 노가재 김창업(1658~1721)이 봉황산성이 안시성이 아니라고 한 것을 비판하고 있다. 이덕무는 봉황성 부근에 주필산이 있음으로 봉황산성이 바로 안시성이라고 본 것이다.

한편 정조 4년(1780)에 연행을 다녀온 박지원(1737~1805)은 김창업과 같이 봉황산성이 안시성이 아니라고 보았다. 그는 안시성이 蓋平縣 동북 70리에 있다고 한 地志(『대명일통지』)를 그 근거로 소개하고 있다.

　때마침 봉황성을 새로 쌓는데 어떤 사람이, "이 성이 곧 안시성이다"라고 한다. 고구려의 옛 방언에 큰 새를 '안시'라 하니, 지금도 우리 시골말에 鳳凰을 '황새'라 하고 蛇를 '배암'이라 함을 보아서, 수·당 때에 이 나라 말을 좇아 봉황성을 안시성으로, 蛇城을 白巖城으로 고쳤다는 전설이 자못 그럴싸하기도 하다. … 내 생각에는, 당 태종이 안시성에서 눈을 잃었는지 않았는지는 상고할 길이 없으나, 대체로 이 성을 '안시'라 함은 잘못이다.[22]

박지원은 방언에 큰 새를 '안시'라 하니 봉황성을 안시성이라는 전설이 자못 그럴싸하다

---

20) 『연행기사』 정조 1년(1777년) 11월 30일.

21) 『청장관전서』 권66 入燕記 上 정조 2년 4월 14일(갑진).

22) 박지원, 『熱河日記』, 「渡江錄」 1780년(정조 5년) 6월 28일 을해.

고 하였지만 봉황성을 '안시'라 함은 잘못이라고 하였다. 그는 『대명일통지』에 "옛날 안시성은 蓋平縣〈奉天府에 있다〉의 동북 70리에 있다"는 내용을 소개하며 봉황성이 안시성이 아니라고 하였다.

그런데 박지원과 같이 연행을 갔던 盧以漸(1720~1788)은 생각이 그와 좀 달랐다.

새벽에 출발해 안시를 지났다. 이곳은 당나라 태종이 패하고 들어갔다는 땅이다. 안개에 막혔기 때문에 봉황성의 주위는 보지 못하지만 안시성은 봉황산 속에 있고, 지형이 몹시 협소하다고 하지만 진짜 안시성은 아닌 것 같다. 몇 자 안 되는 성가퀴로 된 성으로 어떻게 백만의 적을 능히 막을 수 있겠는가. 어떤 사람들은 안시성이 舊 요동 근처에 있다고 한다. 대개 주필산이 요양성 밖 멀지 않은 곳에 있고, 그 비가 지금도 있으니 안시성도 역시 마땅히 주필산 근처에 있어야 하기 때문이라고 한다. 어떤 사람은 이곳을 진짜 안시성이라고 말한다. 우리나라 영남 어느 마을에 있는 천자문에는 '鳳' 자를 언문으로 '安市 鳳'이라 풀이했는데, 이 안시성이 봉황산에 있기 때문에 안시라고 호명한다고 한다. 두 가지 설이 모두 근거가 있지만 어느 것이 옳은지 알 수 없다.[23]

노이점은 박지원과는 달리 안시성이 봉황산성과 개주위라는 두 가지 설을 소개하고는 판단을 유보하고 있다. 그렇지만 봉황산성이 안시성이라는 인식은 계속 된다.

안시성은 봉황성 주변 30리에 있는데, 安市가 쌓았다고도 하고 혹 고구려의 말로 봉황을 안시라고 하므로 이름 지었다고 한다. 책문에서 5리쯤 떨어져서 들 가운데 우뚝 선 높은 산이 바라보이는데, 이름 하여 삭룡산이라 한다. 벌여서 천 봉우리가 되었는데 땅에서 빼어나 솟아 올라 병풍처럼 둘러 안고, 그 서쪽이 터져서 물이 흐르는데 겨우 수레 하나가 통과할 만하다. 양 언덕에 石城의 옛터가 있으니, 곧 옛 안시성이다. 드디어 언덕을 따라서 그 안에 들어가니, 확 트여서 수십만의 무리를 들일 만하며, 사면의 석벽이 깎은 듯이 구름 가에 높이 솟아 우러러보면 큰 독 안에 앉은 듯하니, 참으로 자연히 베풀어놓은 金城이다.[24]

23) 盧以漸, 『隨槎錄』 1780년 6월 28일.
24) 金正中, 『연행록』 기유록, 임진년(1792년 정조 16년) 3월 1일.

새벽 첫 닭이 울 때에 떠나 5리를 가니 馬頭가 말하되, "이 지명은 안시성이다"라고 하였다. … 『노가재일기』에, "이는 고구려 동명왕이 쌓은 성이요, 안시성이 아니다"고 하였는데 안시성만이 어찌 동명왕이 쌓은 바가 아니리오. 『一統記』를 보건대 이것이 실로 안시성이다. 여기에서 5리를 가서 주필산이 있으니 이 또한 명백한 증험이다. '주필'이란 임금이 거둥하여 머문단 말이니, 당 태종이 고구려를 칠 때에 이 산에 머물렀기 때문에 이름이 주필산이라 한 것이다. … 봉황성에 이르니 안시성에서 30리다. 우리나라 옛 방언에 봉황을 '안시'라 하니 어린아이가 글자를 배울 때 '안시 봉'이라 한다. 이를 보건대 안시와 봉황이 대개 한 이름이다. … 새벽에 지난 곳이 분명 안시성이다. 혹 말하기를, "안시성이 요양 개주 지방에 있으니 여기서 70리다"고 하나 대저 잘못 전해진 의논이다. 세상에서 안시성주를 양만춘이라 하니 이 말이 『唐書衍義』라는 책에 있으나 史記에 나타난 일이 없어 족히 믿지 못하니 이는 분명한 의논이다.[25]

안시성이 책문 5리쯤 되는 곳에 있다. 옛날 당 태종이 온 나라의 군사를 움직여 동쪽으로 고구려를 쳤으나, 안시성주 양만춘이 성문을 닫고 굳게 지켜 끝내 함락시킬 수가 없었다. … 세상에 전하기를 "태종이 안시성 싸움에서 한 눈을 화살에 맞아 이것으로 말미암아 군사를 돌렸다"고 하지만 중국의 역사는 이것을 숨겨 적지 않았다고 한다.[26]

이처럼 『대명일통지』의 기록에도 불구하고 여전히 봉황산성을 안시성으로 이해하는 조선 사신들이 많았다. 그런데 박사호보다 1년 뒤에 사행을 간 朴來謙(1780~1842)은 이와는 다른 인식을 보인다.

안시성을 지났다. 책문에서 5리의 거리인데 성 터가 완연하다. 혹은 동명왕의 舊城이라고 하며, 혹은 고구려 양만춘이 唐兵을 막은 곳이라고 한다. 『일통지』에, "안시성은 개주 동북 70리에 있다"고 하였으니 이곳은 안시성의 옛 터가 아니니 믿을 수 없다. … 옛 책문을 지

---

25) 서유문, 『무오연행록』, 무오년(정조 22년, 1798년) 11월 23일. 이 같은 비판은 일찍이 金時讓의 『涪溪記聞』(광해군 4년, 1612)에도 보인다. "安市城主는 … 아깝게도 역사에서 그의 이름을 잃었는데, 명나라 때에 이르러 『唐書衍義』에 그의 이름을 드러내어 梁萬春이라고 하였다. 어떤 책에서 찾아냈는지는 알 수 없으나 안시성의 공적이 책에서 찬란히 빛나고 있다. … 어찌 수백 년을 기다려서야 비로소 『衍義』에 나오겠는가. 거의 믿을 수 없다."고 하였다.

26) 박사호, 『연계기정』 「심전고」 무자년(순조 28년, 1828년) 11월 27일.

났다. 안시성과 7리의 거리라고 한다.[27)]

박래겸은 사람들이 책문 밖의 성을 안시성이라 지칭하고 있는 것을 비판하며 다시 한번 『일통지』의 내용을 소개하고 있다. 그러나 안시성 비정의 혼란은 후에도 계속 된다.

鳳山 남쪽에 古城이 있는데 '안시성'이라고 전하고 있으나 사실이 아니요, 어떤 이가 말한 대로 '東明舊城'이 옳을 듯싶다. 상고컨대 『일통지』에, "안시성은 蓋州의 동북쪽 70리에 있다"고 했으니 여기에서 아마 멀리 떨어져 있을 것이다. … 담헌의 『연기』에는, "…이 지역을 혹 안시성이라 일컫는다. 생각건대 당 태종이 천하의 병력을 총동원해서 몇 달 동안 힘껏 공격하면서도 끝내 공을 세우지 못했으니 이는 어찌 城主의 능력이 남보다 뛰어난 것뿐이겠는가? 반드시 그 地利에 제압할 만한 점이 있었기 때문이리라. 그러고 보면 여기가 바로 안시성임은 의심할 게 없다.…"고 하였다. 두 가지 설이 같지 않으니 어느 것이 옳은지 알 수 없다.[28)]

『연원직지』에서도 노이점처럼 두 가지 설을 제시하고 판단을 유보하고 있다. 이 같은 견해와 함께 '봉황산성=안시성' 인식은 이후에도 여전히 지속된다.[29)]
'봉황산성=안시성'이라는 인식은 오래 전부터 비판받아 왔으며, 개주=안시성이라는 지적이 있었다. 이에 대해 尹根壽(1537~1616)는 다음과 같이 기록하고 있다.

무릇 지나는 길에 고적이 있으면 그때마다 자세히 살펴보기 마련이니, 연경으로 가는 길에도 그렇게 하지 않는 이가 없다. … 세상 사람들이 전하기를, 고구려 때에 唐 文皇(당 태종)이 동쪽으로 정벌을 나가 요양에서 승리하였는데, 안시성주가 외로운 군대로 친히 정벌하러 온 문황의 군대에 맞섰다. … 안시성주는 홀로 외딴 성을 지켜 천하에 명성을 떨쳤는데, 고구려의 역사서에서는 도리어 이름이 일실되었다. 문헌에서 징험할 수 없음이 이 지경에 이르렀다. 중국의 소설에서는 양만춘이 바로 그 사람이라고 하였는데, 이로 인해 그의

---

27) 朴來謙, 『瀋槎日記』 1829년 8월 23일.

28) 『연원직지』 권5 回程錄 계사년(1833, 순조 33) 3월 10일 「安市城記」

29) 『夢經堂日史』 馬訾軔征紀 을묘년(철종 6년, 1855년) 11월 1일, "봉황성을 보기 위해 10리를 돌아서 안시성을 지났다. 이 성은 봉황산 안에 있다."

성명을 알게 되었으니 어찌 천고에 통쾌한 일이 아니겠는가. 중국 사람에게 들으니 안시성
은 海州와 蓋州의 경계에 있는데 의주성처럼 돌을 쌓아 만든 고구려의 성과 똑같다고 하니
그 말이 믿을 만하다.[30)]

尹根壽는 안시성이 海州와 蓋州의 경계에 있다고 하면서 안시성이 의주성처럼 돌을 쌓
아 만든 고구려의 성과 똑같다는 전언을 근거로 들었다. 그러나 '봉황산성=안시성'이라는
오해는 쉽게 변하지 않았다. 그 이유는 연행록이 후대 사행의 참고 자료로 재생산되었기
때문이다. 박세당은 안시성의 경우를 '相傳의 오류'라고 하면서 합리적 근거가 결여된 상
태에서 구전되어 내려온 이야기만을 묵수하는 태도를 경계했다.[31)]

## 2. '봉황성 = 동명왕 舊城' 인식

黃汝一(1556~1622)은 鳳凰山의 古城이 東明王이 지은 것이라고 하였다.[32)] 그리고 李廷
龜(1564~1635)의 『戊戌朝天錄』에는 시「鳳凰山」가 있다. 그 주에 〈산에 동명왕의 옛 성이
있다.〉고 하였고, 시에서 "그 옛날 고구려의 시조가 이곳에다 도읍을 세웠다"[33)]고 하였다.
김창업도 이들과 같은 인식을 보이고 있다.

산 남쪽에 古城이 하나 있어 석축이 완연하였는데, 모두들 이를 안시성으로 여기지만 잘
못이다. 혹자는 東明의 옛 성이라고 하는데 이 말이 근사한 듯하다.『一統志』를 보면, '안시
성은 蓋州의 동북 70리에 있다'고 하였으니, 이곳과는 거리가 멀다.[34)]

옛 책문에 이르니 바로 옛날에 책문을 설치한 곳이다. 내다 설치한 것이 불과 50년 밖에

30) 『月汀集』권5「奉送趙僉樞〈存性〉如京序」

31) 박세당, 『西溪燕錄』己未, "地志 鳳凰山 在都司城 東三百六十里 上有疊石 古城可容十萬衆 唐太宗征高麗 駐蹕
于此 又云 安市廢縣 在蓋州東北七十里 唐太宗攻之不下 地志如此 則此城之非安市明 甚相傳謂然者謬也"

32) 黃汝一(1556~1622)『海月先生文集』卷10 銀槎日錄 日錄 上, 戊戌十二月初七日. "平明發行 宿二渡河…鳳凰
山有古城在頂上 名曰莒州城 相傳東明王所築"

33) 『월사집』권2「戊戌朝天錄」上「鳳凰山」,〈山有東明王舊城〉"伊昔句麗祖 於玆作邑畿"

34) 김창업, 『연행일기』, 임진년(숙종 38년, 1712년) 11월 28일

되지 않는다고 한다. 봉황산을 지났다. … 봉황성에 도착했는데, 이곳은 고구려의 옛 도읍이다. 일찍이 沸流와 箕城을 수도로 삼았다가 다시 이곳을 도읍으로 삼았는데 어느 곳이 먼저였는지는 알 수 없다.[35]

김창업(1658~1721)은 봉황산 남쪽의 고성이 안시성이 아니라 동명왕 때의 옛 성이라고 하였다. 그리고 노이점(1720~1788)은 봉황산성은 고구려의 옛 도읍으로 沸流와 箕城을 수도로 삼았다가 다시 이곳을 도읍으로 삼았다고 하였다. 박래겸(1780~1842)은 봉황산성에 대해 다음과 같이 서술하고 있다.

안시성을 지났다. 책문과 5리의 거리인데 성 터가 완연하다. 혹은 동명왕의 옛 성이라고 하고, 혹은 고려(고구려)의 양만춘이 당나라 군대를 막은 곳이라고 한다. 『일통지』에, "안시성은 蓋州 동북 70리에 있다"고 하였으니, 이곳은 안시성의 옛 터가 아니다.[36]

박래겸은 봉황산성에 대한 혼돈된 인식을 서술하고 있다. 봉황산성이 안시성을 아니라고 비판하게 되면 이 성은 과연 어떤 곳인지가 문제가 된다. 이에 이곳을 동명왕의 古城이라고 비정하게 된 것이 아닌가 한다. 그러나 그 근거는 밝히지 않고 있다.
한편 趙憲(1544~1592)은 『朝天日記』(1574)에서 봉황산 故城이 발해의 도읍이었다고 하였다.

봉황산 故城을 지났다. 성은 삼면에 산이 있는데 매우 험준했다. 渤奚〈奚는 아마 海의 오류인 듯하다〉의 옛 도읍이다. 당시 거란이 와서 포위 했을 때 마침 進士 합격자를 발표하는 날이었는데, 이름을 부르고 잠시 쉬는 사이에 성이 함락되었다고 한다.[37]

趙憲이 무슨 근거에 의해 봉황산 故城을 발해의 도읍이라고 한 것인지는 알 수 없다.

---

35) 盧以漸, 『隨槎錄』 1780년 6월 28일.

36) 朴來謙, 『瀋槎日記』, 1829년 8월 23일.

37) 『重峰集』권10 「朝天日記」 6월 18일 辛酉, "(歷鳳凰山故城) 城三邊有山甚峻 是渤奚〈按奚恐海之誤〉舊都也 方契〈按〉恐落丹字〉之來圍也 適値進士放榜日 唱名纔歇而城陷云云"

## 3. '구련성 = 국내성' 인식

『신증동국여지승람』에서는 『고려사』 지리지와 병지를 인용하여 국내성은 옛 인주의 지경 안에 있었을 것이라고 하면서 평안도 의주조에 수록하였다.[38] 그러나 이와는 달리 구련성을 국내성으로 본 연행록들이 있다.

애랄하의 너비는 우리 임진강과 비슷하다. 여기서 곧 九連城으로 향한다. … 어떤 이는 이르기를, "고구려 때에 이곳에 도읍한 일이 있었다"고 하니, 이는 이른바 國內城이다. 明 때에 鎭江府를 두었더니, 청이 요동을 함락시키매 … 공지가 된 지도 벌써 백여 년에 쓸쓸하게도 산 높고 물 맑은 것만 눈에 띌 따름이다.[39]

九連城記. 삼강에서 서쪽으로 5, 6리를 가니 구련성 옛터가 있다. 세상에 전해 오기를, "금나라 장수 幹魯가 合懶甸에 九城을 쌓아 고려와 싸우다가 패전하고 물러가 봉황성을 지켰다"고 하고 혹자는, "고구려 때에 또한 일찍이 여기에다 도읍하고 국내성이라 하였다"고 한다.[40]

구련성에서 점심을 먹었다. 성터가 아직 남아 있는데, 예전에는 아홉 성이 서로 잇달아 있었기 때문에 이런 이름이 붙었다고 한다. 고구려 때도 역시 여기에 도읍한 일이 있으니 이른바 국내성이며, 또 애양성이라고도 하였다. 금나라 때에 장군 알로가 고려에 항거하여 여기에 성을 쌓았고, 명나라 때에는 진강성 유격장군부라 하였다. 이제 청나라가 요동을 함락해서 그대로 빈 땅이 되어 있은 지 200여 년이다.[41]

『신증동국여지승람』에서는 국내성이 옛 인주의 지경 안에 있었을 것이라고 하면서 평안도 의주에 비정하였다. 그러나 조선 후기의 연행록 중에는 압록강 너머에 있는 구련성이

---

38) 『신증동국여지승람』권53 평안도 義州牧 고적 국내성.
39) 박지원, 『熱河日記』, 「渡江錄」 정조 5년(1780년) 6월 24일.
40) 『연원직지』권1 出疆錄, 임진년(1832, 순조 32) 11월 21일.
41) 徐慶淳, 『夢經堂日史』 馬訾軔征紀 을묘년(철종 6년, 1855년) 10월 27일.

국내성이라고 하였다. 이는 고구려의 중심지를 압록강 북쪽에서 찾으려는 영토 인식의 확장을 보여준다. 한백겸은 『동국지리지』(1615)에서 "『통전』에 馬訾水는 일명 압록수라고 하는데 근원이 동북 말갈 白山에서 나온다. … 그 강은 요동으로부터 5백리 떨어져 있으며 국내성 남쪽을 거쳐서 다시 서남쪽으로 안시성에 이르러 바다로 들어간다고 하였으며, 『당서』의 기록도 이와 같다. 그렇다면 이 성은 압록강 이북에 있음이 분명하다. 압록강과 멀지 않은 것 같은데, 지금 어느 곳인지 알 수 없을 뿐이다. 국내성은 일명 위나암성이라고도 한다"고 하여 국내성을 압록강 북쪽에서 찾고 있다. 『동국지리지』와 같은 인식의 전환이 연행록의 저자들에게 영향을 준 것으로 보인다.

## 4. '요동성 = 高句麗 古都' 인식

연행록은 아니지만 뜻하지 않게 중국을 여행하게 된 최부(1454~1504)는 요동을 거쳐 귀국하였다.[42] 그는 『표해록』에서 요동 사람을 만나 이야기하는 가운데 요동성이 고구려의 옛 도읍이었음을 기록하고 있다.

　요동 사람 陳玘 … 등이 장사하는 일로 먼저 이곳에 도착하였다가 … 우리들이 온 것을 듣고 … 우리를 접대하였다. 진기 일행이 말하기를, "우리 요동성은 귀국과 이웃하여 情誼가 한집안과 같습니다. …"고 하였다. 臣(최부)이 말하기를, "貴地는 곧 옛날 고구려의 옛 도읍지〔古高句麗故都〕였다. 고구려는 지금 조선의 땅이니, 땅의 연혁은 비록 시대에 따라 다르지만 그 실상은 한나라와 같다. …"고 하였다.[43]

최부가 요동 사람들을 만나고 두 달이 지난 후에 遼陽驛에 이르러 승려 戒勉을 만나게 되었다. 요양역은 요동성의 서쪽에 있었다. 그는 최부에게 요양성이 고구려의 도읍이었다고 하였다.

---

42) 1488년 윤1월에 제주에서 배가 난파되는 바람에 최부 일행은 명에 표착하였고 명의 호의로 북경, 요동 및 의주를 거쳐 6월 14일 서울로 돌아와 성종을 알현하였다. 최부는 성종의 명을 받아 『표해록』을 지어 올렸다. 왕명에 의해 지어졌기 때문에 지은이 자신을 가리킬 때 '臣'이라고 기록하고 있다.

43) 『표해록』권2 무신년(1488, 성종 19) 3월 15일.

계면이란 승려가 있었는데 우리나라 말이 능히 통하였다. 그는 신(최부)에게 이르기를, "소승은 世系가 본디 조선인데, 소승의 조부가 도망해 이곳에 온 지 지금 벌써 3世가 되었습니다. 이 지방은 지역이 本國(조선)의 경계에 가까운 까닭으로 본국 사람이 와서 거주하는 자가 매우 많습니다. … 이 지방은 곧 옛날 우리 고구려의 도읍〔古我高句麗之都〕인데 중국에게 빼앗겨 소속된 지가 천여 년이나 되었습니다. 우리 고구려의 끼친 풍속이 아직도 없어지지 않아서, 高麗祠(高句麗祠)를 세워 근본으로 삼고, 공경하여 제사 지내기를 게을리 하지 않으니, 근본을 잊지 않기 때문입니다. …"고 하였다.[44]

최부는 5월 28일자 기록에서 요동의 역사에 대해 다음과 같이 정리하였다.

요동은 옛날 우리 고구려의 도읍〔古我高句麗之都〕이었는데, 당 고종에게 멸망을 당하여 중원에 소속되었다가 五代에는 발해 大氏의 소유가 되었다. 후일에는 또 요·금·胡元에 병합되었다.[45]

요동성이 고구려의 도읍이라고 한 최부의 인식은 조선후기의 연행록에서도 확인된다.

서쪽으로 30리를 가서 요동성 동문으로 들어가니, 성이 모두 무너져서 토축만 남아 있었다. 사면 문간은 모두 벽돌로 무지개 모양으로 만들었는데 문 형상이 아직 남아 있었다. 본바로 말한다면, 이 성은 고구려의 옛 도읍이었으나, 당 고종 때에 중국 판도에 넣었고, 그 뒤에는 요·금·원이 점거하였다.[46]

최덕중의 기록은 최부의 인식과 동일하다. 아마도 최덕중의 인식은 최부의 『표해록』에 영향을 받았을 것이다.

한편 요동 蓋平縣의 봉황성을 평양으로 이해하는 기록이 보인다. 박지원은 『열하일기』에서 다음과 같이 기록하고 있다.

---

44) 『표해록』권3 무신년(1488, 성종 19) 5월 24일.
45) 『표해록』권3 무신년(1488, 성종 19) 5월 28일.
46) 최덕중, 『燕行錄』 日記 임진년(1712, 숙종 38) 12월 4일.

『당서』에 보면, 안시성은 평양에서 거리가 5백 리요, 봉황성은 또한 王儉城이라 한다고 하였고, 「地志」에는 봉황성을 평양이라 하기도 한다고 하였으니 이는 무엇을 이름인지 모르겠다. 또 「지지」에, 옛날 안시성은 蓋平縣〈奉天府에 있다〉의 동북 70리에 있다고 하였으니, 대개 개평현에서 동으로 秀巖河까지가 3백 리, 수암하에서 다시 동으로 2백 리를 가면 봉황성이다. 만일 이 성을 옛 평양이라 한다면, 『당서』에 이른바 5백 리란 말과 서로 부합되는 것이다. 그런데 우리나라 선비들은 단지 지금 평양만 알므로 箕子가 평양에 도읍했다고 하면 이를 믿고, 평양에 井田이 있다 하면 이를 믿으며, 평양에 기자묘가 있다 하면 이를 믿어서, 만일 봉황성이 곧 평양이다 하면 크게 놀랄 것이다. 더구나 요동에도 또 하나의 평양이 있었다고 하면, 이는 해괴한 말이라 하고 나무랄 것이다. … 그렇다면 봉황성을 틀림없는 평양이라 할 수 있을까. … 廣寧縣을 어떤 이들은 평양이라 부른다. 『金史』와 『文獻通考』에는, "광녕·咸平은 모두 기자의 封地이다"하였으니, 이로 미루어 본다면, 영평·광녕 사이가 하나의 평양일 것이요, 『遼史』에, "발해 현덕부는 본시 조선 땅으로 기자를 봉한 평양성이던 것을, 요가 발해를 쳐부수고 東京이라 고쳤으니 이는 곧 지금의 遼陽縣이다"하였으니, 이로 미루어 본다면, 요양현도 또한 하나의 평양일 것이다. 나는, "箕氏가 애초에 영평·광녕의 사이에 있다가 나중에 燕의 장군 秦開에게 쫓기어 땅 2천 리를 잃고 차츰 동쪽으로 옮아가니, 이는 마치 중국의 晉·宋이 남으로 옮겨감과 같았다. 그리하여 머무는 곳마다 평양이라 하였으니, 지금 우리 대동강 기슭에 있는 평양도 그 중의 하나일 것이다"라고 생각한다. … 평양은 본시 요동에 있었거나 혹은 이곳에다 잠시 빌려 씀으로 말미암아 패수와 함께 수시로 들쭉날쭉하였을 뿐이었다. 그리고 한의 낙랑군 관아가 평양에 있었다 하나 이는 지금의 평양이 아니요, 곧 요동의 평양을 말함이다.[47]

박지원은 『대명일통지』에 "옛날 안시성은 蓋平縣〈奉天府에 있다〉의 동북 70리에 있다", "봉황성을 평양이라 하기도 한다"는 내용을 소개하며 요동에 또 다른 평양이 있음을 추론하였다.

요양이 고구려의 도읍이라는 이해는 『요사』 지리지까지 거슬러 올라간다. 그러나 이러한 인식은 『해동역사』 지리지에서 비판을 받게 된다.

---

47) 박지원, 『熱河日記』, 「渡江錄」 1780년(정조 5년) 6월 28일 을해.

고구려의 평양과 그 여운

중경 현덕부의 위치를 遼陽州라고 한 것은 잘못된 것이다. 『요사』 지리지에는 다음과 같이 되어 있다. "동경 요양부는 본디 조선 지역으로, 한나라 때에는 四郡이었다. 晉 때에는 고구려를 함락하였다. 元魏 太武帝가 사신을 보내었는데 사신이 고구려 왕이 사는 평양성에 이르렀다. 요의 동경은 본래 이곳이다. 당 고종이 고구려를 평정하고는 이곳에 안동도호부를 설치하였다. 그 뒤에는 발해의 대씨가 차지하였다. 중종이 도읍지에 忽汗州라는 이름을 하사하였는데, 바로 옛 평양성이다. 중경 현덕부라고 불렀다." …『요사』 지리지에서는 제대로 지리를 상고하지 않고서 동경을 일러 곧바로 평양성이라고 하였으며, 또한 곧바로 홀한주라고 하고, 또다시 중경 현덕부라고 하여 서로 간에 거리가 각각 1000여 리나 되는 지역을 합하여 하나로 하였으니 매우 잘못되었다.[48]

한진서는 요양이 고구려의 도읍이라는 『요사』 지리지의 비정을 비판하고 있다.

## 5. 졸본에 대한 인식

『신증동국여지승람』 평안도 成川都護府에서, "沸流와 松讓의 옛 서울이다. 고구려의 시조 동명왕이 북부여로부터 와서 卒本川에 도읍할 때 송양이 그 나라를 바치고 투항하였으므로 드디어 多勿都를 설치하고 송양을 봉하여 多勿侯로 하였다"고 하였고, "沸流江이 곧 卒本川"이며 "紇骨山城은 세상에서 전하기를 송양이 쌓은 것이라고 한다"고 하였다. 이러한 인식은 개인도 마찬가지여서 서거정(1420~1488)은, 成川府는 비류왕 송양의 옛 도읍지이고, 남쪽으로 평양부는 삼조선과 고구려의 옛 도읍지라고 하였다.[49] 鄭逑(1543~1620)도 선조 32년(1599)에 쓴 글에서 成州(成川)는 곧 송양의 옛 나라로서 동명성왕이 도읍으로 삼은 곳이라고 하였다.[50] 졸본에 대한 연행록의 기록을 찾아보면 다음과 같다.

大定江 가에 다다랐다. 광통원으로부터 강가까지는 박천 경계이다. … 대정강은 옛 이름이 둘이 있는데, 하나는 蓋泗江이요, 하나는 大寧江이다. 주몽이 북부여로부터 남쪽으로 이

---

48) 『해동역사』 속집 제9권 지리고9 발해 疆域總論.

49) 『사가문집』 권5 「送峻上人遊妙香山序」

50) 『寒岡集』 권10 「降仙樓記」, "成州 乃松壤故國 東明聖王之所都也…萬曆紀元之二十七年歲在己亥(1599, 선조 32년)臘月中旬後二日 淸州養眞道人書"

강으로 달아날 때 물고기와 자라들이 다리를 만들어 주어 강을 건너기가 편했기 때문에 이렇게 이름 지은 것이다. … 嘉山郡의 가평관에 이르러 점심을 먹었다.[51]

성천부에 도착해서 …府의 진산은 풍향산이다. 그 산에서 나오는 물이 서북쪽으로 가로질러 흐르다가 열두 봉 밑에 와서 절로 깊은 못이 되었는데 비류강이라 부른다. 강물이 바윗돌 사이를 뚫으면서 흐르므로 이름이 비류강으로 되었다. … 산 모양이 사방으로 돌아 싸서 지세가 가마솥 밑바닥 같으니, 명승지라 일컬을 만하였다. 그런데 동명성왕이 탄생한 후에는 적적하게 인재가 나지 않으니, 매우 괴이하다.[52]

이들 내용은 『신증동국여지승람』의 大寧江에 대한 서술과 일치한다.[53] 그리고 『고려사』 지리지에서, "성천은 본래 비류왕 송양의 옛 도읍인데, 별칭을 송양으로 한 것은 성종 때에 정한 것이다"고 하였으니 고려 초기부터 이미 성천을 비류라 했음을 알 수 있다. 이에 따라 조선의 지식인들은 대부분 성천이 졸본인 것을 의심하지 않았다. 그리하여 연행록에서는 졸본에 대해 크게 관심 두지 않았다. 그러나 『동국지리지』는 종래의 견해와 달리 졸본을 요동에 비정하고 있다. 즉, "卒本州를 『여지승람』에서는 지금의 성천부라 하였고, 세상에도 그렇게 전하는데 … 이른바 주몽이 도읍한 흘승골성 졸본이란 곳은 대개 현도군의 지경으로 遼의 東京 서쪽이다. 『한서』 지리지에 이른바, '현도의 속현인 고구려'라는 것이 이것일 것이다"고 하였다.

## III. 연행록의 고구려 인식과 지리지

성종 12년(1481)에 작성한 『동국여지승람』의 箋文, 중종 25년(1350)의 『신증동국여지승람』 箋文에는 조선의 건국으로 옛 영토를 모두 회복하였다고 하였다. 이에 고조선과 고구

---

51) 『연도기행』, 『송계집』권5 병진년(효종 7년, 1656년) 8월 16일 신묘.

52) 최덕중, 「일기」, 숙종 38년(1712년) 11월 13일.

53) 『신증동국여지승람』권52 평안도 嘉山郡 산천, "大寧江〈고을 동쪽 20리에 있다. 옛날에는 蓋泗江이라고 했고 또는 博川江이라고도 한다. 속담에 전하기를, 주몽이 부여로부터 남쪽으로 도망해서 여기에 오니, 물고기들이 다리를 만들어서 건너는데 편리하게 했다 해서 이름을 이렇게 지었다고 한다.〉"

려의 주요 지역을 모두 압록강 이남으로 비정하였다. 태백산을 평안도 영변으로 비정하였고 기자묘, 동명왕 유적이 평양에 있다고 하였다. 졸본부여는 평안도 성천, 국내성은 평안도 의주, 안시성은 평안도 용강현으로 비정하였다. 고조선과 고구려의 주요 지역을 압록강 이남으로 비정한 것은 『고려사』 지리지, 『세종실록』 지리지도 마찬가지였다. 조선의 국경이 압록강, 두만강 이북으로 한정되었기 때문에 고구려의 영역도 한반도를 넘지 못하는 한계를 보였던 것으로 짐작된다.[54] 그러나 조선의 지식인들은 최부(1415~1504)에게서 확인되듯이 고구려의 영역이 요동까지 미치고 있었다고 이해하였다.

고구려·발해사에 대한 인식 변화는 특히 17~18세기 사서들에서 확연해진다.[55] 한백겸은 『동국지리지』(1615)에서 졸본의 성천설에서 벗어나 요동 지방에 비정하였다. 이후의 사찬 지리지들은 고구려의 영역을 요동까지 확대하려는 경향이 뚜렷해지기 시작하였으며 발해를 고구려의 계승국가로 인식하는 주장이 나오기 시작하였다. 이들은 『요사』나 『금사』에 더하여 청대에 출판한 『성경지』나 『대청일통지』와 같은 자료를 이용하였다.

연행록에서 고구려의 주요 지역을 비정하는데 있어 『한서』 지리지, 『대명일통지』, 『성경통지』, 『대청일통지』 등의 지리지가 자료로 활용되었다. 특히 『대명일통지』는 안시성의 위치를 비정하는데 중요한 근거로 인용되었다. 1712년에 연행을 떠난 김창업(1658~1721)은 안시성이 개주성 동북쪽 70리 지점에 있다는 『대명일통지』의 기사에 의거하여 안시성설을 부정하고, 차라리 동명왕의 도읍지설이 근사하다고 보았다. 1780년에 연행을 떠난 박지원(1737~1805)은 고구려의 옛 말에 큰 새를 '안시'라고 했으니 봉황성을 안시성으로 불렀다는 속설이 그럴 듯하다고 하였다. 그러나 봉황성이 안시성설이라는 데는 부정하였다. 그는 옛날 안시성이 개평현 동북쪽 70리에 있다는 『대명일통지』의 기록을 근거로 안시성은 개주의 동북쪽에 있고 봉황성은 옛날 고구려의 도읍지일 것이라고 추론하였다. 이는 박지원이 고대의 강역, 특히 고구려의 평양이나 패수 등의 위치를 압록강 북쪽에서 찾아야 한다는 인식에서 나온 것이다.

18세기에 들어서 옛 안시성은 개주 일대에 있다는 설이 빈번히 제기되었다. 우리말에 봉황을 아시라고 하였던 근거에서 생긴 오류라고 본 것이다. 개주설이 힘을 얻어갔지만 그렇

---

54) 박인호, 2005, 「전통시대의 고구려·발해 인식」, 『한국독립운동사연구』23, 362쪽.

55) 이에 대해서는 이만열, 1974, 「17·18세기의 사서와 고대사 인식」, 『한국사연구』10 ; 한규철, 2007, 「고구려·발해에 대한 인식의 변천」, 『대동한문학』26 참조

다고 봉황산성의 안시성설이 사라진 것은 아니었다.

한편 『성경지』도 조선후기의 역사 지리 인식에 변화를 제공하였다. 숙종 23년(1697)에 『성경지』를 구해 본 남구만은 다음과 같이 말하고 있다.

영중추부사 남구만이 차자를 올리기를, "… 작년 봄에 사신으로 연경에서 돌아온 자가 있었는데, 돌아오던 중 인가에서 새로 지은 『盛京誌』를 얻어 보았으나 使行 중에 값을 치를 돈이나 물건이 없어 사오지 못했다고 말하였습니다. … 금년 봄의 사행이 과연 한 본을 구하여 왔습니다. … 신이 여기에서 또 그윽이 느낀 바가 있습니다. … 요동 왼쪽은 처음에는 기자가 封地로 받은 지역이며, 開原縣은 바로 옛날의 부여국이며, 고구려의 시조 주몽이 나라를 세운 곳입니다. 그리고 지금의 盖坪縣은 바로 辰韓의 옛 지경인데, 역시 우리 삼한의 하나입니다. …"라고 하였다.[56]

남구만은 『성경지』를 본 후에 開原縣은 고구려의 주몽이 나라를 세운 곳이며 盖坪縣은 辰韓의 옛 지경이라고 이해하였다. 이처럼 『요사』, 『성경지』, 『대청일통지』 등은 고구려의 영역을 요동으로 인식하는데 주요 자료로 이용되었다.

한편, 『동사강목』에서는 졸본=발해의 率賓府=심양·봉천부·흥경의 땅, 국내 위나암성=楚山府 강 북쪽 兀刺山城, 환도성=발해의 桓州 등으로 비정하였다. 그리고 李裕元(1814~1888)는 紇升骨城=卒本=閭延의 隔江地, 國內城=강계 만포진의 격강지, 丸都城=楚山府의 격강지, 安市城=요동의 속현[57] 등에 비정하였다. 이처럼 조선후기에 들어 고구려의 강역과 지리에 대한 인식이 요동으로 확장되었다. 이에 요동을 고토, 회복해야할 땅이라는 역사 지리 인식이 자리 잡아 갔다. 이러한 인식은 신채호 등의 민족주의사학자로 계승된다.

---

56) 『숙종실록』권31 숙종 23년 5월 정유.

57) 『임하필기』권36 扶桑開荒攷 高句麗.

고구려의 평양과 그 여운

# Ⅳ. 맺음말

조선초기의 『신증동국여지승람』에는 평양 일대의 동명왕 고구려 유적, 동명왕에게 병합된 송양국이 성천도호부, 황룡국이 용강현에 있었다고 하였다. 고구려를 한반도 내 평양 중심으로 이해하고 있는 것이다. 그러나 이를 부인하고 압록강 북쪽에서 성립한 국가로 보는 견해도 있었다.

연행록에는 고구려의 도읍을 요동으로 보는 기록들이 있다. 『표해록』에는 요동성은 고구려의 도읍이라는 전언을 기록하였다. 요동성을 고구려의 도읍이라 한 것은 『요사』 지리지의 내용을 수용한 결과로 보인다. 그리고 압록강 북쪽에 있는 봉황성을 고구려의 도읍지로 기록한 연행록도 확인된다. 김창업과 박지원은 봉황산성을 고구려 초기 도읍지로 제시하였다. 이는 봉황성을 안시성으로 비정하는 종래의 연행록 기록과 차별성을 보인다. 김창업은 안시성이 개주성 동북쪽 70리 지점에 있다는 『대명일통지』의 기사에 의거하여 안시성설을 부정하고, 차라리 동명왕의 도읍지설을 주장하였다. 박지원은 고구려의 옛 말에 큰 새를 '안시'라고 했으니 수·당 때에 고구려 말을 좇아 봉황성을 안시성으로 불렀다는 속설을 소개하고는 안시성은 개주의 동북쪽에 있고 봉황산성은 옛날 고구려의 도읍지라는 가설을 내세웠다.

조선후기에 들어 고구려를 평양 중심으로 보는 종전의 견해를 비판하고 요동 지역으로 보려는 견해가 늘어났다. 연행록에서 고구려의 중심지를 요동에서 찾고 있는 것은 『동국지리지(興京), 『아방강역고』(페여연군 격강지), 『해동역사』(강계부 만포진 격강지) 등의 이해와 상통하고 있는 역사 지리 인식이다. 조선후기에 들어 고구려사에 대한 인식이 크게 확산되면서 요동을 고토, 회복해야할 땅이라는 역사 지리 인식이 자리 잡아 갔다. 이러한 인식은 신채호 등의 민족주의사학자로 계승된다.

그런데 연행록을 통해 역사를 이해할 때 주의한 점이 있다. 李坦은, "연행 노정상의 산천과 길의 이정 및 지명에 대해서 앞서 연행을 다녀온 우리 사신들의 기록 중에는 허다한 오류가 유전되고 있으나 이를 두 번 다시 의심하지도 바로잡으려 들지도 않았다. 이에 선생(박세당)은 중국의 제반 관련 문서들을 고증하고 해당 지역 거주민들에게 직접 문의하기도 하였다. 무릇 의심할 만한 여지가 있는 것들은 대부분 고쳐서 바로잡았다. 이에 연로한 역관들이 놀라워하며 탄복해 마지 않았다"[58]고 하였다. 李坦의 지적처럼 연행록이 전해주는 기록을 활용할 때는 무엇보다 문헌 비판이 매우 중요함을 상기할 필요가 있다.

---

58) 『西溪集』권22 「年譜」戊申條.

　　　　　　　　　　고구려의 평양과 그 여운

# 2부

# 고구려 평양의 위치에 대한 새로운 고증

# 고구려 후기 평양위치 관련 기록의 검토

복기대 (인하대학교 대학원 융합고고학과 교수)

<목 차>

I. 들어가는 말
II. 한국 사서를 통한 평양 위치 관련 기록의 확인
III. 기록들에 대한 비교분석
IV. 맺음말

## I. 들어가는 말

고국원왕이 국난을 이겨내고자 천도했던 황성은 기록 그대로 첩첩산중이라 고구려가 운신하기에는 매우 어려움이 많았다.[1] 그럼에도 불구하고 고국양왕, 광개토대왕 등은 고국원왕 때 잃은 영토들을 다시 되찾느라 많은 노력을 하였다. 그런 노력들은 고국천왕의 요동진출과, 실패를 겪으면서 계속하여 서진정책을 추진하였다. 그러나 큰 성과는 없었을지라도 그런 바탕 위에 그의 아들 광개토대왕은 120여기의 성과 2,800촌에 이르는 정복지

---

1) 복기대, 2016, 「고구려 '황성' 시대에 대한 시론」『Asia-pacific Journal of Multimedia Services Convergent with Art, Humanities, and Sociology』6, 393~408쪽.

를 획득하면서 크나큰 성공을 거두었다. 광개토대왕의 이런 노력은 그동안 산중에 있었던 고구려의 도읍을 평지로 나오도록 기초를 닦았다. 아버지의 노력을 뒤이은 장수왕은 서기 427년에 드디어 평양으로 천도를 하게 되었다.[2]

고구려는 평양으로 도읍을 옮긴 후 사방으로 통하면서 국력을 쌓아 나갔다. 이런 고구려의 노력은 훗날 동북아시아의 패자로 거듭나게 되었다. 그런데 여기서 문제는 장수왕이 천도한 도읍이 어디냐 하는 것인데, 보편적으로 인식하는 것은 오늘날 북한의 평양으로 알고 있다. 이렇게 북한 평양으로 인식하게 된 이유는 조선후기 역사학자들 중 안정복, 한진서, 정약용 등이 주장한 내용을 반복한 도리이 류조(鳥居龍藏)[3], 시라토리 쿠라키치(白鳥庫吉)[4] 등의 연구들인데,[5] 이들은 앞서 거명한 조선학자들의 연구결과를 그대로 이어 받고 거기에 고고학 자료를 부가시키면서 더욱더 확고하게 굳어졌다. 이후 이병도,[6] 손영종[7]의 주장이 계속 이어지면서 중국학계도 그대로 유지되었다.[8]

위에서 간단히 정리해본 연구사를 볼 때 평양 연구에 관한 학계의 큰 흐름은 조선후기 실학시대의 연구결과를 이어나가고 있는 것으로 볼 수 있다.

그런데 안정복이나 정약용 등의 문헌기록 이외의 다른 기록을 보면 앞에서 말한 몇몇 연구자들의 의견에 무조건적인 동의를 하기에는 적지 않은 문제점이 대두된다. 이런 문제는 이미 복기대가 지적한 것처럼,[9] 고구려 도읍에 관한 기록을 보면, 어느 특정시기 이전에는

---

2) 『三國史記』, 「高句麗本紀」, '長壽王' 14년(426)
   '十五年, 移都〈平壤〉'

3) 鳥居龍藏, 1915, 「丸都城の說明」 『世界』109.

4) 白鳥庫吉, 1940, 「丸都城及國內城考」 『朝鮮史研究』, 岩波書店.

5) 한국에서 고구려 도읍지에 대한 종합적인 연구는 진행되지 않았다. 대부분이 일본학자들이 비정해놓은 연구결과를 활용하고 있으며, 부분적으로 약간의 위치 이동을 제시하거나 과거에 비정한 위치에 대한 확고한 증거를 제시하는 정도이다. 중국의 경우도 큰 차이는 없다. 1990년대 이전에는 전문적인 고구려사 전공자가 없었기 때문에 일본학자들의 연구결과를 그대로 수용하고 있는 상황이다.

6) 이병도, 1977, 『三國史記』, 을유문화사, 217쪽 주해 5 참조.
   이병도, 1985, 「高句麗 東皇城考」 『한국고대사연구』, 박영사, 370~373쪽.

7) 손영종, 1980, 『고구려사』, 과학백과사전 종합출판사, 84~87쪽.

8) 중국은 魏存成의 연구가 전문적인 연구를 진행하였다. 위존성은 일본학자들의 견해를 탈피해 중국 측 사서와 중국 고고학계의 조사결과를 활용하고 있다. 그는 『三國史記』에 나온 것을 토대로 도읍지의 천도과정을 추적했지만 결론은 과거 일본학자들이 연구한 것과 큰 차이가 없다.

9) 복기대, 2010, 「시론 고구려 도읍지 천도에 천도에 대한 재검토-白鳥庫吉의 고구려 도읍지에 대한 비판적 검토를 중심으로-」 『단군학연구』22, 단군학회.

¹⁰⁾ 한국문헌이나 중국문헌에도 한반도 평양이 아니라 현재 중국 요령성 어느 지역으로 기록되어 있기 때문이다. 이 기록들은 한 문헌이 아니라 여러 문헌들이 거의 같은 지역을 거론하고 있기 때문에 그냥 지나칠 수는 없다. 그러므로 글쓴이는 먼저 문헌기록에 어떻게 기록되어 있나 하는 것을 구체적으로 분석해보고자 한다. 다만 이 기록들을 분석하는 과정에서 한국문헌과 중국문헌을 분리하여 진행하고자 한다.

이 글에서는 한국사서의 기록을 중점으로 고구려의 평양위치를 분석해보고자 한다. 다만 이 연구에서는 한국사 전체를 정리하지 않고 조선시대 실학 시기 이전으로 한정한다. 그 이유는 실학 시기부터는 역사연구가 백가쟁명식으로 많은 토론이 있기 때문에 별도의 연구가 필요하기 때문이다. 그러므로 실학 시기의 연구는 별도의 기회를 찾아 정리하도록 한다.


## II. 한국사서를 통한 평양 위치 관련기록의 확인


### 1. 삼국시대의 평양 인식

한국 측 기록에는 평양성이 고구려의 도성이었기 때문에 많이 언급되고 있다. 평양에 관한 기록 중에 가장 이른 것은 광개토대왕비에 남아 있다.¹¹⁾ 이 비에는 통상적으로 우리가 알고 있는 '평양=平壤'과는 달리 '평양=平穰'으로 기록되어 있다.¹²⁾ 이 기록은 광개토대왕이 평양으로 행차하는 것인데, 광개토대왕 당시 고구려의 도읍은 오늘날 집안이었으므로 현재 집안에 있는 평양이 아닌 것은 분명해진다. 다만 광개토대왕이 행차를 하였던 평양이 어딘지는 아직 알 수 없다.¹³⁾

---

10) 그 시기를 정확하게 언제라고 말할 수는 없지만 대략 18세기 중반부터 큰 변화가 일어나는 것으로 추정된다.

11) 평양에 관한 기록은 삼국사기에 의하면 동천왕 때가 가장 이른 기록이다. 그러나 이 기록은 후대에 기록된 것이기 때문에 당대의 기록 순으로 볼 때에는 광개토대왕비가 가장 이르다.

12) 「廣開土王陵碑」
　　…九年己亥, 百殘違誓與倭和通, 王巡下平穰. …
　　여기에서 '양(穰)'의 의미는 벼농사와 관련 있는데, 어쩌면 광개토대왕비에 쓰여 있는 '평양(平穰)'은 벼농사를 지을 수 있는 땅이라는 의미가 아닐까 하는 추측을 해본다.

13) 고국원왕 초기의 도읍은 동천왕이 옮겼던 평양이었다. 이 평양에 대하여 글쓴이는 동천왕이 옮긴 평양에 대하

## 2. 고려시대의 평양 인식

고려시대의 평양 인식은 주로 『삼국사기』와 『삼국유사』에서 볼 수 있다. 먼저 『삼국사기』의 기록이다.

### 1) 동천왕이 평양으로 천도한 기록이다

주지하다시피 동천왕은 위나라의 서안평을 공격하였는데 실패하여 오히려 위나라 군대의 역습을 받아 당시 도성이었던 환도까지 함락되는 엄청난 패배를 당하였다. 그러나 당시 군대를 수습하여 위나라 군사를 몰아내고 환도로 돌아왔으나 도읍을 할 수 없어 평양으로 천도를 한 것이다. 이 천도에 관한 기록은 다음과 같다.[14]

> 21년 봄 2월에 왕이 환도성으로 전란을 겪고 다시 도읍으로 삼을 수 없다고 하여, 평양성
> (平壤城)을 쌓고 백성과 종묘와 사직을 옮겼다. 평양은 본래 선인(仙人) 왕검(王儉)의 땅이
> 다. 다른 기록에는 "왕이 되어 왕험(王險)에 도읍하였다"고 하였다.

이 평양성에서는 동천왕 21(247)부터, 중천왕, 서천왕, 봉상왕, 미천왕, 고국원왕 13년(343)까지 도읍을 하였다. 이 도읍지에 대한 구체적인 위치에 대하여 복기대는 오늘날 환인지역으로 추정하고 있다.[15] 이곳을 중심으로 세력을 확장하였던 고구려는 고국원왕 때 잠시 산상왕 때 도읍을 하였던 환도로 천도를 하였다가 전연(前燕)과의 전쟁에서 크게 패하면서 환도와 평양성을 모두 함락당하면서 오늘날 중국 길림성 집안시로 도읍을 옮겼다. 이 집안은 고국원왕 때부터 시작하여 장수왕이 평양으로 도읍을 옮길 때까지 고구려의 도읍이었던 곳이다.[16] 이곳에서 고국원왕 13년(343)부터, 소수림왕, 고국양왕, 광개토대

---

여 오늘날 환인지역으로 비정하였는데, 호태왕이 행차하였던 곳이 바로 환인지역이었을 가능성도 있다.
복기대, 2010, 「시론 고구려 도읍지 천도에 대한 재검토 -白鳥庫吉의 고구려 도읍지에 대한 비판적 검토를 중심으로-」, 『단군학연구』22, 단군학회.

14) 『三國史記』, 「高句麗本紀」, 東川王 21년(247)
二十一年, 春二月, 王以丸都城經亂, 不可復都, 築平壤城, 移民及廟社. 平壤者, 仙人王 儉之宅也. 或云, "王之都王險."

15) 복기대, 2010, 「시론 고구려 도읍지 천도에 대한 재검토 -白鳥庫吉의 고구려 도읍지에 대한 비판적 검토를 중심으로-」, 『단군학연구』22, 단군학회.

왕, 장수왕 15년(427) 까지 도읍을 한곳이다.

### 2) 장수왕 15년에 평양성 천도

장수왕대에 이르러 다시 도읍을 옮기는데, 장수왕의 천도는 그의 아버지 광개토대왕이 무력으로 사방을 정복하여 영토를 넓히고 동시에 전체 동북아시아의 주도권을 고구려 중심으로 재편하면서 가능해졌다. 장수왕은 그의 아버지가 닦아 놓은 기반 위에 『삼국사기』에 기록되어 있는 목멱산 중의 고구려 도성을 벗어나 평야지대로 옮긴 것이다. 이 사실을 다음과 같이 간단하게 기록하였다.[17]

15년에 도읍을 평양으로 옮겼다.

이 장수왕이 옮긴 곳도 평양 지역이었는데 이곳에서는 20대 장수왕 427년부터 문자명왕, 안장왕, 안원왕, 양원왕, 25대 평원왕 때까지 도읍을 하던 곳이다.

### 3) 평원왕 장안성 천도

평원왕 28년(586) 장수왕이 도읍했던 곳에서 다시 장안성으로 천도를 하는데 다음과 기록되어 있다.[18]

28년에 도읍을 장안성으로 옮겼다.

이 장안성에서는 25대 평원왕, 영양왕, 영류왕, 28대 보장왕대까지 도읍을 하던 곳이었다. 그런데 여기서 약간 혼란이 오는 것은 장수왕의 평양과 평원왕이 옮긴 장안성은 같은 지역인지 아니면 가까운 거리에 있었던 곳인가 하는 것이다. 왜냐하면 평원왕이 옮긴 장안

---

16) 복기대, 2016, 「고구려 '황성' 시대에 대한 시론」『Asia-pacific Journal of Multimedia Services Convergent with Art, Humanities, and Sociology』6, 393~408쪽.

17) 『三國史記』, 「高句麗本紀」, '長壽王' 14년(426)
　　'十五年, 移都〈平壤〉'

18) 『三國史記』, 「高句麗本紀」, 평원왕 28년
　　二十八年, 移都長安城.

성이 고구려의 마지막 도읍인데 대부분의 기록들은 마지막 도읍을 평양으로 기록하고 있는데 대부분이 장수왕이 옮긴 곳과 거의 유사한 지역을 말하고 있기 때문이다. 이곳에 대하여 『삼국사기』 편찬자들은 『삼국사기』 「지리지」에서 『당서』를 인용하여 구체적으로 설명해놓고 있다.[19]

《당서(唐書)》에서 이르기를 "평양성(平壤城)은 또 장안(長安)이라고 불렀다"라 하였고, 그리고 고기(古記)에서 이르기를 "평양(平壤)으로부터 장안(長安)으로 옮겼다"라 하였으니, 곧 두 성이 동일한 것인지 아닌지, 서로 멀리 떨어져 있었는지 가까웠는지에 대해서는 곧 알 수가 없다.

이 기록을 보면 아마도 평양성과 장안성은 멀리 떨어져 있었던 것은 아니거나 혹은 평양성 내에서 다른 곳에 궁성을 쌓고 옮겼을 가능성도 있다고 봐야 할 것이다.

위의 세 기록들을 보면 동천왕이 옮긴 곳도 평양이고, 장수왕이 옮긴 곳도 평양이고, 평원왕이 옮긴 곳도 평양이라고 불렀다는 것을 알 수 있다. 그러나 이 세 지역이 어딘지 확실치 않다. 그런데 이 글에서 중요한 것은 고구려가 무너질 당시 도읍이 어딘가 하는 것이다. 여기에 대하여 『삼국사기』 편찬자들은 『당서』를 근거로 하여 고구려의 마지막 도읍지를 추정하고 있다.[20]

평양성(平壤城)은 지금의 서경(西京)과 같으며, 그리고 패수(浿水)는 곧 대동강(大同江)이다. 어찌 이를 알 수 있는가? 《당서(唐書)》에서 이르기를 "평양성(平壤城)은 한(漢)의 낙랑군(樂浪郡)으로 산굽이를 따라 외성을 둘렀고, 남으로 패수(浿水)가 근처에 있다"라 하였으며, 또한 《지(志)》에서 이르기를 "등주(登州)에서 동북으로 바닷길을 가서, 남으로 해안에 연하여, 패강(浿江) 입구의 초도(椒島)를 지나면, 신라의 서북에 닿을 수 있다"라 하였

---

19) 『三國史記』 卷 第三十七, 「雜志」 第六, 「地理四」 高句麗.
　　 唐書云, "平壤城亦謂長安." 而古記云, "自平壤移長安." 則二城同異遠近, 則不可知矣.

20) 『三國史記』 卷 第三十七, 「雜志」 第六, 「地理四」 高句麗.
　　 平壤城似今西京, 而浿水則大同江是也. 何以知之. 唐書云, "平壤城, 漢樂浪郡也, 隨山屈繚爲郛, 南涯浿水." 又志云, "登州東北行, 南傍海壖過浿江口椒島, 得新羅西北." 又隋煬帝東征詔曰, "滄海道軍, 舟艫千里, 高帆電逝, 巨艦雲飛, 橫絶浿江, 遙造平壤." 以此言之, 今大同江爲浿水明矣, 則西京之爲平壤, 亦可知矣. 唐書云, "平壤城亦謂長安." 而古記云, "自平壤移長安." 則二城同異遠近, 則不可知矣.

다. 또한 수양제(隋煬帝)의 동방 정벌 조서에서 이르기를 "창해(滄海) 방면 군대는 선박이 천 리에 달하는데, 높직한 돛은 번개같이 나아가고, 커다란 군함은 구름처럼 날아 패강(浿江)을 횡단하여 멀리 평양(平壤)에 이르렀다"라 하였으니, 이렇게 말하는 것으로써 지금의 대동강(大同江)이 패수(浿水)인 것은 명백하며, 곧 서경(西京)이 평양(平壤)이었던 것 또한 가히 알 수 있다. 《당서(唐書)》에서 이르기를 "평양성(平壤城)은 또 장안(長安)이라고 불렀다"라 하였고, 그리고 고기(古記)에서 이르기를 "평양(平壤)으로부터 장안(長安)으로 옮겼다"라 하였으니, 곧 두 성이 동일한 것인지 아닌지, 서로 멀리 떨어져 있었는지 가까웠는지에 대해서는 곧 알 수가 없다.

위의 내용을 보면 『당서』에서 말한 평양성과 고려의 서경은 같은 곳이라는 추론이 가능하다. 그래서 『삼국사기』 편찬자들은 『당서』를 근거로 하여 찾고 있는 것이다.

앞의 기록에서 말하는 고구려 평양성은 고려의 서경에 있는데, 그 근거는 '고구려의 도성은 패수 가에 있는데 이 패수는 대동강이고, 이 대동강은 서경에 있기 때문에 이는 곧 고구려 평양성이라는 것이다.[21] 얼핏 보면 어딘지 알 수 있을 것 같은데, 중요한 것은 당시 서경이 어딘가는 밝혀 놓지 않았다는 것이다. 한 가지 이해가 되지 않는 것은 어쩌면 고려의 도성이 개성이었기 때문에 개성 북쪽 200여km 지점이 있는 지금의 평양에 대해 잘 알 수도 있었을 텐데 그렇지 않고 『당서』를 근거로 찾고 있는 것이다. 이 문제에 대해서는 뒤에서 다시 언급하겠다.

이 기록 이외에 『삼국사기』에는 고구려 후기 평양과 관련한 다른 기록이 있다.

『삼국사기』「지리지」 말고 평양 지역을 추정해볼 수 있는 기사는 신라와 고구려, 그리고 고구려와 당나라 간의 전쟁 시기이다. 이 기록은 「신라본기」 '문무왕'조와 '김유신열전'에 남아있다. 두 기록을 대비해 읽어 보면 약간 차이가 있고, 문무왕조는 구체적으로 남아있지 않지만 '김유신열전'에는 구체적으로 남아있다. 이 기록을 보면 김유신이 고구려 경내에 들어가면서 50여일 만에 당나라 군대에 군량을 전해준 기록이다. 간추려 보면 다음과 같다.

---

21) 이런 인식은 오늘날 대동강을 한반도에 있는 대동강으로 인식하여 평양의 위치를 한반도로 인식하게 하는 결정적인 근거를 제공하게 된 것이다.

| 날짜 | 번역문 | 원문 | 비고 |
|---|---|---|---|
| 김유신이 고구려 영역에 들어가다 661년 12월10일(음) | 12월 10일 [김유신이] 부장군(副將軍) [김]인문, 진복(眞服), [김]양도 등 9장군과 함께 군사를 거느리고 군량을 싣고 고구려의 경계 안으로 들어갔다. | 十二月十日, 與副將軍仁問·眞服·良圖等九將軍, 率兵載粮, 入高句麗之界. | |
| 김유신이 칠중하를 건너다 662년 01월23일(음) | 임술(문무왕 2년, 662년) 정월 23일 칠중하(七重河)에 이르자 사람들이 모두 두려워하여 감히 먼저 [배에] 오르려하지 않았다. [김]유신은"여러분들이 만약 죽기를 두려워한다면 어찌 같이 여기에 왔는가?"라고 말하며 마침내 먼저 스스로 배에 올라 건너자, 여러 장수와 병졸들이 서로 쫓아서 강을 건너 고구려의 영역으로 들어갔다. | 壬戌正月二十三日, 至七重河, 人皆恐懼, 不敢先登. 庾信曰, "諸君若怕死, 豈合來此." 遂先自上船而濟, 諸將卒相隨渡河, 入高句麗之境. | |
| 중 략 | | | |
| 신라군이 몰래 표하를 건너다 662년 02월(음) | [김]양도는 군사 8백 명을 데리고 바닷길로 환국하였다. 이때 고구려인들이 군사를 매복시켜 우리 군대를 돌아오는 길에서 요격하고자 하니, [김]유신이 북과 북채를 여러 소의 허리와 꼬리에 매달아 [꼬리를] 휘둘러 [북과 북채] 부딪칠 때마다 소리가 나게 하고 또 땔감으로 쓸 풀을 쌓아놓고 태워 연기와 불길이 끊어지지 않게 하였다. [그러면서] 한밤중에 몰래 이동하여 표하(瓢河)에 이르러 급하게 [강을] 건너 언덕에서 군사들을 쉬게 하였는데, 고구려인들이 이를 알고서 추격해 왔다. | 良圖以兵八百人, 泛海還國. 時麗人伏兵, 欲要擊我軍於歸路, 庾信以皷及桴繫羣牛腰尾, 使揮擊有聲, 又積柴草燃之, 使煙火不絶. 夜半潛行至瓢河, 急渡岸休兵, 麗人知之來追. | |
| 추격해 온 고구려 군대를 공격하여 패배시키다 662년 02월(음) | [김]유신은 만노(萬弩)를 한꺼번에 발사하게 하였고 고구려 군대는 우선 퇴각하였다. 여러 부대의 장수와 병졸들을 독려하여 [여러 방면으로] 나누어 나아가도록 하여 [길을] 막고 공격하여 그들을 패배시켰다. 장군 1명을 사로잡고 1만여 명을 참수(斬首)하였다. 왕이 이를 듣고 사람을 보내 노고를 치하하였고, 돌아오자 상으로 봉읍(封邑)과 작위(爵位)를 차등있게 내려 주었다. | 庾信便萬弩俱發, 麗軍且退. 率勵諸幢將士分發, 拒擊敗之. 生禽將軍一人, 斬首一萬餘級. 王聞之, 遣使勞之, 及至, 賞賜封邑·爵位有差. | |

첫 출발부터 양식을 전해주고 회군하는 날까지를 계산해보면 50여일이라는 시간이 걸렸다. 먼저 여기서 상정 고려해볼 것은 당시 신라의 북계가 어딘가 하는 것이다. 당시 신라의 북계는 이미 오늘날 서울 한강 이북으로 추정된다.[22] 그렇다면 661년 12월 10일에 고구려 경계로 들어가는 것이고, 그 이듬해 1월에 칠중하(七重河)를 건너는 장면이 나온다. 그리고 2월에 바다를 통해서 돌아온다. 이런 기록들을 볼 때 12월 10일부터 40여일을 걸려서 평양이 아닌 칠중하에 이른다는 것이다.[23] 만약 지금 평양 같았으면 경주에서 출발하였어도 평양에 이르렀을 것이다.[24] 이 거리를 볼 때 지금 평양으로 본다면 김유신의 진중일지가 잘못되었다고 봐야 한다. 그러나 현재로 볼 때는 김유신의 진중일지가 잘못된 것은 확인할 방법이 없다. 그렇다면 대체적인 신뢰를 해야 하는 것이다. 이렇게 되면 김유신이 양식을 전달한 곳은 지금 평양이 아닐 가능성이 높다.

### 4)『삼국유사』

다음으로 『삼국유사』에 고구려 도읍 관련 기록이 전해진다. 『삼국유사』에는 고구려 도읍이 구체적으로 기록되어 있는데, 평양성이라고 기록된 것이 아니고 '안시성' 또는 '안정홀'로 기록되어 있다.

> 살펴보면, 고구려 때의 도읍은 안시성(安市城) 일명 안정홀(安丁忽)로, 요수(遼水)의 북쪽에 위치해 있었고, 요수는 일명 압록(鴨綠)으로 지금의 안민강(安民江)이라고 한다.[25]

---

22) 글쓴이는 이 기록을 보면서 신라군이 한강하구에서 배를 이용하여 지금 평양으로 갔다면 훨씬 빠르고 안전하게 많은 군량을 싣고 갔을 텐데 왜 육로를 택했을까 하는 의구심이 있다. 더구나 당시 패수하구는 당나라 수군이 장악하고 있었는데 그렇다면 배로 가는 것이 정상이 아닌가 생각해 본다. 더구나 신라군이 돌아 올 때는 배로 돌아온다.
23) 이 칠중하를 현재 경기도 파주시 적성면의 임진강 부근으로 비정하고 있다. 글쓴이는 이 곳을 겨울에 답사를 해봤는데 첫째, 강이 얼어서 배를 댈 수 없고, 둘째, 강벽이 가파라서 사람들이 오르내릴 수가 없었다. 전체적인 수심을 볼 때 굳이 배를 타지 않고 건널 수 있는 곳이었다. 아마도 잘못 비정한 듯 싶다. 이 문제는 별도로 정리를 하고자 한다.
24) 조일전쟁 당시 일본군은 부산포에 상륙하여 전투를 하면서 한양까지 이동한 시간이 20일이다. 그렇게 보면 40여일이라는 시간은 경주에서 출발하였어도 가능한 시간이다.
25) 『三國遺事』「興法」제3 順道肇麗
　　…按麗時都安市城一名安丁忽在遼水之北遼水一名鴨淥今云安民江

이 기록을 보면 고구려의 도읍이 요수의 북쪽에 있다고 구체적으로 기록하고 있다. 이 기록에 의하면 고구려의 도읍은 요수를 찾으면 찾을 수 있게 되는 것이다. 이 요수는 곧 요하를 말하고 있는데 이 강은 요나라 중심지를 가로질러 흐르기 때문에 요하로 부르기 시작한 것이다.[26] 요수는 그 하구가 지금의 요양 지역까지 내려와 태자하, 혼하와 합해져 영구를 통과하여 발해로 들어갔었는데, 지금은 반금(盤錦)을 통과하여 직접 발해로 들어간다.[27] (그림 1, 2 참조)

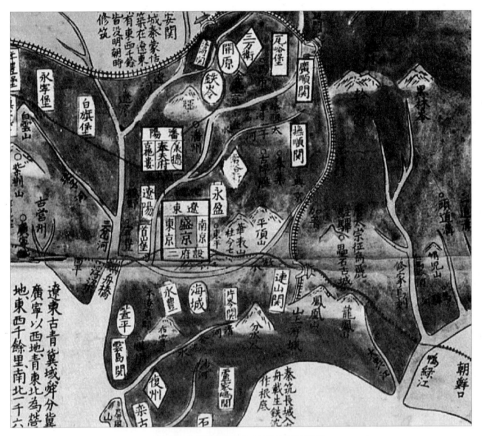

[그림 1] 대청광여도 상의 요하(遼河)

---

26) 고광진, 최원호, 복기대, 「시론 '장백산'과 '압록수'의 위치 검토-고려 이전을 중심으로-」, 『선도문화』13, 국학연구원.
   남의현, 「장수왕의 평양성, 그리고 압록수의 위치에 대한 시론적 접근」, 『고구려의 평양과 그 여운』, 주류성, 2017년)

고구려의 평양과 그 여운

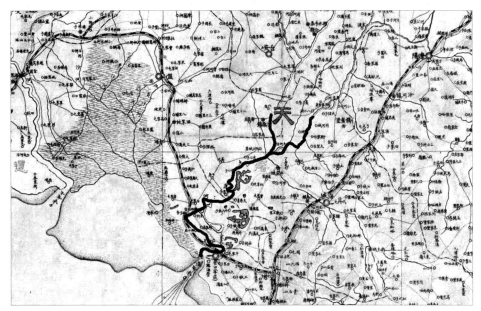

[그림 2] 1917년 군사지도 상의 요하(遼河)

　　이 강을 요나라에서는 요하로 부르지만 고구려나 고려에서는 요하로 부르지 않고 압록강으로 불렀던 것이다. 그리고 고려시대는 안민강(安民江)이라는[28] 이름으로 불렀던 것이다.[29] 이 기록을 보면 고구려 평양은 고려시대 '요하'라 불리는 강의 북쪽에 있었던 것이다. 이 기록에서 처음 고구려 평양의 위치가 지금의 만주 지역에 있었다는 것을 알 수 있었다.

---

27) 조사에 의하면 현재 요하는 7~8년에 한 번씩 큰 홍수가 나기 때문에 1950년대 말 영구 쪽으로 흘러가는 물길을 막고 바로 반금 쪽으로 흐르게 하였다. 그 결과 홍수가 많이 줄었다고 한다. 현재 요하라는 명칭은 2011년에 공식적으로 사용되기 시작하였다.

28) 강 이름을 지을 때는 자연현상이나 전설을 근거로 하여 붙이는 예가 많다. 예를 들면 '물이 오리 대가리 같아서 압록강'이라하거나, 태자가 도망 온 곳이라 하여 '태자하'로 붙이는 것이다. 그런데 안민강(安民江)이라는 이름과 대동강(大同江)은 그런 모양새가 아니라 백성이 편해야 한다는 뜻의 정치적인 용어들이다. 그런데 두 강 이름은 원래 본 강 이름이 아니라 별칭이라는 것이다. 앞으로 이 문제는 풀어봐야 할 문제라 생각한다.

29) 安民江이라는 말은 자연지리적인 현상을 고려하여 지은 이름이 아니라 백성들을 편하게 하는 강이라는 뜻의 정치적인 이름이다. 大同江 역시 자연현상보다는 정치적인 이름으로 불리는 이름이다. '안민강=대동강'의 가능성도 있을 것으로 본다.

## 3. 조선 전기의 평양 인식

### 1) 『세종실록』

조선 전기에 고구려 평양위치문제 때문에 갑작스레 문제가 발생하는데, 세종 때 조선의 영토 안에 조선의 선대 역사의 표식물을 설치하고자 하는데, 그 장소는 각 왕성에다 설치하는 것이 기본으로 하였다. 그래서 백제, 신라의 수도는 아는데 고구려의 수도는 어딘지 모르고 있었다. 이런 사실은 아래 기록에서 볼 수 있다.[30]

> 정사를 보았다. 예조 판서 신상(申商)이 계하기를, "삼국(三國)의 시조(始祖)의 묘(廟)를 세우는데 마땅히 그 도읍한 데에 세울 것이니, 신라는 경주(慶州)이겠고, 백제는 전주(全州)이겠으나, 고구려는 그 도읍한 곳을 알지 못하겠습니다"하였다. 임금이 말하기를, "상고해 보면 알기가 어렵지 않을 것이다. 비록 도읍한 데에 세우지는 못하더라도 각기 그 나라에 세운다면 될 것이다"하였다. 이조 판서 허조(許稠)가 계하기를, "제사 지내는 것은 공을 보답하는 것입니다. 우리 왕조(王朝)의 전장(典章)·문물(文物)은 신라의 제도를 증감(增減)하였으니, 다만 신라 시조에게 제사 지내는 것이 어떻겠습니까"하니, 임금이 말하기를, "삼국이 정립(鼎立) 대치(對峙)하여 서로 막상막하(莫上莫下)였으니, 이것을 버리고 저것만 취할 수는 없다"하였다.

이 기록은 매우 중요한 기록이다. 이 기록을 볼 때 조선 전기에는 고구려 평양성의 위치를 모르고 있었다는 것을 알 수 있다. 이는 고구려 평양성이 당시 조선영토에 없었거나 혹은 있다하더라도 찾지 못하고 있다는 것이다. 그런데 이상한 것은 고려의 서경이 고구려의 평양에 있었는데, 만약 한반도에 평양이 있었다면 쉽게 찾았을 것이다. 왜냐하면 서경이 해체된 것은 몽골과 전쟁에서 패하면서 고려는 4경 제도를 포기하는데 이 과정에서 서경도 경이 아닌 일반 행정구역으로 남아 있었을 것인데 그렇다면 개경에서 멀리 떨어지지 않은 평양이 고구려 평양이었을 것을 쉽게 알 수 있었을 것이다. 그럼에도 불구하고 조선 전

---

30) 『조선왕조실록』, 「世宗」, 35卷, 9年(1427 丁未 / 명 선덕(宣德) 2年) 3月 13日(辛丑).
  "辛丑/視事.禮曹判書申商啓曰: "三國始祖立廟, 須於其所都 新羅則慶州, 百濟則全州, 高句麗則未知其所都也"
  上曰: "考之則不難知也, 雖不立於所都, 各於其國則可也" 吏曹判書許稠啓曰: "祭者, 報功也.我朝典章文物, 增損
  新羅之制, 只祀新羅始祖, 何如?" 上曰: "三國鼎峙, 不相上下, 不可捨此而取彼也."

기에 고구려의 평양을 모른다는 것은 얼른 납득이 가지 않는다. 이런 인식은 훗날 실학시대에 평양논쟁이 유발되는 중요한 근거가 된다.

## 2) 『표해록』

주지하다시피 이 책은 최부(崔溥)라는 관리가 제주 가까운 바다에서 조난을 당하여 중국 절강성 지역으로 떠내려갔다가 구조되어 육로로 당시 명나라의 도성이었던 북경을 경유하여 연산을 넘어 만주 지역을 통과하여 한양에 돌아오는 여정을 정리한 믿을 수 있는 기록으로 당시 중국 지리 연구에 매우 중요한 책이다. 그는 절강성 영파부에서 시작해 북경을 거쳐 요양 지역으로 들어왔다. 이 요양에서 고구려 후예들을 만났고, 그들에게 요양에 대한 역사를 들었는데, 바로 요양이 고구려의 도읍이었다는 것이다. 뿐만 아니라 얼마 전까지만 해도 그 후예들이 조상들에게 제사를 지냈다는 것이었다.

> 요동은 곧 옛날 우리나라의 도읍이었는데, 당(唐) 고종(高宗)에게 멸망을 당하여 중원에 소속되었다가 오대(伍代) 시대에는 발해 대씨(大氏)의 소유가 되었더니 후일에는 요(遼)·금(金)·원(元)의 병탄한 바가 되었던 것입니다.[31]

> 이 지방은 곧 옛날 우리 고구려의 도읍인데 중국에게 빼앗겨 소속된 지가 1,000여년이나 되었습니다. 우리 고구려의 끼친 풍속이 아직도 없어지지 않아서, 고려사(高麗祠)를 세워 근본으로 삼고, 공경하여 제사 지내기를 게을리 하지 않으니, 근본을 잊지 않기 때문입니다.[32]

이런 기록은 그 지방의 고구려 후예들에게 직접 들은 얘기를 기록한 것이다. 또한 비슷한 사실을 여러 사람에게서 채록한 것이라 더욱 신빙성이 있다.

최부는 무슨 생각을 했는지 요양 지역의 지형 흐름을 관찰한 결과 강물들이 동에서 시작

---

31) 『표해록』3권(1488, 성종 19년 5월 28일)
   '遼東 卽舊我高句麗之都爲唐高宗所滅 割屬中原 五代時爲渤澥太氏所有 後又爲遼金, 胡元所倂'
32) 『표해록』3권(1488, 성종 19년 5월 24일)
   此方卽古我高句麗之都 奪屬中國千有餘載 我高句麗流風遺俗 猶有未殄 立高麗祠以爲根本 敬祀不怠 不忘本也

하여 서로 흐른다는 것을 확인하고 기록하였는데,[33] 이런 최부의 기록은 고구려 평양성 위치를 연구하는 데 매우 중요한 자료가 된다. 북위의 역도원이 주를 낸 『수경주』나 많은 학자들이 한반도 평양이 고구려 평양이라는 주장은 패수가 동에서 서로 흐르기 때문이라는 자연지리적인 조건을 근거로 강력하게 주장하고 있다. 그런데 최부는 요양지역의 물 흐름을 관찰한 결과 '혼하'나 '태자하' 등의 큰 강뿐만 아니라 만주의 장백대간의 큰 물은 대부분 동에서 서로 흐른다는 것을 확인했던 것이다.

### 3) 홍여하(洪汝河)의 『동국통감제강(東國通鑑提綱)』

17세기 남인(南人) 학자였던 홍여하는 고조선의 중심지에 관해 언급하면서 진번을 요양(遼陽)에 비정하고 요양의 구호(舊號)가 평양이며, 위만이 도읍했던 험독(險瀆)도 요동에 있다고 하였다. 패수(浿水)도 한반도의 강이 아니라 요하로 보았고, 연(燕)의 장수 진개(秦開)에 의하여 2천여리의 땅을 뺏기고 나서 경계를 삼았다는 만번한의 위치도 요양성으로 보았다.[34]

### 4) 최덕중(崔德中)의 『연행록(燕行錄)』

조선시대 사행단들은 요양을 지나면서 이곳이 고구려 평양성이었다는 말들을 많이 들었을 텐데 일부는 그런 상황을 기록으로 남겨 놓기도 하였다.

그 후 연행사로 연경에 갔던 최덕중의 기록이다. 최덕중은 연행사를 호위하는 무장으로 사행단에 참가하였기 때문에 무관들의 입장에서 연행기를 작성하였는데, 역사에도 관심이 많아 역사적인 사실들을 기록하였는데, 대표적인 것이 요양에 도착한 감회였다.[35]

고려동(高麗洞)을 지나 겨우 산모퉁이를 하나 지나니, 요동 들판이 아득하게 펼쳐져서, 서

---

33) 『표해록』3권(1488, 성종 19년 5월 22일)
　　'蓋遼地瀕海而高亢 支河皆逆流 故太子渾河皆自東而西 又有境外支河 皆自北而南 曲折縈廻 俱會于此 作浮橋
　　横截河流 又挽舟而渡 號爲遼河渡'

34) 洪汝河『東國通鑑提綱』

35) 『燕行錄(崔德中 著)』
　　過高麗洞 才出一山隅 則遼野茫茫 西南無際 東北殘山逶迤遠亘 而遼陽之白塔 屹然當前矣西行三十里 自遼東
　　東門入城 則城皆崩頹 只存土築 四面之門 皆以磚石作虹 而門形猶存矣以所見言之 則此城乃高句麗舊都 而唐
　　高宗時 割入中國 後爲遼, 金, 元之所據 四門之名淸肅, 迎恩, 澄淸, 揚武, 威振等門 而今皆盡毁 未得見字號矣
　　古鎭二十四衛之地 乃雄鎭也 平野方城 一面不過三里許 周回似不至十餘里 而城中多有人家舊基 墻築完然

남쪽은 끝이 없고 동북쪽은 나지막한 산이 빙 돌아 멀리 뻗쳤는데, 요양(遼陽)의 흰 탑(塔)이 우뚝이 눈앞에 다가와 있다. 서쪽으로 30리를 가서 요동성 동문(東門)으로 들어가니, 성이 모두 무너져서 토축(土築)만 남아 있었다. 사면 문간은 모두 벽돌로 무지개 모양으로 만들었는데 문 형상이 아직 남아 있었다. 본 바로써 말한다면, 이 성은 고구려의 옛 도읍이었으나, 당 나라 고종(高宗) 때에 떼어서 중국 판도에 들어갔고, 그 뒤에는 요(遼)·금(金)·원(元)이 점거(占據)하였다. 사면 문간의 명칭은, 청숙(淸肅)·영은(迎恩)·징청(澄淸)·양무(揚武)·진위(振威) 등 문이었으나, 지금은 다 허물어져서 자호(字號)를 볼 수 없었다. 예전에 24위(衛)의 지역을 거느렸으니, 큰 진(鎭)이었다. 평평한 들판에 네모진 성 한 면이 3리쯤에 불과하니, 둘레는 10여 리도 되지 않을 듯하다. 성안에 인가 옛터가 많이 있어, 담 쌓았던 것이 완연하였다.

이 기록을 보면 구 요양을 고구려 평양성으로 말하고 있을 뿐만 아니라 도성의 위치로 추정되는 성에 대한 구체적인 설명을 하고 있다.[36] 최덕중이 연행사로 갔을 당시가 1700년대 초반인데 그때도 토성의[37] 흔적이 남아 있었을 뿐만 아니라 성문이 남아 있었다고 기록하고 있다.[38]

---

36) 최덕중이 한 말의 사실여부는 앞으로 연구가 필요한 부분이지만 충분히 개연성이 있을 수 있다고 본다.

37) 이 성은 현재 요양 동경성을 말하고 있는 것으로 보이는데, 이 성은 청태조 누르하치가 처음 후금을 건국하고 도읍으로 정한 곳이었다. 현재 성은 '천우문'을 중심으로 후대에 복원한 벽돌성벽 일부와 토성으로 연결되었던 성벽이 남아 있다. 현재 남아 있는 천우문 기단부는 돌로 쌓았는데 이 돌을 다듬은 양식이 모두 달랐다. 최덕중은 이 성의 각각 문의 이름은 들었는데 가보니 다 허물어져 확인할 길이 없다고 한 것으로 보아 이미 많은 조사를 하고 간 것으로 보인다.

38) 『燕行錄(崔德中 著)』 최덕중은 요양의 허물어진 성터를 보고 비통한 마음에 시 한편을 지었다. 참고로 부기해 놓는다.
初七日, 陰風吹……日落後望見舊遼東 殘郭只有暮烟之生 荒城虛照碧山之月 不勝愴感之懷 遂次金上舍韻曰 白馬行裝過古壚 前朝舊物問何餘 荒城唯有山河月 應笑此生死不如又曰 茫茫曠野古城壚 云是遼陽戰敗餘 遠樹寒烟猶帶恨 男兒到此意何如.
7일, 흐리고 바람이 불었다.
……해진 뒤에 구요동(舊遼東)을 바라보니, 쇠잔한 외성엔 저녁연기만이 피어오르고, 거친 성엔 푸른 산의 달이 무심히 비치니 감창(感愴)한 회포를 견디지 못했다. 드디어 김상사(上舍)의 시(詩)를 차운(次韻)하여, "백마 행장으로 옛 터를 지나며 /전조 옛 문물(文物)이 얼마나 남았는가 묻는다 / 거친 성에 오직 산하 비치는 달이 있어 / 응당 삶이 죽음만 같지 못함을 웃겠지 / 아득히 넓은 들 옛 성터는 / 여기가 요양 패전한 나머지란다 / 먼 나무 찬 연기도 오히려 한을 띠었는데 / 남아가 여기 와서 그 뜻이 어떠하뇨"

## III. 기록들에 대한 비교분석

위의 기록들을 유기적으로 분석해볼 필요가 있다. 먼저 분석을 해볼 것은 『삼국사기』에서 『당서』를 인용하여 서경의 위치를 추적한 것이다. 이 추적에서 『삼국사기』 찬자들은 서경이 곧 평양성이라 하였다. 삼국사기 찬자들은 서경을 고구려 황성의 서쪽이라고 말하였다. 바로 『삼국사기』 기록 중 고구려 황성의 위치를 설명하는 과정에서 서경의 동쪽 목멱산 중에 황성(黃城)이 있다는 기록이 있는데,[39] 이 기록을 참고해보면 서경의 위치를 추측이 가능해지는 것이다.

> 가을 7월에 평양 동쪽 황성(黃城)으로 옮겼다. 이 성은 지금의 서경(西京) 동쪽 목멱산(木
> 覓山) 중에 있다. 진(晉)에 사신을 보내 조공하였다.

이 기록을 보면 '지금의 서경 목멱산 중'이라는 것이 있는데 여기서 구체적으로 서경의 위치가 언급되고 있다.[40] 이 기록의 배경은 고국원왕이 황성으로 도읍을 옮겨 간곳을 말하는데, 그곳은 현재 중국 길림성 집안시이다. 그렇다면 거꾸로 집안의 서쪽이 바로 고려의 서경이 되는 것인데, 그곳은 현재 요녕성 환인현이 집안시의 정서쪽이다. 공교롭게도 이 지역은 일본학자들에 의하여 고구려 첫 도읍지로 추정된 곳이고, 복기대에 의하면 동천왕이 천도한 평양으로 비정된 곳이기도 하다.[41] 이곳에는 매우 많은 고구려 유적들이 있었는데, 적지 않은 유적들이 현재 환인 댐으로 수몰되어 있다. 이곳은 심양을 통과하는 혼하의 상류지역으로 이 물들이 서쪽으로 흘러가 요양 북쪽을 통과하여 태자하와 합쳐져 발해로 들어간다.[42]

---

39) 『삼국사기』 〈고구려본기〉, 고국원왕13년
　　秋七月, 移居平壤東黃城. 城在今西京東木覓山中. 遣使如晉朝貢.

40) 참고로 말하자면 고국원왕이 옮긴 황성은 오늘날 길림성 집안시이다.
　　참조. 복기대, 2016, 「고구려'황성'시대에 대한 시론」 『Asia-pacific Journal of Multimedia Services Convergent with Art, Humanities, and Sociology』, 393~408쪽.

41) 고국원왕 초기의 도읍은 동천왕이 옮겼던 평양이었다. 이 평양에 대하여 글쓴이는 동천왕이 옮긴 평양에 대하여 오늘날 환인지역으로 비정하였는데, 호태왕이 행차하였던 곳이 바로 환인지역이었을 가능성도 있다.
　　복기대, 2010, 「시론 고구려 도읍지 천도에 대한 재검토 -白鳥庫吉의 고구려 도읍지에 대한 비판적 검토를 중심으로-」 『단군학연구』22, 단군학회.

42) 1959년까지만 해도 이 물은 요하와 합쳐져 영구앞바다로 들어갔다.

다음으로 『당서』에서는 고구려 도성을 어디로 봤느냐 하는 것이다. 『구당서』와 『신당서』에는 모두 고구려 도읍인 평양성의 위치에 대해 언급하였는데, 『구당서』는 장안성에서 5,100여리쯤이고[43], 『신당서』는 장안성에서 5,000여리라고 기록 되어 있다.[44]

이 기록 중 중요한 것은 고구려에서 백제와 신라를 가는 방법이다. 고구려에서 백제와 신라를 가는 방법은 '바다를 건넌다'고 기록하였다. 이것은 고구려와 백제, 신라의 사이에는 바다가 있다는 것이다.

만약 고구려 평양성이 오늘날 평양에 있었다면 '바다를 건너 간다'고 기록하지 않았을 것이다. 이런 기록은 분명 고구려 평양성이 지금 북한지역의 평양이 아니라는 것을 말하고 있다.

이렇게 볼 때 『삼국사기』 찬자들은 분명 『당서』의 내용을 알고 활용했을 것이다. 그랬다면 고려시대 서경은 어쩌면 오늘날 평양이 아닐 가능성이 높아지는 것이다. 이런 근거가 앞서 설명한 '황성과 서경'과의 관계이다.

이에 반해 『삼국유사』는 구체적으로 고구려 도읍의 위치를 기록하고 있는데, 그 위치가 현재 요녕성 어느 지역이라는 것만 알 수 있었다. 그런데 『삼국유사』의 기록에는 '요수는 곧 압록강'이라고 하였다. 이 기록은 요수와 압록강은 같은 강이라는 것인데, 『삼국유사』가 쓰여진 고려시대에 요수는 현재 요하를 말하고 있다. 그 근거는 요나라가 요양까지 세력을 넓히면서 고구려 때 압록수로 불리던 강을 요하로 바꾼 것이다. 그렇기 때문에 『삼국유사』 편찬자는 요수=압록수로 표현한 것이다. 그런데 여기에서 중요한 문제가 있는데 그것은 다름 아닌 현재의 압록강을 어떻게 봐야 할 것인가 하는 것이다. 대부분의 연구자들은 지금의 압록강이 불변의 압록강으로 생각하고 한국사를 설명하고 있다.

먼저 고대 압록강에 대한 기록을 살펴볼 필요가 있는데, 『삼국유사』가 고려시대의 기록이므로 고려 당대의 기록을 근거로 해본다. 송나라 사신인 서긍의 『고려도경』에 실린 내용

---

43) 『舊唐書』「東夷列傳」高句麗
　　高麗者, 出自扶餘之別種也. 其國都於平壤城, 卽漢樂浪郡之故地, 在京師東五千一百里. 東渡海至於新羅, 西北渡遼水至于營州, 南渡海至于百濟, 北至靺鞨. 東西三千一百里, 南北二千里.

44) 『新唐書』「東夷列傳」高句麗
　　高麗, 本扶餘別種也. 地東跨海距新羅, 南亦跨海距百濟, 西北度遼水與營州接, 北靺鞨. 其君居平壤城, 亦謂長安城, 漢 樂浪郡也, 去京師五千里而贏, 隨山屈繚爲郛, 南涯浿水, 王築宮其左. 又有國內城漢城, 號別都. 水有大遼少遼: 大遼出靺鞨西南山, 南歷安市城, 少遼出遼山西, 亦南流, 有梁水出塞外, 西行與之合. 有馬訾水出靺鞨之白山, 色若鴨頭, 號鴨淥水, 歷國內城西, 與鹽難水合, 又西南至安市, 入于海. 而平壤在鴨淥東南, 以巨艫濟人, 因恃以爲塹.

이다.[45]

《고려도경》 압록수

압록강의 물 근원은 말갈(靺鞨)에서 나오는데, 그 물 빛깔이 오리의 머리 빛깔 같으므로 그렇게 이름한 것이다. 요동(遼東)에서 5백리를 흘러가다가 국내성(國內城)을 지나서 또 서쪽으로 흘러 한 강물과 합류하니, 이것이 염난수(鹽難水)이다. 두 강물이 합류하여 서남쪽으로 안평성(安平城)에 이르러 바다로 들어간다. 고려에서는 이 강물이 가장 크다. 물결이 맑고 투명하여 지나는 나루터마다 모두 큰 배가 정박해 있는데, 그 나라에서 이를 천참(天塹)으로 여긴다. 강물의 너비가 3백 보(步)인데, 평양성(平壤城)에서 서북으로 4백 50리이고, 요수(遼水)에서 동남으로 4백 80리에 있다. 요수에서 동쪽은 옛날 거란에 소속되었는데, 지금은 그 오랑캐 무리가 이미 멸망되었고, 대금(大金)에서는 그 땅이 불모지(不毛地)이기 때문에 다시 성을 쌓아 지키지 않는다. 그리하여 한갓 왕래하는 길이 되었을 뿐이다.

이 기록은 서긍이 당나라 때 두우의 『통전』기록을 기반으로 하고, 송나라 때 사정을 설명하고 있다. 여기서 중요한 것은 '고려에서는 이 강물이 가장 크다. 물결이 맑으며 지나는 나루터 마다 큰 배가 정박해있으며, 그 나라에서는 이를 천참으로 여기며, 강물의 너비가 300보'라는 것이다. 강물의 너비가 300보라는 것은 이 너비가 약 500미터 정도라는 것이다. 그렇다면 현재 압록강의 넓이를 봐야 할 것이다. 현재 압록강은 넓이는 절대로 500미터가 안 된다. 그리고 사시사철 24시간 배로 다닐 수 있는 의주 나루는 넓어야 200미터를 넘지 못한다.[46] 그렇다면 현재의 압록강은 고대의 압록강이 아니라는 것이다. 고대의 압록강은 다른 곳에서 찾아야 한다. 현재의 압록강을 제외하고 압록강 후보지로 떠오르는 것은 1959년 이전의 요하이다. 그 가능성을 말하는 것은 『대명일통지』에도 기록되어 있다.[47]

---

45) 《高麗圖經》. 압록수(鴨綠水)鴨綠之水原出靺鞨, 其色如鴨頭, 故以名之. 去遼東五百里, 經國內城, 又西一水合, 卽鹽難水也. 二水合流, 西南至安平城入海. 高麗之中, 此水最大, 波瀾淸澈, 所經津濟, 皆艤巨艦. 其國恃此以爲天塹. 水闊三百步, 在平壤西北四百五十里; 遼水東南四百八十里. 自遼水已東卽舊屬契丹, 今虜衆已亡, 大金, 以其地不毛, 不復城守, 徒爲往來之道而已

46) 강 하구에서 조수간만의 차이가 심하면 나루를 못 만든다. 그 이유는 조수간만의 차이가 심하면 밀물 때 배를 대었다가 썰물이 되면 배가 땅에 가라앉아서 다시 밀물을 기다려야 한다. 그러므로 조수간만에 차가 심한 곳은 나루로 활용하지 못한다. 그래서 의주나루는 압록강의 조수간만의 변화가 없고 항상 물이 차 있는 의주에 설치한 것이다. 그러므로 현재 의주나루의 넓이는 불과 200미터를 넘지 못한다.

압록강은 한양에서 서북쪽으로 1,450리 거리다. 일명 마자수로도 부른다. 수원은 말갈 장백산이다. 물색이 오리의 머리를 닮았다하여 옛날 압록수라 불렀다. 서남쪽으로 흘러 염난수와 합류하고 남쪽으로 흘러 바다로 들어간다. 넓이가 300보이다. 조선은 하늘이 내린 요새로 여겨 참으로 삼았다.

『대명일통지』에 나와 있는 압록강도 기본은 두우의 통전을 기반으로 하는데, 중요한 것은 한양 도성에서 압록강까지 거리를 1,450리라고 한 것이다. 이 거리는 구체적으로 기록하였기 때문에 한양에서 그 거리를 재면 된다. 그 거리는 계산기정(薊山紀程)을 참고로 해보면, 계산기정에서는[48] 한양에서 현재 압록강까지는 1,055리이다. 여기서 다시 400리를 더 가야 압록강이 되는 것이다. 다시 압록강에서 서쪽으로 400여리를 더 가서 물의 넓이가 300보이고, 천험의 요새로 볼 수 있는 것은 1959년 이전의 요하뿐이다. 그렇다면 『삼국유사』에서 기록된 압록강은 아마도 오늘날 혼하, 태자하, 요하가 합쳐진 곳을 말하고 있는 것이다. 이렇게 보면 『삼국유사』에서 말하고 있는 고구려 도성도 지금의 요, 심지역을 말하고 있는 것을 볼 수 있다.

위에서 분석해본 『삼국사기』와 『삼국유사』의 기록을 분석해본 결과 고구려의 도읍은 한반도에 있지 않았다는 것을 알 수 있었다.

조선시대의 기록 중 1454년에 편찬된 『세종실록』에서는 확실하게 고구려 도읍지를 모르고 있었다. 그러나 『세종실록』이 만들어진 34년 후에 저술된 최부의 『표해록』에서 구체적으로 고구려의 평양성은 요녕성 요양 지역이었다고 기록하고 있다.

이렇게 본다면 최부의 기록과 대비했을 때 고구려 평양성이 한반도에 있을 확률은 현저히 줄어든다. 최부의 기록으로 앞서 거론된 『삼국사기』나 『삼국유사』의 기록과 대비해보면 평양은 오늘날 요령성 요양 지역일 가능성이 높아진다.

또한 최덕중 역시 최부와 같은 의견이다. 최덕중은 구체적으로 고구려의 평양성터를 확인하면서 그 누구의 주장보다 구체적으로 평양성의 위치를 설명하고 있다.

위에서 살펴본 바와 같이 17세기 이전기록 중 고구려 평양성 위치 관련은 거의가 현재

---

47) 『大明一統地』「卷 八十九」'外夷', '朝鮮國', 鴨綠江
　　"在國城西北一千四百五十里一名馬訾水原出靺鞨之長白山水色如鴨頭故名西南流與鹽難水合南入於海闊三百步, 朝鮮特爲天塹."
48) 조선 순조 때 동지사의 서장관 서장보(徐長輔)를 따라 연경(燕京)을 다녀온 필자 미상의 사행 기록.

중국 요녕성 요양시 일대로 추정하고 있다. 이런 추정은 한국문헌뿐만 아니라 중국문헌에서도 같은 현상을 보이고 있다.

## Ⅳ. 맺음말

현재 한국학계에서 고구려 장수왕이 옮긴 도읍인 '평양'의 위치에 대한 문제는 연구대상이 아니다. 평양의 위치가 확정되어서 논의 대상에서 빠져있는 것이 아니라 전부터 전해져 내려왔으니 논의의 대상이 아닌 것이다. 그러나 꼭 연구를 해야 한다는 것을 알게 되었다. 그것은 조선 전기 『세종실록』에서 확인할 수 있었던 것처럼 고구려의 평양성이 어디인지 모르고 있었다. 그 후 『세종실록』이 편찬된 이후 30여년 후 최부는 구체적으로 고구려의 평양성이 어딘가를 밝혔는데, 그곳은 현재 중국 요녕성 요양시 일대였다. 이런 연유로 한국 사서에 전해 내려오는 고구려 후기 도읍인 평양 관련 기록을 찾아서 검토를 해본 결과 최부의 말은 거짓이 아니었다. 이 과정에서 이른바 조선의 실학시대에 들어오면서는 전시대와는 달리 전혀 다른 내용들이 나오기 때문에 일단은 제외시켰다. 그리고 18세기 이전 기록을 중심으로 고구려 장수왕이 도읍한 평양의 위치에 대한 분석을 시도하였다. 이 과정에서 관련 기록이 많지 않다는 것을 알았지만 그럼에도 불구하고 남아 있는 자료를 통해서도 충분히 확인할 수 있었다. 문헌기록을 통하여 확인한 결과 장수왕이 옮기고, 평원왕이 옮긴 장안성의 위치는 오늘날 중국 요녕성 '요, 심일대'라는 것을 알 수 있었다. 특히 최덕중은 확실하다고 볼 수는 없지만 요양 일대에 남아 있는 폐허된 성벽을 고구려 평양성으로 추정하였다. 이런 추정은 앞으로 더 연구를 할 필요가 있지만 최부의 『표해록』이나 최덕중의 『연행록』은 매우 유사한 부분이 있는 것으로 보인다.

이런 기록들을 볼 때 우리가 알고 있었던 실학시대의 몇몇 연구자와 일본학자들의 연구 결과를 근거로 한 고구려 후기 도읍 평양성에 대한 인식은 많은 문제가 있었음을 알 수 있었다.

앞으로 더 많은 연구를 통하여 사실을 밝혀야겠지만 글쓴이 입장에서 볼 때는 고구려 도읍지에 관한 전면적인 연구가 필요할 것으로 본다.

# 장수왕의 平壤城, 그리고 鴨綠水와 鴨渌江의 위치에 대한 시론적 접근

남의현 (강원대학교 사학과 교수)

## I. 序論

고대 국가의 수도나 도시의 위치를 연구하는데 江의 연구는 필수적이다. 고대에는 陸路보다 海路나 水路가 물자 수송, 교역, 전쟁 등을 수행하는데 편리한 수단 중의 하나였기 때문이다. 滿洲 지역 연구 역시 마찬가지이다. 滿洲史를 연구하는데 만주지역의 강을 연구하는 것은 필수적이다. 만주는 평원 이외에도 遼河와 같은 큰 강이 있어 고대부터 역사서나 지방지를 편찬할 때마다 요하와 같은 중요한 강은 빠짐없이 기록되었다. 그럼에도 불구하고 우리는 만주사를 연구하면서 만주 지역에 분포하는 강의 종류, 지리적 특징, 강의 활용도 등에 대해 그다지 깊은 고민을 하지 않고 역사를 연구하였다.

여기에는 이유가 있었다. 한·중 수교 이전 만주는 우리가 갈 수 없는 땅이었고 연구자들도 거의 없었다. 소수의 연구자들마저도 만주관련 자료들을 접하기가 쉽지 않았고 어렵게 구한 약간의 자료나 정사 등도 치밀하게 분석하는 학자가 몇몇 밖에 없었다. 더구나 현장의 지리나 지형에 대한 답사는 더욱 이루어 질 수 없었다.

이런 이유로 한국 근대 이후부터 한중수교 이전의 만주사 연구는 주로 일제 강점기를 거치면서 일본 학자들이 해 놓은 고고학적 연구성과나 2차 사료들, 중국의 연구자가 만들어 놓은 결과물을 주로 참고하는 경향이 강했다. 이처럼 제국주의 시대, 냉전의 시대, 영토분쟁의 시대에 독자적인 연구가 아니라 한국을 식민지로 삼았던 나라나 주변국을 속국으로만 인식하는 중국이 연구한 2차 연구 성과를 참고하면서 한국사는 많은 문제점을 야기하였다. 역사상 중국 왕조와의 국경문제나 고대국가의 수도나 강역 문제가 연구되지 않은 상태에서 한국사가 서술되었다. 1차 사료에 대한 검토가 제대로 진행되지 않았던 것이다.

조선사편수회가 펴낸 『朝鮮史』를 참고하는 경우도 많았다. 조선사편수회의 책은 역사를 일본인이 주도하여 만든 결과 상당수의 서술 부분이 왜곡되었음은 이미 다 아는 사실이다. 그 과정에서 『고려사』나 『조선왕조실록』 등 원전에서 한국인의 기상을 살릴 수 있는 내용들은 역사서술에 제대로 반영이 안 되거나 축소되고 왜곡되었다.

수많은 사서를 살펴보면 만주와 한국은 국가, 강역, 정치, 문화 등 많은 분야에서 불가분의 관계에 있음은 누구나 다 아는 사실이다. 그러함에도 중국은 만주사를 자국의 지방사로 연구할 뿐이며 중국 사서에 나오는 한국 고대국가 관련 기사 중 영토나 고대 국가의 수도, 국경선 같은 민감한 부분들은 애써 드러내지 않으려 한다. 그 배경에는 역사를 선점하거나 왜곡하려는 패권주의적 역사관이 숨어있다. 실제로 중국이 펴낸 역사지도에 한반도의 상당 부분은 사실과는 다르게 고대부터 중국 왕조의 영토로 편입되어 있다.

21세기 현재에도 중국은 만주의 역사에서 한국을 배제한 채 중국사로 재편하고 있다. 중국인들의 역사인식 속에서 한국의 역사범위는 북한의 평양, 혹은 압록강을 넘지 못하고 있다. 모든 한국 고대 국가들의 역대 국경선이 압록강을 넘지 못하고, 고조선, 고구려 같은 고대 국가들의 수도는 북한 평양 등에 고정되어 한국사는 만주사와 단절된 것으로 중국의 역사서와 연구물, 지도들은 서술하고 있다.

한국사의 역사범위가 압록강과 북한 평양을 넘지 못한다고 서술한 일본과 중국의 역사 인식은 어디서 나오는 것일까. 우리는 이러한 문제점을 파악하기 위해 현존하는 관련 사료를 우선적으로 치밀하게 수집하고 검토해 볼 수밖에 없다.

본 연구는 고구려 장수왕이 천도한 평양성이 사료에 어떻게 기록되고 있는가를 연구해 보고자 한 논문이다. 고대 고구려 평양성의 위치를 추적하는 과정에서 새로운 많은 사실들을 발견하였다. 427년 장수왕이 천도한 평양성, 고려시대 1270년에 설치된 東寧府의 東寧, 평양으로 알려진 고려 초기의 西京 등은 긴밀하게 역사적 고리로 연결되어 있으며 모두 한 곳을 가리키고 있음을 알 수 있었다. 현재의 평양으로 볼 수 없는 또 다른 옛 평양이 만주에 존재하고 있다는 사실도 중국 사료를 통해 알 수 있었다. 만주의 옛 평양성이 서경으로 불렸고 동령부의 치소였으며, 현재의 북한 평양이 수·당 시대에 평양성이라고 불렸다는 기록은 찾아 볼 수 없었다. 오히려 『수서』, 『신당서』 그리고 『구당서』에 나오는 평양성의 위치는 요양과 그 부근을 가리키고 있음을 알 수 있었다. 더불어 만주의 평양성은 鴨綠水, 鴨淥江과 긴밀하게 연관되어 있는데 명나라 이전 압록수나 압록강은 현재의 압록강으로 볼 수 없고 요하를 가리키고 있음도 밝혀 보고자 하였다.

본 연구는 고대 '平壤城'의 위치와 '平壤城'과 항상 따라 다니는 고대 '鴨綠'의 위치를 다시 밝혀보려고 한 시론적 글이기도 하다.

고대 중국 사료들을 통해 고구려 장수왕이 427년에 천도한 平壤城, 고구려를 멸망시키고 당나라가 설치한 安東都護府의 초설지, 태조 왕건이 西京으로 삼은 平壤, 원나라가 설치한 東寧府와 東寧路의 東寧, 명대의 東寧衛와 東寧衛城을 모두 지금의 東寧城 遼陽 부근으로 기록하고 있음을 정리해 보고자 하였다.

이러한 기록들은 우리가 장수왕의 평양성, 수나라와 당나라가 공략했던 평양성, 고려 시대의 동령부 설치 지역 등을 모두 북한 평양으로 인식하고 있는 우리의 기존 입장과 완전히 다른 것이라 할 수 있다.

그리고 많은 사료들은 14세기 이전 압록수와 압록강이 평양성(요양)의 서북에 위치한다고 기록함으로서 오늘날의 요양 동남에 위치한 압록강과는 완전히 그 방향을 다르게 기록하고 있다. 즉 요양의 서북에는 遼河 밖에 없으므로, 기나긴 遼河가 압록으로 불렸다는 기록으로 불 수 밖에 없다. 이러한 기록을 통해 고대의 압록수, 압록강과 오늘날의 압록강이 다른 것임도 정리해 보고자 하였다.

본 연구는 중국 정사류와 지리지를 주로 참고하였다. 특히 오늘날의 요하와 압록강을 살펴보기 위하여 1930년대에 편찬된 『奉天通志』를 주요한 사료로 참고하였다. 이것은 『奉天通志』가 사료를 집대성하였고 어느 지방지보다 오늘날의 遼河와 鴨綠江의 특징을 방대한 분량으로 가장 잘 소개하고 있기 때문이다.

명청시대 이전의 '鴨綠水'와 '鴨淥江'은 중국의 3大河, 천연의 요새, 너비가 300보, 당나라의 사신이 발해로 오기 위해 반드시 건너야 하는 강 등으로 나타나므로 고대의 압록수와 압록강이 지금의 鴨綠江이라고 생각할 수 없다. 만주에서 지금의 압록강이 요하보다 클 수가 없고 당나라가 발해로 가는데 현재의 압록강을 건널 이유가 없기 때문이다.

遼東에 관한 문헌은 元나라 大德 때 편찬한 『遼陽行省圖志』가 처음이지만 오래 전에 유실되어 볼 수 없는 사료가 되었다, 명나라 때 나온 『遼東志』와 『全遼志』 두 문헌은 아직 남아 있지만 요하와 압록강을 자세하게 언급하고 있지 못하다. 청나라 때 편수한 『盛京通志』가 4종이 남아있으나 역시 요하와 압록강에 대한 언급은 매우 소략하다. 반면 『奉天通志』는 길림과 흑룡강을 제외한 봉천에서 일어난 大事, 人物, 地理 등을 사료에서 뽑아 자세하게 서술 정리하여 한 지방의 역사서가 구비해야 할 내용들을 모두 갖추고 있는 장점이 있다. 그 분량도 6천 쪽에 이른다. 본고의 압록강과 요하관련 기록은 『봉천통지』의 기록을 기본적으로 인용하였다.


## II. 사료에 나타나는 고구려 장수왕의 平壤城, 西京, 東寧, 그리고 遼陽은 같은 곳

### 1. 평양성에 대한 기록

고대 사료에 나타나는 평양성은 주로 427년 고구려 장수왕이 천도한 평양성을 가리킨다. 우리는 장수왕의 평양성을 북한의 평양으로 알고 있다. 주로 북한에서 나온 고구려 유물과 북한의 평양시가 고대에도 평양이라고 불렸을 것이라고 생각했기 때문에 장수왕이 천도한 평양성을 북한의 평양성으로 추측한 것이다. 그러나 여기에는 섬세하지 못한 부분이 있다. 『수서』나 『신당서』, 『구당서』 등 당시 사료에 나타나는 평양성은 북한의 평양성을 가리키는 기사가 한 건도 없다. 장수왕의 남진정책이라는 기록도 찾아볼 수 없다. 여기에서는 고대 사료에 나타나는 평양성 기사를 인용해 보자. 이들 평양성 기사를 분석해 보면 어떤 사료도 북한의 평양을 가리키고 있지 않음을 알 수 있다.

『신당서』 동이열전 고구려

고구려는 원래 부여의 별종이다. …서북으로는 遼水를 건너 營州에 이르고 북쪽은 말갈과 접한다. 그 나라의 왕은 평양성에 거하고 있으며, 평양성을 장안성이라고도 한다. 한나라 시기 낙랑군의 땅으로 장안에서 5천 여리이다. 산의 굴곡을 따라 외성을 쌓았으며 남쪽은 패수와 연해있다. …강에는 大遼와 小遼가 있다. 大遼는 말갈의 서북쪽 산에서 흘러나와 남 으로 안시성을 거쳐 흐른다. 小遼는 遼山의 서쪽에서 흘러나와 역시 남으로 흐르는데, 양수 가 새외에서 흘러나와 서로 흐르다가 이들과 함께 합류한다. …평양은 압록강의 동남쪽에 있는데 사람들을 큰 배로 건너주기 때문에 이 강을 천해의 해자(壍)로 삼는다.

『송사』 고구려전

고려는 본래 고구려인데, 고구려는 우가 9주를 나눌 때 冀州의 땅에 속하였다. 周나라 때에 는 기자의 나라였고 한나라 때에는 현토군이었다. 고구려는 요동에 있었는데 대개 부여의 별종으로 平壤을 國邑으로 삼고 있었다. …수 양제는 두 번이나 출병하였고 당 태종도 고구 려를 정벌하였으나 모두 함락시키지 못하였다. 그 후 당나라 고종이 고구려를 정벌하여 마 침내 그 성(평양성)을 함락하였다.

위의 두 기록을 분석해 보면 평양성의 위치를 알 수 있다. 우선 『신당서』 동이열전 고구 려 관련 내용을 보면 수도를 중심으로 고구려를 서술하고 있음을 알 수 있다. 요약해 보 면 다음과 같다. 1) 고구려의 수도에서 서북으로는 遼水를 건너면 營州에 이른다. 2) 고구 려 수도 북쪽은 말갈과 접한다. 3) 평양성은 장안성이라고도 하는데, 한나라 시기 낙랑군 의 땅으로 장안에서 5천 여리이다. 4) 평양성은 산의 굴곡을 따라 외성을 쌓았으며 남쪽은 패수와 연해 있다. 5) 평양성에서 멀지 않은 곳에 大遼와 小遼가 있는데, 大遼는 말갈의 서 북쪽 산에서 흘러나와 남으로 안시성을 거쳐 흐른다. 그리고 小遼는 遼山의 서쪽에서 흘러 나와 역시 남으로 흐르는데, 양수가 새외에서 흘러나와 서로 흐르다가 이들과 함께 합류한다. 6) 평양은 압록강의 동남쪽에 있는데 사람들을 큰 배로 건너 주기 때문에 이 강을 천해의 해자(壍)로 삼는다.

이 『신당서』의 기록으로 본다면 고구려의 평양성이 북한의 평양시에 있다고 볼 수 없다. 왜냐하면 평양성 부근에는 소요와 대요가 흘러가야 하고, 압록강이 평양을 지키는 해자가 되어야 하는데 현재의 압록강과 평양은 너무 거리가 멀어 평양성을 지키는 해자가 될 수 없기 때문이다.

다음으로 『송사』 고구려 전을 요약해보면 다음과 같다. 1) 고구려는 우가 9주를 나눌 때 冀州의 땅에 속하였다. 2) 周나라 때에는 기자의 나라였고 한나라 때에는 현토군이었다. 3) 고구려 수도는 요동에 있었는데 부여의 별종으로 平壤을 國邑으로 삼고 있었다. 4) 수나라 양제는 두 번이나 출병하였고 당 태종도 고구려를 정벌하였으나 모두 평양성을 함락시키지 못하였다. 5) 당나라 고종이 고구려를 정벌하여 마침내 그 성(평양성)을 함락하였다.

요약해보면 고구려 장수왕의 평양성과 장안성은 요동에 있었으며 이 요동을 수양제와 당태종은 정복하는데 실패하였고 당나라 고종시기에 와서야 평양성을 함락했다는 기록으로 이해할 수 있다.

이러한 기록 외에도 『수서』와 『당서』에는 평양성을 함락하려는 전쟁기록이 많이 등장하며 이들 전쟁의 상황을 보면 모두 평양성은 만주 곧 요동에 있음을 알 수 있다. 이에 대한 서술은 지면이 부족하여 생략한다. 차후 『수서』와 『당서』의 기록을 분석하여 출판할 계획이다. 이후의 서술에서는 東寧府와 東寧路, 명대 東寧衛가 곧 고대 평양성에 설치되어 있음을 밝혀보고자 하였다.

## 2. 東寧과 관련된 기록

東寧은 동령부의 설치와 관련이 있다. 우선 동령부의 설치는 원종 10년(1269) 崔坦·李延齡 등이 西京의 유수를 죽이고 몽고에 투항하는 것으로 그 사건의 발단이 시작된다. 그리고 이러한 기록은 『高麗史』와 『高麗史節要』 기록에 기록되었다.

그 기록들을 살펴보자

『高麗史節要』에 나타나는 東寧 기록

기사 1) 권18 원종(元宗) 11년(1270) 2월.

최탄(崔坦)이 몽고 군대 3천이 와서 서경(西京)을 진무해 주기를 요청하였다. 황제가 최탄(崔坦)·이연령(李延齡)에게 금패(金牌)를, 현효철(玄孝哲)·한신(韓愼)에게 은패(銀牌)를 차등 있게 하사하였다. 조서를 내려 몽고에 내속(內屬)하고 호칭을 동령부(東寧府)로 고치며 자비령(慈悲嶺)으로 경계를 삼으라고 명령하였다.

기사 2) 권19 원종(元宗) 15년(1274) 10월.

왕이 서경(西京)에 이르렀다. 당시 서경은 동령부(東寧府)에 소속되어 있었기 때문에 왕이 은(銀)·저(紵)를 내어 군량과 마초(馬草)로 바꾸고 이를 수행하는 신하들에게 지급하였다.

기사 3) 권20 충렬왕(忠烈王) 4년(1278) 2월.

대부소윤(大府少尹) 조유(趙愉) 등을 동령부(東寧府)에 보내어 인물을 추쇄하였다.

기사 4) 권20 충렬왕(忠烈王) 4년(1278) 4월.

교서를 내려 이르기를,

"서해도(西海道)의 군현을 둘러보니 피폐함이 극심하였다. 정축(1277)부터 올해에 이르기까지의 조세와 요공(徭貢)을 모두 면제해주도록 하라"라고 하였다. 또한 …은과 베를 가지고 동령부(東寧府)에서 쌀을 구매하였다.

기사 5) 충렬왕2(忠烈王二) - 충렬왕(忠烈王) 4년(1278) 7월.

왕이 중서성(中書省)에 상서(上書)하여 이르기를, ……동령부(東寧府)는 본래 우리나라의 조종이 도읍으로 삼았던 곳인데 최탄(崔坦) 등이 이곳을 탈취하여 웅거하면서 조종의 사우(祠宇)와 제사가 모두 폐지되었습니다. 바라건대 이 작은 땅을 돌려주셔서 효성스럽게 제사를 다할 수 있게 해주십시오.

일찍이 성지(聖旨)를 받들었는데 기미년(1259) 이래 사로잡힌 사람들은 모두 방환시키는 것을 허락하셨습니다. 전년도에 또 다시 북경(北京)·동경로(東京路)·동령부(東寧府)에 경오년(1270) 이래로 도피하였거나 유인되어 사로잡힌 사람들 역시 쇄환하도록 한다는 중서성의 명령이 있었는데, 지금까지 한 사람도 돌아온 경우가 없습니다. 다시 쇄환할 수 있게 하되, 여러 대를 걸쳐 거주하여 이사가 불편한 사람은 동경로에 모여 살면서 공주가 행차할 때 물품을 제공하고 뒷바라지 하는 역(役)에 충원될 수 있게 해주시기 바랍니다.

기사 6) 충렬왕2(忠烈王二) - 충렬왕 6년(1280) 9월.
원(元)에서 야속달(也速達, 예쉬데르)과 최인저(崔仁著)를 보내어 수달단(水韃靼)가운데 개원로(開元路)·북경로(北京路)·요양로(遼陽路)에 있는 자들을 동령부(東寧府)로 옮겨 두었으니, 장차 동정(東征)에 내보내기 위함이었다.

기사 7) 충렬왕2(忠烈王二) - 충렬왕 6년(1280) 11월.
우승지(右承旨) 조인규(趙仁規)와 대장군(大將軍) 인후(印侯)를 원(元)에 보내어 중서성(中書省)에 상서(上書)하여 이르기를, "소국에서 이미 병선 900척, 군사 10,000인, 초공(梢工)·선원[水手] 15,000인, 군량은 중국의 석으로 계산하여 110,000석을 준비하고 심지어 기계까지 모두 마련하였으니, 바라건대 온 힘을 다하여 황제의 은혜에 보답하고자 합니다. …우리나라는 땅이 좁고 인구가 적어 군인과 민인(民人)이 구별되지 않습니다. 지금 또다시 군사 4,700인을 추가로 징발하면 장차 액수를 충족시키기 어려울까 두려우니, 탐라(耽羅)의 진수군(鎭戍軍) 1,000인으로 보충하시기 바랍니다. 우리나라는 활·화살과 갑옷·투구도 부족하므로 청하건대 갑옷 5,000장, 활 5,000개, 활시위 10,000개를 하사해주시기 바랍니다. 그리고 병선 900척에 해당하는 초공과 선원 18,000인은 농민까지 징발하여 겨우 15,000인을 얻었지만 3,000인이 부족한데, 어디에서 징발할 수 있겠습니까. 동령부(東寧府)에서 관리하는 여러 성 및 동경로(東京路) 연안에 있는 주현에 초공과 선원이 많이 있으니, 간절히 바라건대 3,000인을 뽑아 보내시어 그 수를 보충하십시오.

기사 8) 권21 충렬왕3(忠烈王三) - 충렬왕 16년(1290) 3월.
황제가 조서를 내려 동령부(東寧府)를 폐지하고 서북쪽의 여러 성들을 우리에게 돌려주었다. 왕이 그곳의 총관(摠管)인 한신(韓愼)과 계문비(桂文庇)를 대장군(大將軍)에 제배하고 현원렬(玄元烈)을 태복윤(太僕尹)으로, 나공언(羅公彦)과 이한(李翰)을 장군(將軍)으로 삼았다.

기사 9) 권28 공민왕3(恭愍王三) - 공민왕 2년(1369) 12월.

　　　　　　　　고구려의 평양과 그 여운

우리 태조(太祖)를 동북면원수 지문하성사(東北面元帥 知門下省事)로 삼고, 지용수(池龍壽)를 서북면원수 겸 평양윤(西北面元帥 兼 平壤尹)으로 삼고, 또 수문하시중(守門下侍中) 이인임(李仁任)을 서북면도통사(西北面都統使)로, 밀직(密直) 양백연(楊伯淵)을 부원수(副元帥)로 삼았다. 나라에서 가을 이래로 동북면과 서북면의 요해처에 만호(萬戶)와 천호(千戶)를 많이 설치하고 또 원수(元帥)를 보내어, 장차 동령부(東寧府)를 공격하여 북원(北元)과의 관계를 끊으려고 하였다.

기사 10) 권29 공민왕4(恭愍王四) - 공민왕 3년(1370) 1월.
우리 태조(太祖)가 기병 5,000명과 보병 10,000명을 거느리고 동북면(東北面)으로부터 황초령(黃草嶺)을 넘어서 600여 리를 행군하여 설한령(雪寒嶺)이 이르렀다가, 또 700여 리를 행군하였다. 갑진. 압록강(鴨綠江)을 건넜다. … 이때 동령부동지(東寧府同知) 이오로첩목아(李吳魯帖木兒, 이오로테무르)가 태조가 온다는 이야기를 듣고 울라산성(亐羅山城)으로 옮겨 보전하며 험한 데에 웅거하여 저항하려고 하였다. 태조가 야돈촌(也頓村)에 이르자 이오로첩목아가 와서 도전하였는데, 잠시 후 무기를 버리고 재배하며 말하기를, "저의 선조가 본래 고려(高麗) 사람이니, 신하[臣僕]가 되기를 원합니다"라고 한 뒤 300여 호를 거느리고 항복하였다. …여러 산성들에서 명망을 바라보고 모두 항복하여 무릇 10,000여 호를 얻게 되었다. 획득한 소 2,000여 마리와 말 수백여 필은 모두 그 주인에게 돌려주었다. 북방 사람들이 크게 기뻐하여 귀부하는 자가 시장과 같이 많았다. 동쪽으로는 황성(皇城)에 이르기까지, 북쪽으로는 동령부(東寧府)에 이르기까지, 서쪽으로는 바다에 이르기까지, 남쪽으로는 압록강에 이르기까지가 모두 텅 비었다.

위의 기사들을 분석해 보면 동령부가 현재의 북한 평양이라고 추측할 수 있는 기록은 하나도 없다. 후대의 평양을 초기의 서경으로 잘못 인식한데서 비롯된 것으로 보인다. 내용을 하나하나 정리해 보자. 고려의 서경유수관을 최탄 등이 죽이고 투항하자 원나라가 이 지역을 동령부로 삼았다는 것, 많은 고려인들이 동령부에 살고 있었으며 고려에서 그 인구를 추쇄해 오려고 노력하고 있다는 것, 원나라 역시 많은 고려인들이 살고있는 동령부의 인구를 이용해 고려를 견제하고, 일본 원정을 계획하고 있다는 것, 고려의 경제가 안 좋을 때 은과 베를 가지고 동령부(東寧府)에서 쌀을 구매하고 있다는 것, 동령부는 본래 조상들이 도읍으로 삼았던 곳인데 최탄(崔坦) 등이 이곳을 탈취하여 웅거하면서 조종의 사우(祠宇)와 제사가 모두 폐지되었다는 것, 개원로(開元路)·북경로(北京路)·요양로(遼陽路)에 있는 사람들을 동령부(東寧府)로 옮겨 일본 정벌을 준비하고 있다는 것, 동령부(東寧府)에서 관리하는 여러 성 및 동경로(東京路) 연안에 있는 주현에 초공과 선원을 뽑아 3,000인을 준비하고 있다는 것, 황제가 조서를 내려 동령부(東寧府)를 폐지하고 서북쪽의 여러 성들을 고려에게 돌려주어 그 곳의 총관(摠管)인 한신(韓愼)등을 장군으로 임명하였다는 것, 이성계가 기병 5,000명과 보병 10,000명을 거느리고 압록강(鴨綠江)을 건너자 동령부동지(東寧府同知) 이오로첩목아(李吾魯帖木兒)가 울라산성(亏羅山城)에서 저항하다가 투항하였으며 이후 10,000여 호를 얻게 되었고 동쪽으로는 황성(皇城), 북쪽으로는 동령부(東寧府), 남쪽으로는 압록강에 이르기까지가 모두 장악했다는 이야기다.

고려사절요의 내용으로 보자면 초기 동령의 위치는 잘 드러나지 않는다. 그러나 공민왕 시기의 동령부 정벌을 보면 그것은 압록강 북쪽에 있음이 분명하다. 그렇다면 우리는 지금까지 동령부의 초설지를 북한 평양으로 알고 있었다. 만주에는 평양이라는 지명이 없다고 생각하였으므로 자연스럽게 최탄 등이 점령한 서경을 북한 평양으로 단정해 버리고 말았다. 따라서 공민왕 시절 압록강 북쪽의 동령부는 북한에 있던 동령부가 옮겨간 것으로 이해하였다. 그러나 동령부가 한반도에 있다가 압록강 북쪽으로 옮겨갔다는 기록은 어디에도 없다. 그렇다면 중국의 사료들에는 이러한 동령부를 어떻게 기록하고 있을까. 그러한 기록들을 추적해 보도록 하자.

## 3. 동령을 기록한 기타자료

자료 1)『欽定續文獻通考』[1]를 살펴보자. 아직 학계에서 한 번도 인용된 적이 없는 사료로 동령부와 관련된 기록이 매우 주목할 만하다.

『欽定續文獻通考 卷一百三十 興地考 古冀州下.

동령로는 본래 고려의 땅으로 지원(至元) 6년(1269)에 동령부를 설치하고, 8년(1271)에

---

1) 254권. 1586년에 明나라의 王圻가 撰集하였다. 元나라 馬端臨의 《문헌통고(文獻通考)》에 이어, 남송(南宋) 말부터 遼·金·元을 거쳐 명나라 萬曆 초년까지의 기사가 수록되어 있다. 독자적인 기사가 많고, 특히 명(明)나라의 제도나 사회·경제에 관한 사료로서 큰 가치를 지니고 있다.

로(路)로 승격시켰다. 현(縣) 2곳과 진(鎭) 1곳을 거느렸는데, 土山. 中和. 鐵化鎭이다.

신등이 《元志》를 검토해보니 동령로는 본래 고구려 平壤城으로 한나라 때 낙랑군을 설치했던 땅입니다. 당나라가 고려를 원정하여 평양을 함락시키자, 그들은 동쪽으로 천여 리나 옮겨 갔습니다. 至元 6년에 고려의 李延齡 등이 그 땅 60여 성을 바쳐 귀순하자, 동령부를 세우고 나중에는 路로 승격시켰습니다.

이러한 사실에 따르면 동령은 바로 요양입니다. 요양을 동령이라 부르게 된 것을 상고해보면, 요나라 태조가 요양을 격파한 뒤 東丹國이라 하고 요양에 자리 잡았습니다. 그래서 그성(城)에 동평군을 설치하고 동단국의 백성들을 이주시켜 거주하게 하였는데 이곳이 바로 요양입니다. 예전에 있던 동평을 분석해 본 바에 의하면, 훗날 동경(東京)을 건립하여 성(省)이라 하며 동평을 요양에 편입시켰기 때문이라는 것을 알 수 있습니다.

원나라는 요양을 통치하면서 이곳에 로(路)를 설치하여 고려에서 새로이 귀순한 백성들을 관할하게 하였습니다. 이로 볼 때 반드시 연(燕)의 남쪽에 동평로가 있었기에 이곳을 동령이라 한 것이며 이러한 논리는 명확한 것입니다.

자료 2) 위의 내용과 관련하여 다시 《元志》 곧 《元史》 地理志의 東寧 조를 인용해 보자.

"東寧路는 원래 고구려 平壤城으로 長安城이라도 말한다. 한나라가 조선을 멸하고 낙랑, 현도군을 두었는데 이는 낙랑의 땅이다. 진 의희 후 왕 高璉(역자: 곧 장수왕)이 비로소 처음으로 平壤城에 거하였다. 당나라가 고려를 정벌할 때 平壤을 공격하자 그 나라가 동쪽으로 옮겨갔는데 압록강 동쪽 1000 여리에 있었는데 새로 옮긴 이곳은 옛 평양이 아니다"

그리고 그 지명들을 기록하고 있는데 간단히 정리해 보면 다음과 같다.

왕건에 이르러 平壤을 西京으로 삼았다. 원나라 지원 6년(1269) 이현령, 최탄, 현원렬 등이 부·주·현·진 60여 성을 들어 내귀하였다. 至元 8년에 서경을 東寧府로 삼았다. 지원 13년(1276) 東寧路總管府로 승격시켰다. 錄事司를 설치하고, 靜州, 義州, 麟州, 威遠鎭을 분리하여 婆娑府에 예속시켰다… 지금은 옛 지명만이 남았다. … 도호부는 당나라 말기부터 고려의 땅으로 들어갔으며 부주현진 60여성을 두었다. 이 도호부는 당나라의 옛 지명만 남았을 뿐 도호부의 실체는 없어졌다. 지원 6년 이현령 등이 그 땅을 들어 내귀하였으나 후에 성의 치소가 훼손되고 파괴되어 그 이름만이 남아있으며 동령부에 소속시켰다.

자료 3) 다시 명대 편찬된 지리지『大明一統志』卷25의 평양성 관련 사료를 해석해 보자. 『大明一統志』는 명대 지리지로 한반도의 지명이 들어갈 수가 없다. 조선의 평양은 명나라의 강역이 아니기 때문이다. 그런데 이 지리지에 평양성과 관련된 기록이 있다. 따라서 아래『대명일통지』에 기록된 평양성은 요동도지휘사사조에 있는 것으로 요동에 있는 평양성을 기록한 것이다. 살펴보면 다음과 같다.

"平壤城 – 평양성은 압록강 동쪽에 있는데, 일명 왕검성으로 곧 기자의 옛나라이다. 성 바깥에는 기자의 묘가 있다. 한나라 때는 낙랑군의 치소였으며 晉 義熙 연간 후에 그 왕 高璉 (역자: 장수왕)이 처음으로 이 성에 거하였다. 후에 이 평양성을 西京이라 하였다. 원나라 때 동령로가 되었다."

자료 4) 조선 최부의『漂海錄』도 중요한 단서를 제공하고 있다.

『漂海錄』1488년 5월 24일조
"이 지방(역자:遼陽)은 원래 고구려의 도읍인데 중국에 빼앗긴지 천여 년이나 되었고, 우리 고구려의 풍속이 아직도 없어지지 않아서 高麗祠를 세워 근본으로 삼고 공경하게 제사지내기를 게을리하지 않으니 근본을 잊지 않기 때문입니다."

『漂海錄』1488년 5월 28일 조
"요동(요양)은 옛날 우리 고구려의 도읍이었는데 당 고종에게 멸망을 당하여 중원에 예속되었습니다. 五代 시대에 발해 대씨의 차지가 되었으나 후에 또 요나라, 금나라, 원나라에게 병탄되었습니다. …성 서쪽의 승평교, 숙청문, 영은문, 징청문, 양무문, 위진문, 사로문 및 진사문 등 8좌로부터 高麗市 사이에 민가는 번창하다고 할만하니 강남으로 가늠한다면 가흥부와 겨룰만합니다. … 또한 성 동쪽에는 東寧衛城을 별도로 쌓았는데 首山, 千山, 木場山, 駱駝山, 太子山, 杏花山 등 여러 산들이 성 서쪽, 남쪽, 동쪽을 빙 둘러치고 있었으며 그

북쪽은 평평하고 툭 트여서 끝이 없는 벌판이었습니다.″

자료 5) 명대 지리지 『皇輿考』 역시 동령로와 평양성의 관계를 잘 설명해 주고 있다.

『皇輿考』상 권12 (張天復 撰, 明 萬曆 16년 刊行), 사이(四夷) 조선(朝鮮)
조선은 주(周)나라가 기자에게 봉해준 나라로 진(秦) 나라 때는 요동(遼東)의 외지(外地)에 속하였으나, 한(漢) 나라 때는 전 지역에 군현(郡縣)을 설치하였다. 진(晉) 나라 때부터 스스로 자립하였다. …저들 나라는 팔도(八道)를 설치하고 주부(州府)와 군현(郡縣)으로 나누어 통치한다.
개성부(開城府)·한성부(漢城府)·정원부(定遠府) 등의 여러 부(府)가 있고, 황주(黃州)·영주(靈州)·철주(鐵州)·삭주(朔州)·용주(龍州)·은주(殷州)·선주(宣州)·연주(延州)·곽주(郭州)(이상 주(州) 및 정원부(定遠府)는 동령로에 속한다)·홍주(洪州)·전주(全州)·광주(廣州)·청주(淸州)·박주(博州) 등의 여러 주(州)가 있으며, 가산현(嘉山縣)·토산현(土山縣)(이 현들은 동령로(東寧路)에 속한다)·안악현(安岳縣)·삼화현(三和縣)·용강현(龍岡縣)·함종현(咸從縣)·강서현(江西縣)(이상 5개의 현은 황주(黃州)에 속한다) 등의 여러 현(縣)이 있고, 왕성(王城)·국성(國城)·평양성(平壤城)이 있다.

자료 6) 『元史』 外夷列傳 高麗

고려는 본래 기자가 봉해졌던 땅이다. 또한 부여의 별종으로 일찍부터 살았던 땅이기도 하다. 그 땅은 동쪽으로는 신라에 이르고 남쪽으로는 백제에 이르는데 모두 큰 바다에 걸쳐있다. 서북쪽으로는 遼水를 지나 營州에 인접하고 말갈이 그 북쪽에 있다. 고구려의 도읍지는 평양성으로 곧 한의 낙랑군이다. 말갈의 백산에서 시원하는 강을 압록강이라고 부르는데 평양은 그 동남쪽에 위치하여 이를 믿고 의지하면서 요해처로 삼았다. 뒤에 땅을 넓혀 신라, 백제, 고구려를 세나라로 통합하여 한 나라로 만들었다. …
지원 7년(1270)에 고려가 사신을 보내 700명을 거느리고 황제를 알현하고자 하는 원나라는 4백명은 알현하고 나머지는 西京에 머무르게 하였다. 조서를 내려 서경이 예속한 지방을 동령부로 삼고 자비령을 경계긋고 망가도를 안무사로 삼아 虎符를 차고 그 나라의 서쪽 국경을 지키게 하였다.

자료 7) 19세기에 기록된 사행록인 『연원직지(燕轅直指)』역시 평양성의 위치를 언급하고 있다. 이 책은 1832년에서 1833년 사이에 동지사(冬至使) 겸 사은사(兼謝恩使) 서경보(徐耕輔)의 서장관(書狀官)으로 중국에 다녀온 김경선(金景善)의 사행기록(使行記錄)이다.

제1권 출강록(出疆錄) 임진년(1832, 순조 32) 11월 24일조를 인용해보면 다음과 같다.

"우리나라의 선비들은 단지 지금의 평양만 알아 箕子가 평양에 도읍을 했다, 평양에 井田이 있다, 평양에 기자의 묘가 있다고 말하면 믿으나, 만약 다시 봉황성이 평양이라고 하면 크게 놀라며, 요동에 평양이 있었다고 하면 꾸짖으며 괴이하게 생각한다. 이는 단지 요동이 본래 朝鮮의 옛 땅으로서, 肅愼, 穢貊, 東夷의 여러 종족이 모두 衛滿朝鮮에 복속한 것을 알지 못하고, 또한 오랄(烏剌, 遼寧省 부근), 寧古塔, 後春 등의 땅이 본래 고구려의 옛 강토인 줄을 알지 못하기 때문이다.

아! 후세 사람들이 땅의 경계를 자세히 알지 못하여 망녕되이 漢四郡의 땅을 모두 압록강 안에 국한하여, 사실에 억지로 합하여 구구하게 나누어 배치하였다. 그리고 다시 浿水를 그 속에서 찾아 더러는 압록강을 패수라하고 더러는 淸川江을 패수라고 하고, 더러는 대동강을 패수라고 하니 이것은 조선의 옛 강토가 싸우지 않고도 저절로 축소되는 것이다.

이러한 까닭은 무엇일까? 평양을 한 곳에다 고정시키고 패수는 앞뒤로 당겼다 물렸다 하여 항상 사적을 붙이는 까닭이다. 漢 나라 이래로 중국에서 말하는 '패수'라는 것이 그 있는 데가 일정하지 않고, 또 우리나라의 선비들은 반드시 지금의 평양으로 표준을 삼아 혼잡스럽게 패수의 자취를 찾았다. 이는 다름이 아니라 중국 사람들이 무릇 요동 왼쪽 물을 다 패수라고 하기 때문이다. 里數가 맞지 않고 사실도 틀리는 것이 많음은 이 까닭이다.

그러므로 고조선과 고구려의 옛 彊域을 찾으려면 먼저 여진을 국경 안에 합친 다음 패수를 요동에서 찾아야 한다. 패수가 확정된 후에 강역이 밝혀지고, 강역이 밝혀진 후에 고금의 사실이 맞아질 것이다."

자료 8) 『北史』 고구려전

고구려의 평양과 그 여운

고구려의 왕도는 평양성인데 그밖에 국내성, 한성이 있으니 그 나라에서는 三京이라 부른다.

위의 사료들을 분석해 보자. 우선『고려사절요』등에 나오는 동령의 기록을 정리해 보자. 우선, 동령은 최탄 등이 서경 등 60여 성을 들어 투항하면서 동령이 되었다는 것, 동령은 고대 국가의 수도였다는 것, 고려가 동령의 인구를 지속적으로 쇄환하고 있다는 것, 동령부의 인구를 통해 일본 원정을 계획하고 있다는 것, 그리고 고려 후기 공민왕 시기 동령부를 대대적으로 공격하고 있다는 것 등으로 요약할 수 있다. 이러한 기록을 보면 1270년에 설치된 동령부와 공민왕이 공격한 압록강 북쪽 동령부는 다른 것이 될 수 없다. 그렇다면 동령부는 처음 설치된 지역이 북한의 평양이 될 수 없다는 이야기다.

그렇다면 서경은 동령이자 평양인데, 이 평양이 북한 평양이 아니라면 어디일까. 고려사나 고려사절요에 안나오지만 중국 측 사료들은 서경, 동령, 평양의 위치를 정확하게 기록하고 있음을 알 수 있었다.

우선『欽定續文獻通考』(卷一百三十 輿地考 古冀州 下)에서는 동령로는 본래 고려의 땅으로 지원(至元)8년(1271)에 로(路)로 승격시켰다고 하여 태조 왕건이 세운 서경 역시 북한의 평양이 아님을 기록하고 있다. 나아가 동령은 바로 요양이며 요양을 동령이라 부르게 된 것도 요나라 태조가 요양을 격파한 뒤 東丹國을 세우고, 동단국이 요양에 자리 잡은 것에 그 기원이 있다고 명확하게 밝히고 있다.『元史』地理志의 東寧路 조는 東寧路는 원래 고구려 장수왕이 처음 천도한 平壤城(長安城)으로 한나라 시기 낙랑의 땅이며 당나라가 고구려를 정벌할 때 이 平壤을 공격하자 고구려는 동쪽으로 압록강 동쪽 천 여리 옮겨갔는데 천 여리 밖 평양은 옛 평양이 아니라고 기록하고 있다. 자료 6)에서 압록강은 말갈의 백산(요하 상류)에서 발원하며 그 동남쪽에 평양성이 있다고 하였다.

명대 지리지『大明一統志』역시 요동에 평양성이 있으며 고대의 왕검성으로 기자의 나라로 기자의 묘가 있으며 장수왕의 평양성으로 이 평양성이 서경이며 원대 동령로가 되었다고 기록하였다.

이외에도 최부 역시『漂海錄』에서 遼陽이 고구려 平壤城이며 동서남쪽은 산으로 둘러싸였고 그 북쪽은 탁트인 평야지대라고 하고 있다. 현재의 북한 평양은 북쪽으로 탁트인 평야지대가 될 수 없다. 그리고 최부는 요양성 동쪽에 東寧衛城을 보았다고 기록하고 있다. 동령위성은 원대 동령부–동령로로 변화되다가 명나라가 몽골 세력을 축출하고 요동에 요동도사를 건립하면서 요동도사 소속 동령위가 되었다. 요동도사의 치소 요양에 설치된 동령위성은 조선인으로 구성되어 요양 방어, 조선과의 외교나 통역, 군사 등 다양한 임무를 수행하던 衛이다. 위 사료들의 기록에 의거해 보면 현재의 요양이 왕검성이자 장수왕이 천도한 평양성이며, 당대 안동도호부가 설치된 지역이자 바로 최탄 등이 투항한 서경이 될 수 밖에 없음을 알 수 있다.

위의 기록들과 관련하여 항상 평양성(요양)과 함께 따라 다니는 압록강의 위치가 중요한 화두가 된다. 평양성을 거론 할 때 鴨淥江 동남쪽이 평양성, 평양성 서북쪽이 압록강이라고 사료들은 기록하고 있다. 위의 기록들 중 『大明一統志』의 기록이 그러한 것이다. 이 기록이 정확하다면 현재의 압록강은 위 사료에 나타나는 압록강이 될 수 없는 것이다. 현재 북한의 평양은 압록강 동남쪽이 될 수 없으며, 현재의 압록강은 북한 평양의 서북쪽이 될 수 없기 때문이다. 위에서 살펴본 것처럼 고대 사료에 나타나는 평양은 요양이기 때문이다. 이와 관련해서는 다음 장에서 살펴보고자 한다.


## III. 명·청이전 사료에 나타나는 鴨綠水와 鴨淥江은 현재의 遼河

사료들을 같이 검토하다보면 '압록'이라는 단어가 많이 나타난다. 우리는 현재의 압록강 이외에 고대의 또 다른 압록강이 있을 수 없다고 생각하기 때문에 사료의 압록을 모두 동일한 압록, 현재의 압록강으로 해석해 왔다.

14세기 이전에 지금의 압록강이 압록강으로 불렸다는 기록이 없다. 15세기 이전 압록수나 압록강은 황하와 장강과 더불어 중국의 3대 강으로 표현되기도 하고, 압록강의 평균 강폭이 300보가 되며, 600여리를 자연스럽게 배로 왕래한다는 등의 기록으로 본다면, 명대 이전 압록수와 압록강을 현재의 압록강으로 볼 수 없다. 『봉천통지』를 보면 현재의 압록강은 구간구간 배가 다닐 수 있지만 수백리를 올라 갈 수 있는 그런 강폭과 구조를 가지고 있지 못하다. 만주에서는 요하가 가장 큰 강이고 150여리를 자유롭게 왕래할 수 있기 때문에 요하가 중국의 3대강으로 기록되고 있으며, 요하를 제외시키고 현재의 압록강을 황하와 양자강과 비견되는 3大 강으로 볼 수는 없는 것이다. 압록강은 조금만 상류로 거슬러 올라

가보면 강폭이 50미터도 안 되는 지역이 많으며 흐름이 빠르고 바닥에 모래톱이 많아 배가 거슬러 올라갈 수 없기 때문이다.

　이러한 문제 인식에 기초하여 본 장에서는 고대의 또 다른 압록수, 압록강이 어느 강인지를 찾아내는 작업을 사료를 통해 시론적으로 접근해 보고자 하였다.

　이러한 시도를 통해 수·당·요·송·금·원 시대의 '鴨綠水'와 '鴨淥江'은 명청시대의 압록강과 전혀 다른 강이며 15세기 이전의 압록수(鴨綠水)나 압록강(鴨淥江)은 현재의 요하를 가리키고 있음을 밝혀보고자 한다.

　우선 다양한 사료에 나타나는 압록 관련 기사를 간단하게 정리해 보고자 한다.

　사료 1.『皇輿考』- 천하에 세 개의 큰 강이 있으니 황하, 장강, 압록강이다.

　사료 2.『朱子語類』- 주자는 말하기를 천하에 오직 세 개의 큰 물이 있는데 가장 큰 것으로 양자강, 황하 및 혼동강이다. 혼동강은 발원지를 알 수 없다. 그러나 오랑캐(금나라)의 옛 소굴이 바로 강에 임하여 동남으로 비껴 흘러 바다로 들어간다. 그 하류가 遼海로 되고 遼東과 遼西는 이 강을 가지고 구분한다.

　사료 3.『大同水經』- 풍산 홍만종은 말하기를,『유찬』에서 말한 압록은 중국 서북에서 발원하여 동북에 이른 거 같다. 우리나라의 압록은 그 크기가 황하나 장강과 더불어 비교할 수 없으니『유찬』에서 말한 압록은 우리나라의 압록이 아닌 것으로 생각된다고 말하였다.
순암 안정복은 말하기를 옛날 동북의 강들은 압록이라고 이름한 것이 많으며 지금 동북의 여러 강들이 다 흑룡강으로 들어가 동해로 흐르며 그 크기도 비교할 수 없으니 주회가 말한 압록은 이것을 가리킴이 아닌가 생각한다. 압록이라는 이름은 중국에서는 수, 당 전쟁시기부터 시작되었다.

　사료 4.『資治通鑑』音注- 고려의 왕건이 국경 한계를 혼동강으로 정하여 지키게 하면서 혼동강 이서는 점유하지 못하였다. 혼동강은 곧 압록수이다.

　사료 5.『隋書』于仲文傳, 요동의 전역에서 우중문은 낙랑도군(樂浪道軍)의 군대를 지휘하였다. 오골성(烏骨城)에 도착하자 우중문은 나약한 말과 나귀 수천 필을 가려내 군대의 후방에 배치하였는데 군대를 이끌고 동쪽으로 진군하자 고구려가 군대를 내어 치중을 기습하였다. 우중문은 다시 돌아와 고구려 군대를 대파시켰다. 압록수(鴨綠水)에 도착하자 고구려 장수 을지문덕이 거짓으로 항복해 직접 우중문의 진영을 찾아왔다.

『隋書』于文述傳- 우문술이 9군과 더불어 압록수에 이르러 식량이 떨어졌으므로 회군할 것을 건의하였다

사료 6. 『隋書』고려전-정명진이 압록수 어귀에서 유격전을 하였다

사료 7. 『唐書』지리지-압록수 어귀에서 배를 타고 박작성에 이른다.

사료 8. 『唐書』발해지-고구려의 옛 땅을 서경으로 만들고 압록부라 칭하여 神, 桓, 豊, 正의 4주를 관할하였다. 압록은 (당과 발해의)사절이 내왕하는 통로이다.

사료 9. 『唐書』지리지-압록수 어귀에서 배를 타고 백여 리를 가서 다시 작은 배를 갈아타고 동북쪽으로 30리 올라가 박작구에 이르면 발해 지경에 도착하게 된다. 또 500리를 거슬러 올라가면 환도현성에 이르는데 이곳은 고구려의 옛 왕도이다.

사료 10. 『三國史記』- 이미 양한 시기에 압록이라는 이름이 있었으며 부여 갈사왕이 압록 골짜기로 도망갔다 하였고 구려 을파소가 압록마을에 살았다.

사료 11. 『日本書紀』- 압록강에 三韓이 있다

사료 12. 『性理大全』- 황하, 장강, 압록이 천하 3大水이다.

사료 13. 『三國遺事』高麗本記
살펴보면, 고구려 때의 도읍은 안시성(安市城), 일명 안정홀(安丁忽)로서 요수(遼水)의 북

쪽에 위치해 있었고, 요수는 일명 압록(鴨淥)으로 지금은 안민강(安民江)이라고 한다.

사료 14. 『三國遺事』 卷 第三, 제4 탑상(塔像第四)
서한(西漢)과 삼국(三國)의 지리지(地理志)를 살펴보면, 요동성은 압록강 밖에 있고 한(漢)의 유주(幽州)에 속한다.

사료 15. 『通典』 고려조- 마자수는 압록수라고 하는데 동북 말갈 백산에서 발원하여 모양이 오리머리와 같다하여 압록수라고 한다. 요동과 500리 상거하며 국내성 남쪽을 지나 다른 물과 합류하는데 이 물이 곧 염난수이다. 두 물이 합류하여 서남으로 흘러 안평성에 이르러 바다로 들어가는데 고려에서 이 강이 가장 크고 물결이 맑다. 지나고 건너는 데는 큰 배를 사용하며 그 나라에서 이것을 천연의 요새로 믿는데 강 너비가 300보나 된다.

사료 16. 『通典』- 압록수는 평양의 서북 450리에, 요수는 동남 480리에 있다.
(현재의 압록강은 요동도사치소〔요양〕 동쪽 560에 있다)

사료 17. 『唐書』 지리지- 마자수는 백산에서 나오며 모양이 오리머리같다고 하여 압록수라고 부른다

사료 18. 『唐書』 지리지- 압록수 어귀에서 배를 타고 백여 리를 가서 작은 배를 갈아타고 동북으로 30여리를 거슬러 올라가 박작구에 이르면 발해 지경에 이르게 된다. 여기서 또 500리를 거슬러 올라가면 환도현성에 이르게 되는데 이것이 고려의 옛 왕도이다. 여기서 동북으로 200리를 거슬러 올라가면 神州에 이르며 또 육로로 400리를 가면 顯州에 이르는데 이것이 천보중왕이 도읍한 곳이다.

사료 19. 『唐書』 고려전- 마자수는 말갈 백산에서 나오며 모양이 오리머리와 같다하여 압록수라고 부르는데 국내성을 지나 서쪽에서 염난수와 합치고 또 서남으로 안시에 이르러 바다로 들어간다. 평양은 압록수 동쪽에 있다. 큰 배로서 사람들이 건너다니며 이것을 요새로 믿는다.

사료 20.『遼史』지리지- 淥州는 본래 고구려의 옛 땅으로 발해가 서경압록부라고 칭했으며 桓州는 녹주의 서남방 200리에 있고 正州는 녹주의 서북방 300리에 있다.

사료 22.『明一統志』- 압록강은 일명 마자수라고 하는데 말갈 장백산에서 발원하였다.

사료 23.『宋史』고려전- 고려는 압록강을 요새로 삼고 있는데 강의 너비는 300보이다. 당서 고려전-정관 19년 황제가 고려를 정벌할 때 장명진은 사비성을 치고 압록강가에 유격병을 출동시켰다.

사료 24.『宋史』고려전- 대중상부 3년에 거란이 크게 침입하여 왔는데 詢(고려 현종)이 여진과 더불어 기습을 전개하여 거란을 몰살시켰다. 또 압록강 동쪽에 성을 구축하여 내원성과 서로 바라보게 하여 강에 다리를 만들고 군대를 잠복시켜 新城을 공고히 하게 하였다.

사료 25.『遼史』고려전-개태 3년(고려 현종 5) 國舅 상은 蕭賊烈과 동경유수 耶律團石 등에게 명령하여 압록강에 부교를 만들고 保州, 宣州, 義州, 定州, 遠州 등에 성을 쌓았다.

사료 26.『唐書』설필하력전-용삭 초에 다시 요동방면 행국대총관을 임명하여 여러 종족의 35군을 거느리고 고려를 쳤는데 압록수에 다다르니 개소문이 남생을 보내어 항거하니 군사들이 감히 압록수를 건너지 못하였다.

사료 27.『高麗史』- 현종 6년 거란이 압록강에 다리를 놓고 그 다리를 끼고서 동쪽과 서쪽에 성을 구축하였는데 군사를 보내 쳤으나 함락되지 않았다.

사료 28.『資治通鑑』권181.『반지(班志)』를 보면 현도군(玄菟郡)의 서개마현(西蓋馬縣)에 마비수(馬訾水)가 있다고 하였다. 신당서(新唐書)를 보면 마비수(馬訾水)는 말갈(靺鞨)의 백산(白山)에서 흘러나오는데 빛깔이 물오리의 머리 색 같이 푸르기에 압록수라고 불렀으며 평양성(平壤城)은 압록수의 동남쪽에 있다. 금(金) 지역 사람들은 압록수를 혼동강이라 불렀다. 두우(杜佑)가 말하길 압록수는 강폭이 300보로 평양의 서북 450리에 위치해 있다고 하였다.

이러한 고대 사료에 나오는 압록수와 압록강의 특징을 정리해 보면 압록강은 황하 장강과 더불어 3대강에 포함된다. 압록수는 혼동강이라고도 불리고 요서와 요동을 구분하면서 요하로 흘러들어간다. 또한 압록강은 북에서 남으로 흐른다. 고구려는 압록강을 천연의 요새로 삼았는데 그 너비는 300보에 달한다. 태조 왕건은 혼동강 곧 압록수 이동 곧 요동을 차지하고 요동의 평양을 서경으로 삼고 압록을 경계로 삼았다. 압록은 당과 발해의 사절이 왕래해야만 통할 수 있는 강이다. 압록강 어귀에서 배를 타고 630리를 올라가면 환도현성이며 200여리(총 830리)를 더 가면 神州이다.

遼水는 일명 鴨綠 또는 安民江이라고도 불렀다. 서한(西漢)과 삼국(三國)의 지리지(地理志)를 살펴보면, 요동성은 압록강 밖에 있고 한(漢)의 유주(幽州)에 속하며 마자수 곧 압록수는 서북으로 염난수를 받아들여 서남으로 서안평으로 이르고 다시 바다로 향해 들어가는데 길이가 2,100리이다. 평양은 압록강 동남쪽에 있으며 큰 배로서 사람들이 건너다니며 이 강을 천연의 요새로 믿는다. 말갈 백산은 후에 장백산으로 명칭이 변경되며 요하 상류에 있음을 알 수 있다. 실제로 『조선왕조실록』에는 백두산과 장백산은 다른 것으로 기록되고 있다.

이러한 강의 특징을 통해서 보면 지금의 북한과 중국의 국경인 압록강은 위의 조건들을 모두 구비하고 있는가. 우선 현재의 압록강과 평양을 놓고 보면 평양은 현재 압록강의 동쪽이나 동남쪽이 될 수 없다. 또한 당과 발해의 사신이 내왕하는 통로가 될 수 없다.

그렇다면 고대의 압록수와 압록강(鴨淥江)이 현재의 요하라면 요하와 현재의 압록강(鴨綠江)을 비교해볼 필요가 있다. 이를 통해 고대 사료의 鴨淥江이 현재 북한과 중국의 경계인 鴨綠江이 될 수 있는지를 알 수 있을 것이다. 이를 검토하기 위해 현재의 압록강과 요하 두 강을 가장 자세하게 기록하고 있는 1930년대 제작된 『奉天通志』를 통해 비교 검토해 보고자 한다.

## IV. 현재 鴨綠江은 역사적으로 운항이 곤란한 小河

『奉天通志』는 약 6천여 쪽에 이르는 봉천에 관련된 지방지이다. 중국서 출판된 한 지역을 서술한 지방지 중 가장 방대한 양이라고 할 수 있다. 역대 어느 지리서나 사서보다 가장 상세하게 압록강과 요하를 서술하고 있어 사료적 가치가 매우 높다고 할 수 있다. 이러한 『奉天通志』를 통해 자료를 분석해 보면 현재의 압록강은 백두산 남쪽 산기슭에서 발원하여 길이가 대략 1,500리에 이른다. 현재 압록강은 하류에서 상류로 배가 쉽게 다닐 수 있는 강이 아니다. 압록강은 구간구간 항해는 가능하지만 수백 리를 자연스럽게 거슬러 올라갈 수 없다. 하지만 일반적으로 연구자들은 이러한 압록강의 특징을 잘 파악하지 못하여 크고 작은 배들이 자유롭게 왕래할 수 있는 강으로 이해하고 있다.

압록강은 요하에 비해 강의 활용도가 많이 떨어진다. 그것은 수량이 일정하지 않고 구간마다 지형적인 특징이 다르기 때문이다. 『奉天通志』는 편의상 현재 압록강의 水運을 다섯 구역으로 나누어 그 특징을 서술하고 있다. 그 구역을 나누어 보면 水源, 上流, 中流, 下流, 江口로 구분할 수 있다. 그 수원과 상류지역은 백두산에 인접해 있으므로 수량은 적고 삼림지대로 형성되어 있다. 수원과 상류 삼림지대는 매매용 목재를 많이 채취할 수 있으며 채취된 목재는 압록강의 흐름을 이용해 하류로 운송된다.[2]

압록강은 상류로 갈수록 강의 밑바닥이 경사진 곳이 매우 많으며 가을이 되면 항상 수량이 감소하여 배는 항상 암초와 서로 부딪치고 표고차도 있어 급류가 형성된다. 따라서 물이 줄어드는 계절에 수원지와 상류는 뗏목 외에는 항행하는 것이 거의 불가능하다.

압록강 상류에 비해 하류는 제법 수량이 모이면서 배를 이용해 쌀과 같은 생활필수품의 교역이 이루어진다. 압록강의 구간을 거슬러 올라가는 소형 배들은 20세기 초까지도 絲繭, 棉布, 소금, 밀가루, 석탄, 기름을 주된 운송수단으로 하고 각종 식물, 약재, 잡화 등 규모가 크지 않은 것들이 대부분이다. 목재는 비교적 규모가 커서 대부분 산에서 베어 취한 수목으로 나무 뗏목 곧 木筏을 만들어 24道溝에서 물줄기를 따라 아래로 운송하고, 하류의 安東에서 다시 연안지방으로 화물을 운송한다.[3]

『奉天通志』를 통해 압록강의 흐름을 파악해보면 압록강의 흐름은 몹시 급하고 안에 峭石이 많다. 매년 겨울 12월에서 다음 해 3~4월에 이르기까지는 얼음이 어는 시기로 선박이 통행할 수 없으며 얼음이 녹은 이후에야 선박이 비로소 항행할 수 있다. 매년 여름 7~8

---

2) 『奉天通志』 卷163, 交通3, 航路下

3) 24道溝에서 下行하는 소형 뗏목은 5~6排에 불과하다. 매 排는 8척 길이의 목재 11근으로 한다. 新加坡鎭과 13道溝 사이를 왕래하는 뗏목은 약 10排 정도이고, 모아산의 뗏목은 약 20~25排 정도의 것이 있다. 高山鎭, 通溝로 흘러가는 데는 30~35排 규모의 것이 있다. 『奉天通志』 卷163, 交通3, 航路下.

월이 교차하는 시기에는 항상 홍수의 근심이 있었다. 가을인 11월 또한 流氷의 근심이 있기 때문에 매년 배로 물건을 운송하는 기간은 겨우 5~6개월에 불과하였다.[4]

압록강 최상류의 60여 리는 단지 나무 뗏목을 통해서만 통행이 가능하다. 압록강 하류의 江 입구에서 물길을 거슬러 올라가는 데는 작은 민선[小民船] 및 삼판선[舢板]이 겨우 230~240리 통행이 가능할 뿐이었다. 배의 아랫부분이 물에 잠기는 깊이가 10尺 이상인 輪船 또한 물길을 지나 安東에 이를 수 없었다. 즉 나무 뗏목도 겨우 航行이 가능한 것이 24道構의 상류 60여리에 그칠 뿐이다. 이러한 압록강을 각 구간별로 좀 더 살펴보면 다음과 같다.

우선 水源 지역은 백두산 수원으로부터 24道構까지 해당되는 구간이다. 이 구간의 거리는 대략 120리 정도로, 상류에 해당하므로 水量이 매우 얕고 水勢가 자못 급하여 강의 효용이 거의 없다. 24道構에서 겨우 60여 리를 거슬러 올라갈 수 있으나 나무 뗏목만 통할 수 있는 지역이다. 수원 아래 지역 上流 구간은 24道構에서 帽兒山에 이르는 구간이다. 水勢가 모아산에서 물길을 거슬러 올라가 2道構에 이르는 사이에는 10石의 짐을 실을 수 있는 小風船이 왕래하는 것이 가능하다. 中流 지역은 帽兒山에서 渾江口에 이르는 구간으로 水量은 점점 증가하지만 여전히 나무 뗏목이 주를 이루며 위험한 灘流가 몇 군데 있다. 강폭이 제법 넓은 짧은 구역에서만 140석의 輪船이 겨우 왕래할 수 있다. 下流 지역은 渾江口에서 安東에 이르는 구간으로 압록강의 가장 큰 지류이며 혼강이 유입되는 곳이다. 깊은 정도가 극히 고르지 않아 배와 뗏목이 다소 위험함이 있다. 통행하는 나무 뗏목은 惠山鎭 부근보다 4배 정도 많다. 물이 평평할 때는 혼강구에서 長旬河口 사이를 鳳船이 통행할 수 있다. 마지막으로 압록강 입구지역으로 安東과 江口 사이에 해당한다. 안동의 하류로 河身의 너비는 3,000尺 이상이고 썰물과 밀물의 차이가 7~8척에 이른다. 輪舟의 왕래가 빈번하지만 다만 流水의 충적작용으로 인해 강의 밑바닥이 항상 진흙과 모래가 퇴적되어 있어 항행에 불편함이 컸다. 즉 三道浪頭 부근 또한 강바닥이 얕거나 폭이 좁아 물살이 세게 흐르는 淺灘이 많다. 따라서 배의 밑 부분이 물에 잠기는 깊이가 얕은 선박이 아니면 감히 항행하지 못했던 것이다.

요컨대 압록강은 전체적으로 急流와 奔流가 많고 강의 밑바닥에는 沙鐵이 많아 선박이 왕래하기에는 심히 어렵다고 할 수 있다. 따라서 압록강을 다니는 큰 선박은 대부분 江口

---

4) 『奉天通志』 卷163, 交通3, 航路下.

薪島邊 혹은 三道浪頭에서 닻을 내려 화물을 적재하고 중국식의 크고 작은 風船을 다시 이용하여 하구에서 거슬러 항행할 수 있을 뿐이다.[5]

이런 조건의 압록강이 황하·장강과 더불어 중국의 황하·장강과 함께 3대강이 될 수 있을까? 14세기 이전의 압록수, 압록강은 현재의 압록강이 될 수 없다.

# V. 『奉天通志』에 기록된 遼河는 운항이 용이한 大河

遼河는 東과 西, 두 물줄기로 수원이 이루어진다. 西遼河는 熱河省의 百岔山에서 발원하며, 東遼河는 西安縣 상류의 赫爾蘇河라 일컫는 곳에서 발원하여 三江口에 이르러 동서의 두 물줄기가 하나로 합쳐져 遼河의 본류를 이룬다. 그리고 발해 입구 곧 요하와 바다가 만나는 營口에 이르러 바다로 들어간다. 요하는 구불구불 이어져 있는 것이 모두 3,800里이다. 선박이 편리하게 통할 수 있는 곳은 요하 입구 營口에서 鄭家屯의 사이의 1,428리에 해당한다. 압록강과는 달리 수많은 배들이 왕래할 수 있다.[6]

그 지류는 奉天과 吉林에 걸쳐있는 평원을 관통하며 광야를 끼고 있는 면적이 350,000여리에 달하므로 그야말로 요하는 東北의 거대한 水利라고 할 수 있다. 일본과 러시아의 전쟁 이전에 遼河를 왕래하는 선박은 항상 매년 1만 여 척에 달하였으며 1930년대에도 民船 3,000여 척이 운항할 정도였다.

遼河의 항운이 가능한 곳은 1930년대까지도 遼河의 본류로 營口에서 鄭家屯에 이르는 1,428리 사이와 지류로 太子河의 韓家店子에서 三叉河에 이르는 405리, 또한 渾河의 長灘에서 三叉河까지 410리에 해당하는 구간이었다. 1930년대 매년 수송되는 화물의 수량은 대개 下航하는 화물이 미곡 1,300만석 내외이며 上航하는 화물은 잡화 3만 건 내외로 나타나고 있다.

1930년대 까지 요하의 본류 연안에 배가 정박하는 부두는 총 50여 곳이다. 그 중 주요 부두의 항행일수 및 하천의 수심 정도는 아래의 표와 같다.

---

5) 『奉天通志』 卷163, 交通3, 航路下.
6) 『奉天通志』 卷163, 交通3, 航路下.

| 碼頭各稱 | 距營口里數 | 航行日期 | | 水深尺數 | 河 廣 公尺數 |
|---|---|---|---|---|---|
| | | 上 | 下 | | |
| 田莊台 | 60 | 1 | 1 | 10 | 400 |
| 三義河 | 173 | 2 | 2 | 7 | 300 |
| 砂 嶺 | 195 204 | 3 | 2 | 6 | |
| 塔連堡子 | 289 | 4 | 3 | 4, 5 | |
| 老達房 | 682 400 | 6 | 4 | 6 | |
| 馬廠 新民屯 | 475 | 8 | 5 | 4 | |
| 涼兵塔 | 568 595 | 10 | 6 | 5, 2 | |
| 三面船 法庫門 | 658 685 | 12 | 7 | 45 | |
| 吉城子 | 747 | 14 | 8 | 5 | 200 |
| 馬蜂溝 | 828 868 | 15 | 9 | 4 | 馬蜂構에서 河口에 이르는 구간은 100~300 |
| 通江口 | 988 1038 | 17 | 10 | 2, 7 | 通江口에서 三江口에 이르는 구간은 50~300 |
| 孤楡樹 | 1243 | 20 | 12 | 23 | |
| 三江口 | 1358 1448 | 21 | 13 | 2 | |
| 鄭家屯 | 1438 | 22 | 14 | 16 | |

[표 1] 주요 부두의 항행일수 및 하천의 수심

요하 상류의 科爾沁左翼後旗에서 항행하는 부두는 通江口, 三岔河口 두 곳으로, 얼었던 강이 녹으면 크고 작은 선박들의 왕래가 끊임없이 이어진다. 가장 큰 것은 牛船이라고 부르는데, 곡식 70~80석, 50~60석을 실을 수 있다. 작은 배는 槽船이라고 부르는데, 곡식 30석 가량을 실을 수 있다. 처음 영구에서 두 부두에 이르는 선박은 약 2만 여 척이 있었고 한해에 곡식 100여 만 석을 운반할 정도였다.

요하 상류의 부두 중 봉천통지를 통해 중요한 부두를 정리해 보면 [표1]과 같다. 몽골 경계에 위치한 三江口는 昌圖縣에서 육로로 220리, 營口에서는 수로로 1,200리 떨어져 있다. 曹家船口는 창도현에서 육로로 110리, 營口에서는 수로로 1,287리 떨어져 있다. 羅家船口는 창도현에서 육로로 100리, 營口에서는 수로로 1,132리 떨어져 있다. 包家船口는 창도현에서 육로로 110리, 營口에서는 수로로 1,077리 떨어져있다. 董家船口는 현에서 육로로 75리, 營口에서는 수로로 1,022리 떨어져 있다. 通江口는 청도현에서 육로로 70리, 營口에서는 수로로 967리의 거리고 기록되고 있다.[7] 이를 통해 보면 요하 하류의 영구항에서 적어도 1,200리까지 요하를 거슬러 배가 자유롭게 항해하고 있음을 알 수 있으며 그 강의 기능에서 압록강과는 비교할 수 없을 정도로 요동에서 그 역할이 중요한 강이라고 할 수 있다. 이러한 강의 효용성 때문에 요양, 심양, 개원 철령같은 중요한 거점도시가 생겨날 수밖에 없었다. 이 중 通江口는 요하의 중심점이다.

창도현 아래 개원에서 요하를 보면 開原 서쪽 경계로 요하가 흘러가며 요하 하류는 멀리 營口에 이른다. 때문에 개원 지역 전체의 항로는 요하를 중심으로 삼는다. 요하는 昌圖 서쪽, 通江口 남쪽에서 개원 경계로 들어온다. 요하는 柳邊-六家子屯-동남으로 古城子屯-서쪽 桑墩子屯-동쪽 孤家子屯-서남쪽 丈溝子-동쪽 興隆台屯-서남 前施家堡, 後施家堡 2屯의 서쪽에 이른다. 또 남동쪽 董孤家子村-동쪽 鐵嶺의 大台山 북쪽-동쪽 大高力屯-서남 英守屯에 이르러 停泊하는 곳으로 삼는다. 十水頭에 이르러 경계를 나와 鐵嶺의 경계로 들어간다.[8] 이처럼 요하는 북에서 남으로 일직선으로 흐르는 것이 아니라 굽이굽이 온갖 방향으로 흐르면서 결국 발해만으로 흘러들어 가다보니 수많은 강의 지류들을 가지고 있다. 이러한 요하는 다시 鐵嶺으로 다시 흘러 들어간다. 鐵嶺은 청나라 咸豊 3년(1853)에 하운이 정비 개설되어 발달하였다. 同治, 光緒 사이에 해마다 강으로 40~50만석을 실어 날랐고 부유한 商戶들이 많이 사는 곳이 되었다. 광서24년(1898) 러시아인이 철로 건설을 구실로 삼은 후에 하운이 날로 쇠퇴하여 철령의 하운은 성 서쪽 5리 馬蓬溝를 큰 부두

---

7) 『昌圖縣志』地理.

8) 『開原縣志』航路.

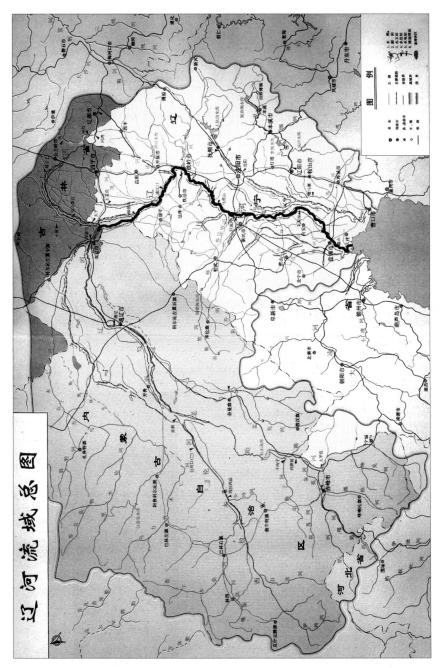

[지도 1] 요하유역 전체도(참고: 『遼河志』, 吉林人民出版社, 2004)

로 삼았다

    馬蓬溝 하운 외에 또 三面船 하구에서도 곡식과 화물들이 드나들었다. 요하를 오가는 민선은 명청시대 한해에 1만 척에 이르기도 하였으며 1930년대에도 매년 부두에 도착하는 양식 등의 생활필수품을 운반하는 배 4천여 척이 왕래하였다.[9]

    遼河는 다시 철령과 法庫縣을 지나 新民縣으로 들어간다. 新民縣의 河流는 6곳이 있으나 선박 운송이 통하는 곳은 단지 한 곳뿐이다. 요하는 法庫 경계에서부터 남쪽으로 흘러 들어 오는데, 藍旗堡子村 동남의 黑魚溝子村 서쪽에서 현의 경계로 들어온다. 10리를 지나 董窩堡에서 다시 10리를 흐르면 羊草溝에, 또 10리를 흐르면 郞家灘에, 다시 10리를 흐르면 鵝鶴臥에 이른다. 다시 20리를 흐르면 韓窩棚에, 또 10리를 흐르면 團山子에, 다시 10리를 흐르면 方岡子에, 또 10리를 흐르면 遼濱塔에 이른다. 다시 20리를 흐르면 巨流河에 이른다. 다시 또 10리를 흐르면 西高力屯에, 다시 24리를 흐르면 馬廠에, 다시 24리를 흐르면 茨林子에, 또 15리를 흐르면 綱戶屯에, 다시 10리를 흐르면 杏樹坨子에 이른다. 이곳에서 경계를 나와 遼中의 경계로 들어간다. 요하는 평상시에 폭이 넓은 곳은 보통 1리 정도이며 가장 좁은 곳 역시 족히 半里가 된다. 깊은 곳은 보통 1장 정도이며 얕은 곳은 보통 3~4척 혹은 5~6척이다. 다만 여름에 들어서 강물이 불어나면 폭과 깊이, 수량이 1~2배 증가한다.[10]

    요하는 또한 巨流河라고도 부르며 옛날에는 句驪河 또는 枸柳河라고 불렀다. 속칭 外遼河라고도 한다. 동, 서로 두 곳에 수원이 있는데, 동쪽은 東平縣 서북쪽의 平頂山에서 나오며 赫爾蘇河 또는 東遼河라고 부른다. 북쪽으로 흘러 변경을 나가 꺾어져 서남으로 간다. 서쪽의 수원은 熱河 承德 북쪽의 海喇哈山 동쪽 산기슭에서 나오며 西喇木倫河 또는 漢水라고 부른다. 동쪽으로 흘러 赤峯縣 경계를 지나 북쪽에서 哈喇木倫河를 받아들이고 남으로는 老哈河와 합해져 동남으로 흘러 遼源縣에 이른다. 동쪽 수원과 서로 만나 비로소 요하라 칭한다. 다시 요하는 구불구불 이어져 서남으로 昌圖, 開原, 鐵嶺, 新民, 遼中 등의 현을 지난다. 三區楊家店에서 변경으로 들어와 태안과 요중의 경계가 된다. 남쪽으로 흘러 後紅廟子와 前紅廟子를 지나 다시 동남으로 흘러 遼中으로 들어간다. 다시 서남으로 꺾어져 七區白家房에서 경계로 들어온다. 柳條岡子, 大高力房 뒤의 황무지[後荒地], 洪家窩堡

---

  9) 『鐵嶺縣志』船運.

  10) 新民縣志 航路

           고구려의 평양과 그 여운

등을 거쳐 第六區로 들어온다. 孟家窩堡를 지나 海城縣의 경계에 들어온다. 또 渾河, 太資河와 만나 다시 三汊河라 부른다. 바다에 들어갈 때, 평상시에 요하의 물의 흐름이 가장 넓은 곳은 半里 정도이며 가장 좁은 곳은 10여 丈이다. 가장 깊은 곳은 2장이며 가장 얕은 곳은 1장 정도이다. 결빙기를 제외하고는 모두 배가 다닐 수 있어 수로로 물건을 수송하여 이윤을 얻었다.[11]

다시 요하는 반산현 동쪽 60리 지점을 통과하며 老窩鋪 서쪽으로 5리를 가서 꺾여져 남쪽으로 5리를 가 黑坨子河가 된다. 또 남쪽으로 5리를 가면 沙嶺鎭의 북쪽을 지나고 꺾어져서 동쪽으로 9리를 가 東荒西鄭家店 동쪽을 지난다. 다시 동남으로 3리를 가면 四方台西頭台子 동쪽을 지나고 다시 남쪽으로 9리를 가서 꺾여져서 동으로 2리를 가 三台子 북쪽을 지나고, 동남으로 12리를 흘러가 六台子를 지나며, 다시 동쪽으로 5리를 가면 七台子를 지난다. 동쪽으로 7리를 가면 마침내 海城의 경계로 들어가게 된다.[12]

이처럼 요하는 요동과 요서를 가르면서 요동경제를 좌우하는 중요한 수로이기 때문에 요하 수운과 요하 입구 營口의 상업의 성쇠와 밀접한 관계가 있었다. 요하는 앞서 언급한 것처럼 通江口를 상류 부두로 삼고 營口를 하류 부두로 삼았다. 營口 부근에 강의 깊이는 4~5장이며, 三汊河 부근에 깊이는 2~3장 정도이므로 근대 小汽船이 자유롭게 통행할 수 있었다. 三汊河와 通江口 사이에 평균 수심은 4~5척 정도로 전통적인 돛을 이용하는 風船은 자유롭게 통행할 수 있다.

심양을 흐르는 渾河는 奉天과 三汊河의 사이에 있으며 평상시에 혼하는 물이 불어났을 때는 50~60석의 民船이 통행할 수 있다. 太子河는 遼陽과 三汊河 사이에 있다. 물이 얕을 때는 小姐廟에서 小河口에 이르기까지 4~5척이며, 小河口에서 小北河까지는 3~4척이고 小北河에서 遼陽에 이르기까지는 2척 정도이다. 民船은 매년 6~7월, 두 달간 물이 증가했을 때 통행이 가능하다. 결빙시기는 과거 몇 년간은 입동과 소설 사이였으며, 해빙은 춘분 전후였다. 하지만 상류지방은 결빙이 항상 하류보다 1개월 빨리 보이며 해빙에 이르기까지는 다만 10여 일의 차이만 있었다.

매년 3월 초순에 民船은 비로소 운행이 시작된다. 槽船이 80석을 싣고 太子河에서 평균 수위로 갈 때는 小北河에 이르고 물이 증가했을 때는 遼陽까지 도달한다. 적재한 것이 적

---

11) 『台安縣志』河流.

12) 『盤山縣志』河道表.

을 때는 평균 수위로도 遼陽에 이를 수 있다.

渾河에서는 北大溝에 이르고 요하에서는 通江口에 이른다. 牛船이 80석을 실었으면 太子河에서 흘러 遼陽에 이르고 渾河의 流水가 많을 때는 奉天에 이른다. 南埃金堡에 수심이 얕을 때 적재한 것이 적으면 또한 長灘에 이를 수 있고 요하는 흘러 鐵嶺 通江口에 이를 수 있다. 撥船이 150석~200석에 이르면 營口와 三汊河 사이에서 통행이 가능하며 만약 물이 많아지면 小河口, 小北河에 이를 수 있다.[13] 요하는 海城의 경계에서 해성현 경계의 북동쪽으로 유입되었다가 다시 서남으로 180리를 흘러 바다로 들어간다.[14]

요하의 유빙은 1930년대 『봉천통지』를 참고해보면 평균적으로 11월 28일 대략 小雪이후 大雪 前에 시작된다. 결빙은 평균적으로 12월 31일 冬至 後 小寒 前 에 시작되어 다음 해 3월 16일 驚蟄後 春分前 에 이르러 끝난다. 결빙기간은 약 76일이다. 유빙은 3월 30일 春分後 淸明前 에 이르러 끝난다. 유빙기간은 전후로 합해서 약 122일 정도로 나타난다.[15] 표로 정리해 보면 다음과 같다.

| 流流初日 | 11월 28일 소설과 대설 사이 |
|---|---|
| 結冰初日 | 12월 31일 동지와 소한 사이 |
| 結冰終日 | 3월 16일 경칩과 춘분 사이 |
| 結冰期間 | 76일 |
| 流冰終日 | 3월 30일 춘분과 청명 사이 |
| 流冰期間 | 122일 |

[표 2] 요하 유역의 流冰과 結冰시기

1930년대 요하 유역을 항해했던 선박의 종류도 봉천통지를 통해 대략적으로 알 수 있다. 그 대략적인 상황을 정리해보면 다음과 같다.

요하를 항행하는 선박에서 가장 많은 것은 牛船(일명 牛子라고 함 艚船, 일명 艚子라고 함)

---

13) 『海城縣志』道路.

14) 『營口縣志』水道表.

15) 『奉天通志』卷163, 交通3, 航路下.

이며, 이외에 또 撥船, 風船, 沙船, 烏船 등의 몇 가지 종류가 있는데 아래에 나누어 서술해
보면, 牛船의 경우 적재량은 6~18噸에 이르며 吃水는 14尺, 길이 42척, 깊이 32척, 너비
135척이다. 糟船과 비슷하지만 다소 조잡하다. 요하에서 이용되는 民船은 대개 모두 이 종
류에 속해 있으며 합해서 약 900척이다. 糟船의 적재량은 약 10~13톤에 이르며 흘수는 2
척, 길이 46척, 깊이 35척, 너비 14척이다. 연안에서 무역을 하는 선박의 대부분은 비교적
큰 沙船, 烏船 등이다. 20세기 초 대략 요하 내의 크고 작은 선박의 총 수는 1천 척 이상이
고, 復州, 錦州, 天津 사이를 오가는 것은 200척 이상이다.[16]

『白山黑水錄』에 따르면 營口는 2천 만 인구의 유일한 開港場으로 비록 대련이 개항하였
지만 그럼에도 요하 수운에서 우위를 차지하고 있었다. 상류는 通江子에서 營口에 이르는
800여 리 사이에 대소 선박이 7,500~7,600척이 지속적으로 운항하고 있었다. 河岸에 정
박한 배는 3,000여 척, 通江에 1,000여 척이 보이고, 鐵嶺에서는 700~800척, 新民에서
1,000여 척이 있었다. 1909년 요하 중류를 현장 조사한 보고에 따르면, 요하 선박은 작은
것은 대략 길이가 30英尺, 너비는 20英尺, 吃水는 3英尺이며, 적재 중량은 8톤이다. 큰 것
은 적재 중량이 대략 15톤에 달하는 것도 있다. 1904년에는 선박 2만 척이 있었다. 러일
전쟁 이전에 러시아 인의 보고에 따르면 선박이 4만여 척이 있었다. 얼었던 강이 녹는 시
기부터 결빙기에 이르는 기간까지 매 선박은 대략 6차례 항행한다. 1930년대에 이르러
3,000~5,000척 정도에 불과하였는데, 강바닥의 토사 침착과 철도 등 육로의 발전 등이 그
중요한 원인중의 하나로 나타나고 있다.[17] 이를 표로 간단히 정리해 보면 다음과 같다.

| 船名 | 19세기 후반 隻數 | 20세기초 隻數 | 1930년대 이후 隻數 |
|---|---|---|---|
| 杉船 | 1,000척 | 60척 | 23척 |
| 寧波船 | 1,000척 | 40척 | 30척 |
| 鵬船 | 3,000척 | 60척 | 20척 |
| 山東 登軸船 | 500척 | 210척 | 30척 |
| 外口 燕飛船 | 300척 | 93척 | 30척 |

---

16) 『奉天通志』卷163, 交通3, 航路下.

17) 『奉天通志』卷163, 交通3, 航路下.

| | | | |
|---|---|---|---|
| 直隷 改巧船 | 250척 | 114척 | 30척 |
| 山東<br>復州 瓜樓船<br>金州 | 200척 | 108척 | 30여 척 |
| 山東 紅頭船 | 30척 | 7척 | 3척 |
| 山東 高頭船 | 50척 | 13척 | 13척 |
| 錦蓋 花鞋船 | 30척 | 24척 | 20척 |
| 本地 燕飛船 | 150척 | 113척 | 30척 |
| 上河船 | 8,000척 | 5,716척 | 400척 |
| 上河牛 | 5,500척 | 3,291척 | 300척 |
| 羊河牛 | 150척 | 89척 | 15척 |
| 澗河艚 | 30척 | 20척 | 20척 |
| 二界溝 大小舢板 | 無 | 6척 | 10척 |
| 本地 撥船 | 300척 | 200척 | 110여 척 |
| 田莊臺 撥船 | 100척 | 60척 | 10여 척 |
| 小火輪 | 無 | 10척 | 17척 |
| 大火輪 | 無 | 131척 | 109척 |

[표 3] 遼河船隻數目增減表

요하 유역이 번성할 때는 요하를 거슬러 올라가면 "營口에서 위로는 通江口에 이르고 아래로는 海口에 이르렀다. 안에서는 곧 帆檣이 이어지고 바깥에서는 곧 輪舶이 폭풍과 같이 달린다"고 역동적인 요하의 모습을 표현하였다.

그러나 점차 철도의 부설로 요하의 航運이 쇠퇴하기 시자하였으나『白山黑水錄』에 따르면[18] 요하 상류는 通江子에서 영구에 이르는 800여리 사이에 大小 船隻이 7,500~7,600척[艘]이고, 河岸에서 정박하고 있는 수는 3,000여 척이 보인다고 하였다. 통강구에서는

---

18) 일본 明治 32년(1899) 일본인이 東三省을 두로 돌아다니며 저술한 것으로 당시는 光緒 24년 시기이다.

고구려의 평양과 그 여운

1,000여 척이 보이고 철령은 700~800척, 신민에서 1,000여 척이 보인다고 하였다. 또한 營口遼河工程으로 司秀思가 요하 중류를 현장 조사한 보고서에는 1904년 亞力山大 보고에 근거해 계산해 보면 선박 2만 척이 있다고 하였다. 러일전쟁 이전에 러시아인의 冊報에는 곧 선박 4만 척이 있었다고 기록하고 있다. 또한 營口船捐局의 보고에 따르면, 宣統 元年(1909)과 2년 사이에 선박은 3,500척이 있고, 선통 3년은 3,200~3,300백 척, 民國 원년에는 3,000척, 민국 2년에는 2,700~2,800척, 민국 3년에는 2,400~2,500척이 있다고 하였다. 그러나 결국 河運은 철로에 빼앗기고 또한 本港이 겨울철에 얼음이 얼어 뱃길이 막혀 선박의 수는 점차 감소하였다. 또한 항행하는 선박이 적으며 河道도 점차 토사가 침적되어 강이 다시 얕아지고 있기 때문에 항운은 축소되어갔다.

## VI. 結論

앞에서 여러 사료를 통해 東寧, 西京, 平壤, 遼陽이 같은 지역이라는 것과 명나라 이전 鴨綠水, 鴨淥江이 현재의 鴨綠江을 가리키는 것이 아님을 간단히 정리해 보았다. 중국의 正史에 해당하는 『元史』 등의 여러 자료는 일관되게 고구려는 당나라에 평양성이 함락된 후 사람들이 평양성을 떠나 압록수 동남쪽 1000여 리 밖에 있는 새로운 평양으로 떠났는데 그 곳은 옛 평양성이 아니라고 기록했다. 『元史』의 기록은 명대에 제작된 것이므로 당시 사람들이 명대에 평양이라고 부르던 북한의 평양과 고대에 또 하나의 평양 곧 고구려의 평양성이 있음을 분명히 알고 있었다는 이야기다.

그리고 모든 중국 사료들은 이 옛 평양성은 현재의 遼陽이며 요양은 당나라가 안동도호부를 처음 설치한 지역이라고 기록하고 있다. 遼, 金 시대에도 현재의 遼陽을 모두 고구려의 옛 평양성으로 알고 있었다. 東寧이라는 지명은 요나라가 요양을 중심으로 동란국을 세우면서 시작되었다고 기록하고 있다. 고려 태조 王建은 西京, 곧 요양을 平壤으로 삼고 평양 요양 서북쪽 鴨淥江 곧 요하를 경계로 동쪽을 차지하였으며 서쪽 곧 요하 서쪽은 차지하지 못하였다고 기록하고 있다. 고려 초기의 서경 곧 평양은 遼陽이었으며 고려의 판도에 있었던 셈이다.

원나라는 건국 후 지원 연간에 최탄 등이 西京 곧 요양 부근의 60여 개의 성을 들어 투항한 고려인들을 흡수하여 東寧府로 만들었다. 고려인들이 대대로 요양 등에 많이 살았기 때문에 이들은 왕건이 건국한 고려를 견제하고 요동을 경영하는데 매우 필요한 사람들이었다. 그래서 곧 이 東寧府를 東寧路로 승격시켰다. 당시 요동은 원나라의 遼陽行省이 설치된 지역이지만 요양행성 안 東寧路를 중심으로 요양, 나아가 심양의 고려인들을 흡수하였던 것이다.

중국의 모든 기록들은 東寧府와 東寧路, 동령로가 변화된 명대 요동방어의 중추인 遼東都司 소속 요양의 東寧衛를 고구려 옛 平壤城으로 기록하고 있으며 공민왕 역시 고려말기 이 지역을 회복하기 위해 동령부 곧 요양지역에 대한 정벌을 시도하였다.

그리고 15세기 후기 『漂海錄』을 저술한 崔溥는 실제로 명의 요동도사의 치소인 요양에 묵으면서 요양에 고려인이 많이 살고 있고, 고려의 사당이 있으며, 고려인들의 번화한 고려시가 있다는 것을 직접 목격한다. 그리고 고려인들로 구성된 東寧衛城을 눈으로 보고 요양이 고구려의 옛 평양성으로 고구려시대부터 내려오던 풍습이 여전히 요양에 많이 남아 있음을 그대로 『표해록』에 생생하게 기록했다.

이러한 기록들을 종합해 보면 놀랍게도 한결같이 모두 요양을 고구려의 옛 평양성이라고 쓰고 있다.

모든 사료들은 일관되게 서경, 평양성, 동령부, 동령로, 동령위의 위치와 관련하여 북한의 평양을 언급하지 않는다. 427년 장수왕이 천도한 평양성은 요동의 평양성임을 모든 사료들은 우리들에 일관되게 이야기 해주고 있다.

명대 지리서 『大明一統志』역시 평양성을 설명하면서 만주에 평양성이 있음을 기록하고 있다. 당시 북한 평양은 명나라의 지리적 범위에 있지 않으므로 『大明一統志』에 북한 평양성을 서술할 이유가 없다.

이러한 기록들을 종합해 보면 장수왕이 천도한 평양성은 요양이나 그 부근이라고 할 수 있다 중국의 대부분의 사료들은 만주에 평양성이 있음을 기록하고 있는 셈이다.

그렇다면 평양성과 따라다니는 고대 압록수나 압록강의 위치는 어떻게 기록하고 있을까. 여러 자료들을 검토해본 결과 현재의 鴨綠江과는 다른 鴨綠水나 鴨淥江이 있었으며 모두 요하를 지칭하였다.

많은 사서들은 고구려 평양성의 위치를 압록수(압록강) 동남 450여리로 기록하고 있다. 그렇다면 압록수는 평양성(요양)의 서북쪽에 있으며 현재 북·중 경계인 압록강과는 정 반대의 위치가 된다. 요양에서 보자면 현 압록강은 요양 동남쪽 560리가 되어야 하기 때문이며 북한의 평양은 평양성 곧 요양에서 1000여리가 되는 셈이다. 이외에도 압록수에 대해 중국의 3대 大河이며, 요수의 다른 이름이 압록강이며, 혼동강으로 불리기도 하였다고 기록하고 있다. 위·촉·오 삼국시대 지리지 역시 요동성 역시 압록강 밖에 있다고 하여 요하 서쪽에 있다고 기록하였다. 조선의 관리들 역시 조선시대 압록강은 고대의 압록수와 다른 것이라고 지적하고 있다.

『唐書』지리지는 압록수 어귀에서 배를 타고 100여리를 가서 다시 작은 배를 갈아타고 동북쪽으로 30리 올라가 박작구에 이르면 발해 지경이 되고, 다시 또 500리를 거슬러 올라가면 환도현성에 이르는데 이곳은 고구려의 옛 왕도이다. 다시 200여리 배로가면 신주라고 하였는데. 이것은 배로 830여리를 올라간다는 의미이다. 살펴본 바와 같이 현재의 압록강은 배를 타고 자유롭게 800여리를 거슬러 올라갈 수 없다.

『漢書』지리지에 '현토군의 서쪽이 개마현인데, 마자수는 서북으로 염난수를 받아들여 서남으로 서안평으로 이르고 바다에 들어간다. 그런데 고을 둘을 지나며 길이가 2,100리이다'라고 기록한 걸로 봐서 현재의 압록강이 될 수 없다. 현재 북한의 압록강은 총 길이가 1,500리 밖에 안 된다. 곧 15세기 이전의 鴨綠水와 鴨淥江은 요하이다.

그렇다면 수·당 시기의 전쟁부터 14세기 이전 사료에 나오는 압록이 요하라면 요하는 어떤 강일까. 고구려를 치기 위해 압록수를 건너가야 하고 당과 발해가 사신을 파견하기 위해 반드시 건너야 했던 압록수, 부교를 설치하지 않으면 대군이 건널 수 없었던 강폭이 300보나 되는 넓은 압록수가 요하라면 요하의 활용도를 검토할 필요가 있다. 사료를 통해 검토해 본 결과 요하 주변에는 수많은 부두들이 있으며 청대 까지만 해도 1만 여척의 배가 운항한 것으로 기록되고 있다. 또한 요하를 건너기 위해 부교를 놓았다는 기록들도 많이 있다. 발해만 영구에서 배가 요하를 거슬러 1,400여 리를 자유롭게 왕래하면서 상업과 교역이 성행하였다는 기록도 있다. 그리고 기나 긴 요하의 주변에는 수많은 도시들이 형성되어 있다. 요양, 심양, 개원, 철령 등 고대 만주를 통치하던 국가들의 크고 작은 중심 도시들이 요하 동쪽과 서쪽을 따라 포진해 있음을 사료 분석을 통해 알 수 있었다. 요하 서쪽 역시 대릉하 등의 크고 작은 강을 따라 수많은 도시들이 형성되어 있었다. 문명이 발전할 수 있는 조건을 갖추고 있으며 역사 속에서 서로 다투어 차지하려던 중심지가 될 만한 조건을 갖추고 있다.

이 요하는 폭 2백리, 길이 천여리의 요택을 가지고 있다. 또한 길고 수많은 지류들이 있어서 지역과 구간에 따라 여러 가지 강이름이 혼재되어 있어서 淥水, 三叉河, 鴨綠水, 鴨綠江, 安民江, 混同江, 遼水, 大遼水, 小遼水 등으로 불리기도 했다.

요하에 비해 현재의 압록강은 그 지명의 역사가 분명하지 않으며 수천 년 동안 강 이름이 한 번도 바뀌지 않았다는 것도 이해할 수 없다. 압록강은 요하에 비해 강의 활용가치가 높지 않다. 지리적인 조건 상 강의 활용도와 중요성이 떨어지므로 압록강 유역에는 거대한 도시들이 생겨날 수 없다. 요하 유역과 비교하여 볼때 생산력을 높일 수 있는 평야가 없고 자유롭게 항해할 수도 없다. 청나라 때까지도 교통이 불편하여 백두산을 찾아가던 청나라 사신들이 조선의 육로를 통해 경유해갈 정도로 도로상황도 척박한 지역이었다. 현재의 압록강을 이용해 백두산으로 간다는 것은 더욱 불가능하다.

압록강은 강폭이 좁고 바닥이 얕아서 압록강 하류를 제외하면 큰 배는 다닐 수 없었으며 주로 소형 어선이 구간별로 제한적으로 다닐 수 있었다. 830리를 거슬러 올라간다는 것은 거의 불가능하다. 그런 까닭에 현재의 압록강 가에는 기본적으로 국가의 수도가 될 만한 거대한 도시가 생겨날 수 없다. 장수왕이 팽창하기 위해서는 더 큰 강과 도시, 그리고 평야가 있고 교통이 편리하고 강을 가지고 있는 평양성 곧 요양으로 가야했을 것이다.

장수왕이 팽창하면서 제국의 건설에 필요한 조건이 구비된 지역, 강의 이용이 편리하고, 바다와 연결될 수 있으며, 농업 생산력이 가능하고 견고한 방어선을 구축할 수 있는 사통팔달의 지역을 찾아 수도로 정한다는 것은 누구에게나 상식일 것이다. 또한 동서 2백리, 남북 1천 여리의 요택이 평양성을 보호해 주고 있다. 그런 것을 감안해 본다면 당시 북한의 평양보다는 만주의 평양성 곧 요양이 먼저 고려되었을 것이다. 중국 사서들의 기록은 모두 요양을 평양성, 동령부, 동령로, 서경으로 기록하고 있는 것은 정확하다.

앞에서 살펴 본 『三國史記』, 『三國遺事』, 『高麗史』, 『高麗史節要』와 같은 우리나라의 사료들과 『遼史』, 『元史』, 『大明一統志』 등 고대의 수많은 사료들에 나타나는 녹수, 압록수와 압록강(鴨淥江) 요하를 가리키고 있으며 명대까지 그 기록이 남아있음을 살펴보았다. 이것은 고대 사료에 나오는 '압록'을 현재의 압록강으로 일방적으로 해석해서는 안 된다는 이야기다.

이제 만주와 관련된 사료는 체계적으로 수집되고 다시 해석되어야 한다. 중국의 정사와 지리지 류에는 수많은 만주 관련 기록이 산재해 있다. 이런 기록들을 체계적으로 모으고 분석해 본다면 현재 한국 사회에서 쟁점이 되고 있는 만주관련 지리적 오류는 상당 수 그 해결점을 찾을 수 있으며 한국사의 지평을 북방으로 확장시킬 수 있을 것이라고 생각해 본다.

# 고구려의 서부 변경사

지배선 (연세대학교 명예교수)

## Ⅰ. 서론

고구려 서부지역 변경의 역사적 의미를 다룬다. 그 시기를 신(新)의 왕망(王莽) 때부터 다루려하는 이유는 고구려사의 초기라는 김부식의 역사관 때문이다. 그 까닭은 필자가 고구려 초기사회의 B.C. 2~3년의 구성에 대한 것을 두 편의 글에서 밝힌 바가 있다.[1] 이는 고구려사에 있어서 나름대로 분명한 근거가 있다고 본다.

## II. 고구려에 의한 왕망의 흉노 저지

왕망과 고구려의 싸움이 있다.[2] 즉 『한서』의 「왕망전」 중에 있다.

이에 앞서, 왕망이 고구려 군사로 하여금, 흉노를 치게 하였으나, 그들이 가려고 하지 않아서, 군(郡)에서 압박하자, 그들은 모두 도망하여 경계로 나갔고, 이에 법률을 범하여, 창으로 살인하였다. 요서군 대윤 전담이 그들을 추격하였으나, 도리어 그들에 의해 피살되었다. 주군(州郡)의 장관들이 고구려 후 추의 신상에 책임을 물었다. 엄우가 보고하여 말하길, 「맥인의 범법은, 추에 의해 일어난 것이 아니며, 이타심으로 일어난 것이며, 응당 명령은 주군(州郡)에 살펴서 그들을 위로하십시오. 현재 이것은 중대한 대죄이며, 드디어 그들은 반란을 하려는 것이 있으니, 부여에 속한 화합이 필요한 것입니다. 흉노를 이기지 못하며, 부여·예맥이 또 다시 일어나서, 이것은 커다란 우환거리가 됩니다.」 왕망은 안정되지 않아서, 예맥이 드디어 반란하고, 조서가 엄우에게 내려 그를 쳤다. 엄우가 고구려 후 추를 유인하여 그가 이르니 목을 베어서, 장안에 수급을 전하였다. 왕망이 크게 기뻐서, 조서로 말하길, 「이에 오는 자는, 명하여 맹장을 보내어, 상천의 천벌을 행하며, 흉노 낭지아사(囊知牙斯)를 없애며, 대군을 12부로 나누어, 혹 그 우측을 자르고, 혹 그 좌측을 베어, 혹은 그 가슴을 없애고, 혹은 그 양 날개를 없었다. 금년의 동방에서의 형벌은, 맥의 부락을 없이 한다. 오랑캐 추를 잡아 죽이고, 동방을 평정하니, 흉노 양지아사를 섬멸하고, 지금이 바로 그런 때다. 이에 천지와 뭇 신령·토지의 신·종묘에게 복을 주시고, 공경과 대부와 사민이 하나로 무서운 힘을 주셔야 한다. 나는 매우 기뻐한다. 그 고쳐진 고구려를 하구려로 하며, 천하에 포고하고, 모두 이르도록 한다.」 이에 맥인의 변방 침입이 심하고, 동북과 서남이는

1) 지배선, 2012, 「고구려·백제·신라의 유민사」 『한민족연구』12, 201~227쪽 ; 지배선, 2013, 「고구려 건국기의 국가 시스템」 『한민족연구』13, 161~198쪽.
2) 지배선, 2006, 「高句麗와 鮮卑의 전쟁」 『高句麗硏究』24, 72쪽.

모두 어지럽게 일어났다.[3]

　왕망이 흉노를 치기 위해 시도한 고구려 병사들과의 협업 상태가 깨어졌다. 고구려의 군사가 새(塞)을 넘어가서 왕망의 국가에 대하여 노략하고 또 창으로 살인하였다. 이에 요서군 대윤 전담이 추격하였으나, 도리어 그가 피살되었다. 여기서 신(新)과 고구려 군사가 요서군에서 충돌하였다. 물론 신(新)의 왕망이 고구려 군사로서 흉노를 공격하게 하려했던 것이 발단이었다. 결과는 고구려 군사들이 흉노의 군사력보다 못한 신(新)의 왕망 군대를 치는 것이 되고 말았다.

　그때 왕망의 요서 대윤 전담이 추격하다가 도리어 살해당한 것은 고구려 군사의 전투력이 1세기 초에 강력하였다는 증거이다. 이는 고구려의 군사들이 기마병으로 구성된 데다 전투력이 탁월한 사실을 왕망이 알고, 고구려 군사들을 이용하여 흉노를 제압하려다가 도리어 화를 당한 것이다. 신(新)의 주군(州郡)의 우두머리들은 그 허물을 고구려 후 추에게 돌리려 하였다. 여기서의 고구려 후 추는 『삼국사기』에는 연비(延丕)로 기록된 것이다. 고구려가 이때 서부 변방에 봉작제를 두었던 것이다. 이는 후대의 연개소문의 조상이다.

　엄우가 고구려 후 추에 대한 보고를 엉터리로 왕망에게 아뢰었다. 엄우가 고구려 후 추를 유인하여 목을 베어서 장안에 수급을 전하면서, 커다란 우환거리의 제거라고 보고한 것이다. 왕망이 기뻐서 조서로써 대군을 12부로 나누어 흉노의 낭지아사(囊知牙斯)를 섬멸하려 하였다. 아울러 고구려를 하구려로 부르며, 중국의 천하에 알리도록 하였다. 이는 왕망의 허망한 구상이다. 그 결과 맥인의 변방에 대한 침입이 심하여졌고, 동북과 서남이가 모두 어지럽게 일어났다. 이러한 동북의 상황은 『한서』에 자세하게 기록되었다.

　이러한 내용은 『후한서』의 「고구려전」에도 아래와 같이 기록되었다.

---

3) 『漢書』권99 「王莽傳」 4130쪽 "先是, 莽發高句驪兵, 當伐胡, 不欲行, 郡强迫之, 皆亡出塞, 因犯法爲寇. 遼西大尹田譚追擊之, 爲所殺. 州郡歸咎於高句驪侯騶. 嚴尤奏言, 「貉人犯法, 不從騶起, 正有它心, 宜令州郡且慰安之. 今猥被以大罪, 恐其遂畔, 夫餘之屬必有和者. 匈奴未克, 夫餘·穢貉復起, 此大憂也.」莽不慰安, 穢貉遂反, 詔尤擊之. 尤誘高句驪侯騶至而斬焉, 傳首長安. 莽大說, 下書曰, 「乃者, 命遣猛將, 共行天罰, 誅滅虜知, 分爲十二部, 或斷其右臂, 或斬其左腋, 或潰其胸腹, 或紬其兩脅. 今年刑在東方, 誅貉之部先縱焉. 捕斬虜騶, 平定東域, 虜知殄滅, 在于漏刻. 此乃天地群神社稷宗廟佑助之福, 公卿大夫士民同心將率虓虎之力也. 予甚嘉之. 其更名高句驪爲下句驪, 布告天下, 令咸知焉.」於是貉人愈犯邊, 東北與西南夷皆亂云."; 『三國志』권30 「高句麗傳」 王莽初發조 844쪽.

왕망 초년에, 고구려의 군대로 흉노를 공격하여 타도하려 했으나, 그들이 출정하지 않으려 하니, 왕망은 그들이 출정하는 것을 강박하자, 그들이 모두 변경에서 도망하여 강도가 되었다. 요서 대윤 전담이 고구려인을 추격하였으나, 도리어 죽었다. 왕망이 부대 엄우에게 명령하여 고구려를 타도해서, 엄우가 고구려 후 추를 변경으로 들어오게 유인하여, 그를 죽였다. 그의 머리를 장안으로 보냈다. 왕망은 대단히 기뻐하며, 고구려왕을 고쳐서 하구려후로 하고, 결국 맥인이 변경을 침범하는 것이 점점 심해졌다. 건무 8년에, 고구려가 사자를 파견하여 조공을 바치고, 광무제는 고구려 왕호를 회복시켜 주었다. 23년 겨울에, 고구려 잠지락의 대가 대승 등 1만여 명이 낙랑에 와서 국내에 귀속했다. 25년 봄에, 고구려가 우북평·어양·상곡·태원을 침범하여, 요동 태수 제융이 은혜와 덕행으로 고구려인을 부르니, 그들은 다시 서로 변경을 열어서 통하였다.[4]

왕망의 초에 고구려 군대로 흉노를 공격하여 타도하려 하였다. 고구려 군대가 출정하지 않자, 왕망이 재촉하니, 고구려 군사가 변경에서 식량조달을 하였다. 이를 강도짓이라고 표현한 것 같다. 엄우가 고구려 후 추를 유인하여 죽였다. 이후 고구려 군사들에 의한 변경의 침입이 심하였다.

후한 건무 8년에 고구려가 사자를 파견하여 조공하였으며, 광무제는 고구려 왕호를 회복시켜 주었다. 23년에 고구려 잠지락의 대가 대승 등 1만여 명이 낙랑에서 중국으로 귀속했다. 25년 봄에, 고구려가 우북평·어양·상곡·태원을 침범하였다. 이 중의 태원은 B.C. 200년에 한 고조가 흉노를 공략하였던 지점이다. 또한 이러한 태원은 역사적으로 중요한 지점이다. 즉 고구려가 이 태원을 공격하였던 것이다.

흉노가 한고조 때(기원전 200년)의 태원을 공격하였다.

한 고조 7년, 흉노는 마읍에 있던 한왕 한신을 공격하였다. 그 때 한왕 한신은 틈을 타서 흉노와 태원에서 모반하였다. 백토성의 만구신·왕황이 원래 조의 장수 조리를 왕으로 삼고, 조정에 대하여 반기를 들었다. 고조는 친히 그들을 공격하였다. 날씨가 추워서, 사병 가운

4) 『後漢書』권85 「高句驪傳」 2814쪽 "王莽初, 發句驪兵以伐匈奴, 其人不欲行, 彊迫遣之, 皆亡出塞爲寇盜. 遼西大尹田譚追擊, 戰死. 莽令其將嚴尤擊之, 誘句驪侯騶入塞, 斬之, 傳首長安. 莽大說, 更名高句驪王爲下句驪侯, 於是貊人寇邊愈甚. 建武八年, 高句驪遣使朝貢, 光武復其王號. 二十三年冬, 句驪蠶支落大加戴升等萬餘口詣樂浪內屬. 二十五年春, 句驪寇右北平·漁陽·上谷·太原, 而遼東太守祭肜以恩信招之, 皆復款塞."

고구려의 평양과 그 여운

데 손가락이 얼어 떨어져 나간 자는 10에 2·3이나 되었다. 이에 평성에 도착하였다. 흉노가 평성을 포위하고, 7일 후에야 떠났다.[5]

태원은 한 고조에게 중요한 지점이었다. 이곳과 얽힌 이야기도 많다. 당대의 태원은 군사적인 측면에서 중요한 지점이다. 그런데 고구려 군대가 태원까지 쳐들어갔던 것은 많은 점을 시사한다. 후한 광무제가 집권했을 때 고구려 군사가 태원까지 진격한 사실에서, 실로 기원전 200년경에 한 고조는 흉노 묵특선우가 장안으로 진격하는 것을 이곳에서 막으려고 계획했을 것이란 추정도 할 수 있다. 그곳에서 B.C. 200년에 곤제지약(昆弟之約)으로 한은 흉노에 항복했다. 이때 유경의 피나는 도움으로 한 고조가 평성에서 7일 후에야 떠날 수 있었다.

위의 내용은 『삼국사기』권13 「고구려본기」 유리명왕 31년 조에 있다.

31년에 한의 왕망이 우리 병사를 징발하여 호(흉노)를 정벌하려고 했는데, 우리 군사가 가려고 하지 않기 때문에 (한이) 강제로 보내려 하자 (고구려 병은) 다 색외로 도망해 나와서 법을 범하여 (한의 군현을) 침구하였다. 요서 대윤 전담이 고구려 병사를 추격하다가 도리어 죽으니 한의 주군(州郡)은 우리에게 허물을 돌리었다. 엄우가 (왕망에게) 아뢰되, 「맥인이 법을 범하였으나 주군(州郡)으로 하여금 이를 위안케 함이 좋을 것이요, 지금 너무 대죄를 내리면 장차 배반할까 두려워한다. 부여의 족속들이 반드시 이에 화동할 자가 있을 것이니, 흉노를 극복치 못한 이때에 부여·예맥이 또다시 일어나면 이는 큰 걱정거리입니다.」고 했다. 왕망이 듣지 않고 엄우에게 명하여 고구려를 치게 한 바, 엄우는 우리의 장수 연비를 꾀어 목을 베어 경사에 전하였다. 왕망이 기뻐하여 우리 임금을 개칭하여 「하구려후」라 하고 천하에 포고하여 죄다 알게 하였다. 이로써 (고구려가) 한의 변방을 침략함이 더욱 심하였다.[6]

---

5) 『史記』권8 「高祖紀」 7年조 384~385쪽 "七年, 匈奴攻漢王信馬邑, 信因與謀反太原. 白土曼丘臣·王黃故趙將趙利爲王以反, 高祖自往擊之. 會天寒, 士卒墮指者什二三, 遂至平城. 匈奴圍我平城, 七日而後罷去. 令樊噲止定代地. 立兄劉仲爲代王."

6) 『三國史記』권13 「高句麗本紀」(瑠璃明王) 135쪽 "三十一年, 漢王莽發我兵伐胡, 吾人不欲行, 强迫遣之, 皆亡出塞, 因犯法爲寇, 遼西大尹田譚追擊之, 爲所殺, 州郡歸咎於我, 嚴尤奏言, 貊人犯法, 宜令州郡, 且慰安之, 今猥被以大罪, 恐其遂叛, 扶餘之屬, 必有和者, 匈奴未克, 扶餘·濊貊復起, 此大憂也, 王莽不聽, 詔尤擊之, 尤誘我將延丕斬之, 傳首京師."

위의 인용문을 살펴볼 때, 『한서』의 「왕망전」과 『삼국시기』의 「고구려본기」 유리명왕조의 차이는 별로 없다. 차이의 하나는 고구려 후 추와 연비를 어떻게 해석하는가이다. 『한서』의 고구려 후 추와 『삼국사기』의 우리의 장수 연비와의 관계는 과연 어떠한 것인가? 이는 『한서』의 고구려 후 추의 기록이 맞다. 물론 『삼국사기』의 연비의 기록도 옳다. 즉 이 당시 고구려 사회는 봉작제였다. 고구려는 넓은 지역을 다스리기 위하여 군현제를 실시하며 변방에 봉건제를 두었다. 그러니까 한 고조의 군국제와 같은 것이 군현제와 봉건제였다.

다른 하나는 고구려 장수는 연비라는 이름을 갖고 있었다. 즉 고구려 후 추가 고구려 내에서 연비라고 불렸다. 고구려의 내에서 3부로 불렸던 것이 동부대인이다. 즉 동부대인의 영역은 중국과 유목민족의 공세를 차단하고 더 나아가서 적극적으로 수세가 아닌 공세자세로 취하였다. 이것은 법을 범하여 도적이 되었다는 것이 고구려 후 추가 달려드는 전법을 익혔다는 것이다. 이러한 연비의 후손이 연개소문(淵蓋蘇文)이다. 다시 말해 우리 음의 같은 글자다.


# III. 흉노와 동호의 기원

『사기』의 「흉노전」에는 동호에 관한 다음과 같은 기록이 있다.

> 묵특이 말에 타서, 지금 나라에 남는 자는 참하라고 명령했다. 드디어 동쪽으로 동호를 습격하였다.[7]

기원전 206년 흉노의 묵특에 의해 동호가 구축된 사실을 전한 것이다. 흉노에 의한 동호 침략은 선비와 오환의 형성에 영향을 미쳤다. 그 이후 형성된 동호와 선비와의 관계에 대해서는 『후한서』의 「선비전」에 다음과 같이 기록되었다.

> 선비 또한 동호에서 갈라진 것이고 따로 선비산(鮮卑山)에 거하였기 때문에 부족의 명칭이 선비로 되었다.[8]

---

7) 『史記』권110 「匈奴傳」 2889쪽 "冒頓上馬, 今國中有後者斬, 遂東襲擊東胡."

선비가 동호에서 갈라진 것임을 알 수 있다. 또 『삼국지』의 「오환전」에도 다음과 같은 기록이 있다.

오환·선비는 옛날부터 동호에서 갈라진 것이다.[9]

위의 기술을 통해 선비가 동호임을 알 수 있다. 선비대인이라는 명칭이 최초에 나타나는 기록으로는 『후한서』권90 「선비전」의 건무(建武) 30년(서기54년)조로서 다음과 같다.

선비대인 어구분, 만두 등이 그 종족을 이끌고 궐에 조공하며 내속하기를 원하였다. 황제는 어구분을 왕으로 삼고, 만두를 후로 삼았다. 그때 어양적산 오환 흠지분 등이 여러 차례 상곡을 공격하였다.[10]

선비 대군장 단석괴(檀石槐)에 대해서는, 왕정(王庭 즉 彈汗山)에서 몽고 전체를 호령하였던 사적을 열거할 수 있다.[11] 『삼국지』권30 「선비전」에 인용된 『위서』에 따르면, 선비산(鮮卑山)에서 선비족의 무리가 증가했을 때 대인이 넓이가 수백 리에 이르는 오후진수(烏侯秦水)에서 고기를 잡아 식량난을 해결할 수 있었다고 한다. 이는 Lao-Xamuren의 일부 물이 넘쳤던 것으로 본다.

『후한서』권90 「선비전」과 『삼국지』권30 「선비전」에 인용된 『위서』에 요락수(饒樂水)와 작략수(作樂水)라고 기록되어 있는 것을 볼 수 있다. 이에 대해 정인보는 『조선사연구』하권(1946)에서 요락수를 시라무렌이라 하였다.

많은 선비대인 가운데 기지건(其至鞬)이 있다. 『삼국지』권30 「선비전」에 인용된 『위서』에는 후한 안제 말(107~125년)의 기지건에 관한 다음과 같은 기록이 있다.

기지건 때에 이르러 번성하였는데, 공현지사가 수만 기였으며, 여러 길로 나누어 색으로 왔

---

8) 『後漢書』권90 「鮮卑傳」 2985쪽 "鮮卑者, 亦東胡之支也, 別依鮮卑山, 故因號焉."

9) 『三國志』30권 「烏丸傳」 832쪽 "烏丸·鮮卑卽古所爲東胡也."

10) 『後漢書』권90 「鮮卑傳」 2985쪽 "鮮卑大人於仇賁, 滿頭等率種人詣闕朝賀, 慕義內屬, 帝封於仇賁爲王, 滿頭爲侯, 時漁陽赤山烏桓歆志賁等數寇上谷."

11) 지배선, 1977, 「鮮卑族의 初期段階 氏族分裂에 대하여」『白山學報』23, 71쪽.

으며, 오원을 공격하여서, 흉노남선우를 공격하여, 좌오건일축왕을 죽였다.[12]

기지건 시대에 번성하여, 활 쏘는 자가 수만 기였다는 것이다. 또 『후한서』권5 「효안제기」의 건광(建光) 원년 조에 다음과 같은 기록도 있다.

선비가 현토를 침략하였다(鮮卑寇玄菟).

위와 같은 기록으로 보아, 현토까지 유목기마민족이 쉽게 침략하였다는 사실을 알 수 있다. 그리고 영건(永建) 2년(127년) 2월에 요동 선비 6천여 기가 고구려의 현토를 공략하러 왔다는 것으로도 알 수 있다. 선비가 고구려의 현토를 공략했다는 사실은 『후한서』의 「본기」에 서술된 것이다.

사서에는 기지건 당시의 세력 확장에 대해 다음과 같이 기록되었다.

오환교위 경엽은 새를 나와서 선비를 공격하여 많은 선비를 참하여 선비의 3만여 락(落)이 요동에 항복했고, 흉노의 북선우가 도망한 후에 남아 있던 부족 십여만 락은 요동에 와서 잡거해 모두 스스로 선비병이라고 하였다.[13]

위의 기록에서 볼 수 있듯이 이때 그의 세력은 이미 후한이 무시할 수 없는 그러한 상태에 이르고 있었던 것이다. 여기서 흉노가 강성할 때에 다른 유목기마민족들을 흉노병이라고 했던 것과 같이 이때는 모든 유목기마민족을 선비병이라고 했다.

# IV. 선비 단석괴의 출현

단석괴가 사적(史籍)에 최초로 출현하는 것은 『후한서』권90 「선비전」과 『삼국지』권

---

12) 『三國志』권30 「鮮卑傳」에 인용된 『魏書』의 837쪽 "其至犍遂盛, 空弦數萬騎, 數道入塞, 趣五原, 攻匈奴南單于, 殺左奧犍日逐王."
13) 『三國志』권30 「鮮卑傳」에 인용된 『魏書』의 837쪽,

30 「선비전」에 인용된 『위서』이다. 『삼국지』권30 「선비전」에 인용된 『위서』의 후한 순제(125~144년) 시기의 다음과 같은 기록이 있다.

단석괴를 세워, 정(庭)을 고류(高柳)의 북쪽 3백여 리에 있는 탄한산(彈汗山) 철구수 근처에 설치하니 동서부의 대인은 모두 이에 복속하였다.[14]

이는 시라토리 구라키치(白鳥庫吉)는 고류성(高柳城)은 대동부(大同府)라 보았고, 또 하나는 고류성이 대군에 있다고 하였다. 여기서 탄한산의 위치는 대동부 곧 현재의 대군 북방임이 뚜렷이 밝혀졌다고 보인다. 이렇게 볼 수 있는 예로는 단석괴가 탄한산에서 선비족을 지배한 후의 일로 보여 지고 있는 최초의 중국침략에 대하여 『자치통감』영수(永壽)2년(156년)에 「가을 7월에, 단석괴가 운중을 노략하였다」[15]와 또 후한 연희(延熹)2년(159년)에 「봄 2월에 선비가 안문을 노략하였다」[16]라고 기록한 것을 들 수 있다.

위에 인용된 사료는 뒤이어 다음과 같은 사실을 전한다.

병마가 매우 많아 남쪽으로 후한의 변경을 노략질하고, 북쪽으로 정령, 동쪽으로 부여, 서쪽으로는 오손과, 모든 흉노의 땅이었고, 동서는 만 2천 여리이고, 남북으로 7천 여리이며, 산천·수택·염지가 망라되어 심히 넓다.[17]

이와 같이 큰 제국을 이루었으며, 후한 순제와 뒤이은 환제에게 커다란 공포의 대상이 되었다. 후한이 두려워 흉노중랑장 장환을 시켜서 공격했으나 이기지 못하자 단석괴를 왕으로 봉하였다. 당시 이에 대한 단석괴의 대응은 다음과 같았다.

단석괴가 이를 받아들이지 않고, 노략질이 더욱 심하였다. 그 땅을 동·중·서 3부로 나누었

---

14) 『三國志』권30 「鮮卑傳」에 인용된 『魏書』에 837쪽 "檀石槐旣立, 乃爲庭於高柳北三百餘里彈汗山啜仇水上, 東西部大人皆歸焉."

15) 『資治通鑑』권53 漢 桓帝 永壽2年조 "秋七月, 檀石槐寇雲中."

16) 『資治通鑑』권53 漢 桓帝 延熹2年조 "春二月, 鮮卑寇鴈門."

17) 『三國志』권30 「鮮卑傳」에 인용된 『魏書』에 837쪽 "兵馬甚盛, 南鈔漢邊, 北拒丁令, 東郤夫餘, 西擊烏孫, 盡據匈奴故地, 東西萬二千餘里, 南北七千餘里, 罔羅山川·水澤·鹽池甚廣."

다. 우북평에서 이동으로 요까지, 동쪽으로 부여·예맥을 동부로 하고, 20여 읍에, 그 대인
은 미가·궐기·소리·괴두였다.[18]

위와 같이 단석괴가 더욱 심하게 노략질을 하였다고 기록하였다. 또한 방대한 땅을 중·
동·서의 3부로 나누었다. 그중 동부만 보면, 동쪽으로 부여·예맥까지 포함하였다고 한다.
고구려가 빠진 것이 아니라 부여라고 보는 경우다.

『후한서』권90 「선비전」 6년조에 의랑 채옹이 쓴 장문의 상소 가운데 「흉노가 도망친 후,
선비가 강성하여, 흉노의 땅을 차지하여, 칭병(稱兵)이 10만이 되었다.」[19] 여기서 칭병 10
만이 되었다는 숫자는 당시 선비 지배지 안의 인구증가를 엿볼 수 있게 해준다.

단석괴 이후 선비의 대표적 지도자는 가비능(軻比能)이다. 같은 시기에 존재했던 보도근
(步度根)도 그 세력이 적지 않았으나, 가비능은 용건(勇健)과 지략(智略)으로써 우위를 점할
수 있다. 『삼국지』의 「가비능전」에는 다음과 같이 기록되어 있다.

> 황초(黃初)2년(221년) 비능(比能)은 위(魏) 사람으로 선비에게 구류되어 있는 자 오백여
> 가를 풀어서 대군으로 돌려보냈다. 다음 해, 비능은 부락의 대인, 소자(小子), 대군오환 수
> 무로(修武盧) 등 삼천여 기를 거느리고, 우마 칠만 구를 이끌고 가서 위(魏)와 교시(交市)
> 했다. 위(魏) 사람 천여 가를 보내어 상곡에 있게 했다. 그 뒤에 동부대인 소리(素利) 및 보
> 도근과 더불어 삼부가 투쟁하여 그때마다 서로 공격했다. (烏丸校尉) 전예(田豫)는 가비능
> 과 화합해서 서로 침범치 못하게 했다.[20]

여기서 가비능은 선비를 통합하기 위하여 선비에 구류되어 있는 많은 위(魏) 사람들을 대
군으로 돌려 보냄으로써 위(魏)와의 평화관계를 지속시켰고, 또 우마 칠만여 구를 가지고
위(魏)와 교시(交市)하여 필요한 물자를 원활히 공급받음으로써, 그 세력 신장의 발판을 마

---

18) 『三國志』권30 「鮮卑傳」에 인용된 『魏書』에 837~838쪽 "檀石槐拒不肯受, 寇鈔滋甚. 乃分其地爲中東西三部.
從右北平以東至遼, 東接夫餘·濊貊爲東部, 二十餘邑, 其大人曰彌加·闕機·素利·槐頭."

19) 『後漢書』권90 「鮮卑傳」 同 6年조.

20) 『三國志』권30 「軻比能傳」 838~839쪽 "黃初2年조, 黃初二年, 比能出諸魏人在鮮卑者五百餘家, 還居代郡, 明
年, 比能帥部落大人小子代郡烏丸修武盧等三千餘騎, 驅牛馬七萬餘口交市, 遣魏人千餘家居上谷, 後與東部鮮
卑大人素利及步度根三部爭鬪, 更相攻擊, 田豫和合, 使不得相侵."

련하였다. 그리고 한편으로는 동부 선비 대인 소리 및 보도근 등을 공략하여 선비의 재통일이라는 과업을 진행시켜 나가고 있음을 알 수 있다.[21]

# V. 모용외와 고구려 봉상왕 관계

모용에 대해서는 『진서』권108 「모용외재기」에서 그 모습이 나타난다.

> 모용외(慕容廆)의 자는 혁락환(奕洛環)이고 창려(昌黎) 극성(棘城) 선비인이다. 그 조상은 유웅씨(有熊氏)의 묘예로 대체로 자몽지야(紫蒙之野)의 북이읍에 살았으며 호하여 동호라 하였다. 그 후 흉노와 함께 성하여 공현지사(控弦之士)가 이십여만이고 풍속과 관호는 거의 같았다. 이들은 그 후 진한(秦漢) 시대의 흉노에 의해 패배되어서 분열되어 그 일부가 선비산에 갔기 때문에 선비로써 호했다. (모용외의) 증조 막호발이 위(魏) 초에 그 여러 부(部)를 거느리고 요서로 들어갔다.[22]

이는 모용외가 생긴 시원을 말한 것이다. 모용외는 창려 극성 선비인이다. 또한 유웅씨의 후손으로 자몽지야의 북이읍(北夷邑)에 살아서 동호라 했다. 공현지사가 20여만 기이었다. 그 후 진한 시대에 패하였기 때문에 선비산으로 갔으며, 그로 인하여 선비로 불리게 되었다는 것이다. 막호발이 위(魏) 초에 여러 부를 거느리고 요서로 들어왔는데, 그가 바로 모용외의 증조라는 것이다.

모용외에 의한 첫 고구려 침략은 봉상왕 2년(293년) 8월이었다.

> 모용외가 (고구려를) 공격하여 왔다. (그때) 왕이 신성에 가려고 하다가 도중에 모용외를 피하여 곡림이란 곳에 이르렀다. (그런데) 왕이 도성에서 나온 것을 알고 모용외가 군사를 이끌고 뒤쫓아 가게 되자, 왕은 겁에 질렸다. 그때 신성을 다스렸던 북부소형 고노자가 기

21) 지배선, 1978, 「鮮卑拓跋氏의 氏族分裂過程에 대하여」『白山學報』24, 125쪽.

22) 『晉書』권108 「慕容廆載記」 "慕容廆字奕洛環, 昌黎棘城鮮卑人也. 其先有熊氏之苗裔, 世居北夷, 邑于紫蒙之野, 號曰東胡. 其後與匈奴並盛, 控弦之士二十餘萬, 風俗官號與匈奴略同, 秦漢之際爲匈奴所敗, 分保鮮卑山, 因以爲號. 曾祖莫護跋, 魏初率其諸部入居遼西."

병 5백을 거느리고 왕을 맞이하러 가다 적을 만나 용맹하게 싸우니, 외의 군사가 패퇴하였다. 왕은 기뻐하며 고노자에게 대형이란 벼슬을 주면서, 아울러 곡림을 식읍으로 주었다.[23]

모용외가 고구려 봉상왕을 기습 공격한 것은 모용부에서 자신의 통솔권을 확고히 하겠다는 목적이 컸을 것 같다. 위에 언급된, 293년 3월에 모용외가 고구려 봉상왕을 공격하였던 사실은 모용의 고구려 침공에 관한 최초 기록이다. 북부소형 고노자가 5백의 기병으로 모용외를 격퇴함으로 봉상왕은 화를 피하였다. 봉상왕은 기뻐 고노자에게 대형의 벼슬과 곡림을 식읍으로 주었다. 이는 고구려와의 전쟁에서 모용외의 패퇴라고 말할 수 있다.

## VI. 모용황과 고구려 고국원왕 관계

여러 사건이 겹쳐 연과 고구려와의 관계는 전쟁이라는 극한 상황으로까지 변화되고 있었다. 곧 아래의 기록과 같이, 339년 9월의 전쟁으로 연결되었던 것이다.

모용황이 고구려를 공격하여, 병이 신성에 이르니, 고구려왕 쇠가 걸맹하자 돌아왔다.[24]

위의 기록은 모용황이 고구려를 공격하기 위하여 출병했던 사실을 전하는 것이다. 고구려 말까지 군사요지로 동양사상에 저명한 신성에 연군으로 내공(來攻)하자, 이에 고국원왕이 도리어 모용황에게 동맹관계를 청하였고, 모용황의 병사들이 돌아감으로써 양국관계는 일단락된다.[25]

그 이후 결정된 작전계획에 따라 연왕은 342년 11월에 우문부와 고구려를 다시 공략했는데, 다음과 같이 연군의 작전계획과 전황이 서술되고 있다.

---

23) 『三國史記』권17 「烽上王本紀」 2年 8月조, 을유문화사, 1991, 160~161쪽 "慕容廆來侵, 王欲往新城避賊, 行至鵠林, 慕容廆知王出, 引兵追之, 將及, 王懼, 時新城宰北部小兄高奴子, 領五百騎迎王, 逢賊奮擊之, 廆軍敗退, 王喜, 加高奴子爵爲大兄, 兼賜鵠林爲食邑."

24) 『資治通鑑』권96 「晉紀18」 咸康 5年 9月, 3036쪽 "跳擊高句麗, 兵及新城, 高句麗王釗乞盟, 乃還."

25) 지배선, 1986, 『中世東北亞史硏究-慕容王國史-』, 一潮閣, 88쪽.

11월에 모용황은 직접 강병 4만을 거느리고 남도로 나갔다. 모용한과 모용패를 전봉으로 삼았다. 따로 장사 왕우 등에게 병 1만 5천을 거느리고 북도로 나아가서 고구려를 출정케 하였다. 고구려 쇠(고국원왕)는 과연 그의 아우 무에게 정병 5만을 거느리고 북도를 막도록 보냈다. 고국원왕은 직접 약병을 거느리고 남도에서 막았다.[26]

모용한의 전략에 의해서 고구려가 격파된 것이며, 모용황의 전략이 아니라는 점이다. 이를 입증하는 것은 모용황의 병이 도합 5만 5천이었고, 고구려도 이와 비슷한 병력이었는데도 원정군인 모용황이 승리할 수 있었다는 점이다.

# VII. 고구려 광개토대왕의 후연 경략

연구 결과, 고구려가 전성기로 치닫던 404년 "광개토대왕(廣開土大王, 375~413년)이 중국의 수도인 북경(당시 지명은 연군燕郡)을 침공해 게릴라전을 폈으며, 이로 인해 당시 중원(中原)의 패권을 쥐고 있던 후연(後燕)이 멸망의 길을 걷게 됐다"고 볼 수 있다. 후연의 도읍이던 연군은 연(燕)나라 이후 명(明)~청(淸) 시대를 거쳐 오늘날까지 중국의 수도가 자리하고 있는 대륙의 심장부다. 따라서 이러한 학계의 주장은 5세기 당시 동북아시아의 패자(覇者)가 중국이 아닌 고구려였다는 사실을 방증해주는 것이어서 주목된다.

위와 같은 연구 결과와 주장은 '고구려 광개토대왕의 연군(燕郡)(北京) 침공 원인에 대하여'라는 논문을 통해 이루어졌는데, 중국 역사책인 『진서(晉書)』의 기록을 근거로 제시했다. 『진서』는 당(唐) 태종(太宗)이 지시해 편찬한 진(晉) 왕조의 정사(正史)로, 5호16국(五胡十六國)과 진나라 시대를 이해하는 데 필수적인 사료다.

이 책 권124 「모용희재기(慕容熙載記)」 404년 12월 조(條)에는 "그때 고구려가 연나라를 공격하여 100여명을 죽였다(會高句麗寇燕郡, 殺略百餘人)"[27]고 기록돼 있다. "여기서 도적을 뜻하는 구(寇)자를 사용한 점으로 미뤄 중국인들이 광대토대왕의 연나라 공습 사실을 격하

---

26) 『資治通鑑』권97 「晉紀19」 咸康 8年, 3051쪽 "十一月, 皝自將勁兵四萬出南道, 以慕容翰, 慕容覇爲前鋒, 別遣長史王寓等將兵五千出北道以伐高句麗. 高句麗王釗果遣弟武帥五萬拒北道, 自帥羸兵以備南道."

27) 지배선, 2009, 「고구려 광개토대왕의 燕郡(北京) 침공 원인에 대하여」 『백산학보』83.

했다는 점을 알 수 있다"며 "따라서 100명을 죽였다는 기록 역시 사실과 다르게 축소된 것일 수 있다"고 말했다. 그는 광개토대왕의 북경(연군) 공습에 대해 할아버지인 고국원왕의 복수를 위해 대규모 군사작전을 벌인 것이라며 적국의 수도를 유린한 이 게릴라전의 후유증으로 인해 당시 중원의 패자였던 후연(後燕)은 붕괴의 길을 걷게 되었다고 설명하였다.

이는 "『진서』는 중국인들이 일점일획의 거짓도 없다고 믿는 정사(正史)"라며 "하지만 안타깝게도 『삼국사기(三國史記)』나 『삼국유사(三國遺事)』 같은 우리 역사서엔 '광개토대왕이 친히 군사를 이끌고(出師) 연나라를 공략했다'(『三國史記』「廣開土王本紀」十三年條 '十二月, 出師侵燕')는 사실만 간략하게 나와 있을 뿐, 연나라를 쳐들어가서 어떤 공적을 세웠는지에 대한 내용은 적혀 있지 않다"고 덧붙였다. 중국 정사를 통해 광개토대왕의 이 같은 활약상을 확인할 수 있다고 주장하였던 것이다.

고구려 광개토대왕은 남연과의 관계도 있다. 즉 408년에 통교한 사실이 있다. 즉 '고구려 사자가 남연의 광고에 도착하여서 남연에게 천 리를 달릴 수 있는 사람 열 명과 천리마 한 필을 바쳤다'라는 기록이 있다. 따라서 고구려에서 오늘날 산동 반도에 위치한 남연을 가는데 가장 손쉬운 길은 해로였다. 즉 고구려와 남연 모용초 재위시의 통교가 있었던 것보다 70년이나 앞선 후조가 3백 척의 배를 동원하여 30만 곡의 곡물을 전연과의 전쟁을 대비하기 위한 군량미로 사용하려고 고구려에다가 저장하였던 것이 좋은 실례일 듯싶다.[28)]

필자는 사마르칸트와 고구려 관계에 대하여, 온달을 중심으로 연구하는 과제를 수행한 적이 있다. 여기서 중앙아시아 강국을 문제로 보았던 것은 그 왕의 성이 온씨의 왕족이고, 강국의 어린 아이들은 글을 배우고 또 멀리 외국으로 나가서 장사하며 이윤을 남겼다. 그렇다면 중앙아시아 사마르칸트의 강국 온씨의 아버지가 멀리 고구려로 왔던 것이란 설정도 가능했다. 또 바보 온달이 고구려 장군으로 북주와 싸웠다는 사실에 초점이 맞추었다.[29)]

---

28) 지배선, 1998, 『中世 中國史 研究』, 216~224쪽.
29) 지배선, 2011, 「사마르칸트(康國)와 고구려 관계에 대하여」『백산학보』89, 95~137쪽.

# VIII. 고구려와 수 관계

수양제는 613년 정월부터 고구려를 어떻게 쳐야 할 것인지 고민하였다. 즉 이러한 상황이 『삼국사기』에는 다음과 같이 기록되었다.

24년 정월에 양제가 조서로 천하의 병사를 징발하여 탁군에 모으고 백성을 모집하여 효과(驍果, 軍職名)를 삼고 요동 고성(후연 때에 요서 지방에 옮긴 것)을 수리하여 군량을 비축케 하였다. 2월에 양제가 시신(侍臣)에게 이르되 『고구려 소적(小敵)이 상국(上國)을 업신여기니, 지금 (우리가) 바다를 두려빼고 산을 옮기는 일도 능히 할 수 있으리라고 생각하거늘, 하물며 이 따위 적에 대해서는』하고 다시 치기를 의논하였다. 좌광록대부 곽영(郭榮)이 간하되, 『융적(고구려)이 예를 잃은 것은 신하에 관한 일이며, 천균(千鈞)의 노(弩)는 소서(小鼠)를 잡기 위하여 쏘지 않으니, 어찌 친히 만승(萬乘, 즉 천자)의 위(威)를 욕되게 하여 소구(小寇)를 대적하리요?』하니, 양제는 듣지 아니하였다.[30]

지난해에 고구려에 패한 수양제는 올해(613년)는 반드시 정벌하겠다는 신념이 강하였다. 여기서 김부식과 같이 사마광도 요동 고성이라고 같게 표현하였다.[31] 그래서 613년 정월부터 조서로 천하의 병사를 징발하면서 탁군으로 모으고 그 백성을 모집하여 효과(驍果)라고 칭호를 붙쳤다. 이 효과란 군호는 군대에서 최고의 날쌘 병을 모아 둔 곳이다. 또 군사를 무장하기 위해 요동 고성(후연 때 요서 지방에 옮긴 것)을 수리하여 군량을 비축케 하였다.

수 양제 대업(大業)8년 정월 임오일(2일) 조서를 내렸다. 즉 『자치통감』의 조서의 내용은 다음과 같다.

임오일(2일)에 조서를 내렸는데, 좌익 12군은 누방·장잠·명해·개마·건안·남소·요동·현도·부여·조선·옥저·낙랑 등으로 가는 길로 출발하게 하고, 우익 12군은 점선·함자·혼미·임둔·후성·제해·답돈·숙신·갈석·동시·대방·양평 등으로 가는 길로 출동하게 하며, 서로

---

30) 『三國史記』권제20 「嬰陽王本紀」186쪽 "二十四年, 春正月, 帝詔徵天下兵, 集涿郡, 募民爲驍果, 修遼東古城, 以貯軍糧, 二月, 帝謂侍臣日, 高句麗小虜, 悔慢上國, 今拔海移山, 猶望克果, 況此虜乎. 乃復議伐, 左光祿大夫郭榮諫日, 戎狄失禮, 臣下之事, 千鈞之弩, 不爲鼹鼠發機, 奈何親辱萬乘, 以敵小寇乎, 帝不聽."

31) 『資治通鑑』권182 「隋紀」6 煬帝 大業 9年 春 正月조, 5668쪽.

끊임없이 길을 이어 평양에 모두 집합하게 하였는데, 무릇 1백 13만 3천 800명이었고, 2 백만 명이라고 불렸으며, 군량미를 수송하는 사람은 그에 두 배가 되었다.[32]

좌익 12군의 진군 노선 중 「한지(漢志)」를 보면 누방·장잠·조선은 낙랑군에 속하며, 개마는 현도군이며, 개마대산은 요동군이다. 명해는 한의 낙랑군의 해명현이다. 건안·남소·부여는 모두 고구려의 성이다. 옥저는 옛지명으로 신라의 경계에 있다. 호삼성(胡三省)의 주(注)도 이와 같다.

우익 12군의 진군 노선 중 「한지」를 보면 점선·함자·혼미·제해·동시·대방 등의 현은 낙랑군에 속하였다. 후성·양평은 요동군에 속하였다. 임둔은 한 무제의 군명이다. 답돈은 한(漢) 말의 요서 오환 답돈의 소거(所居)이다. 그렇다면 답돈은 분명 요서 지역이다. 숙신은 옛날 숙신씨의 나라고, 그 땅은 말갈이 살고 있다. 갈석은 『우공(禹貢)』의 갈석이다. 두우(杜佑)는 이 갈석이 고구려에 있다고 설명했다. 두우가 말하길 갈석산은 한의 낙랑군의 수성현이며, 진(秦)의 장성은 이 산에서 시작된다는 것이다. 이것도 역시 호삼성의 주이다.

위의 인용문에 따르면, 답돈은 우리가 아는 요서 지역이며, 또한 갈석은 『우공』의 갈석이다. 두우는 갈석은 고구려에 있다고 했는데, 이 지점은 한의 낙랑군 수성현이며 진의 장성이 시작되는 곳이다. 이는 갈석의 시작은 요서 지역이라는 뜻이다. 동이도수항사자(東暆道受降使者)는 육지명(陸知命)이다.[33] 그렇다면 수가 요동지역이 아닌 다른 지역을 공략하려 하였던 것이 분명하다. 서로 끊임없이 평양성으로 집결하게 하여, 무릇 1백13만3천800명이었으며, 그 군량을 수송하는 사람은 그의 두 배였다.

이때의 고구려 공격에 대하여 수의 옥저도 군장 설세웅의 활동로를 주목할 필요가 있다. 즉 『북사』의 「설세웅전」을 보자.

수가 요동 정벌을 할 때, 설세웅이 옥저도 군장이 되었고, 우문술과 함께 평양에서 패배하였다. 돌아올 때에 백석산에서, 도적 백여 명의 포위를 당했으며, 사면에서 비와 같이 화살이 날아왔고, 설세웅은 노약한 병사들로 방진을 짜며, 정예의 기병 2백으로 쳐서 깨드리고,

---

32) 『資治通鑑』권181 「隋紀」5 煬帝 大業 8年 正月조, 5659~5660쪽 "壬午, 詔左十二軍出鏤方·長岑·溟海·蓋馬·建安·南蘇·遼東·玄菟·扶餘·朝鮮·沃沮·樂浪等道, 右十二軍出黏蟬·含資·渾彌·臨屯·候城·提奚·踏頓·肅愼·碣石·東시·帶方·襄平等道, 駱驛引途, 總集平壤, 凡一百一十三萬三千八百人, 號二百萬, 其饋運者倍之."

33) 『隋書』권66 「陸知命傳」遼東之役조, 1561쪽.

파괴하고 돌아왔다. 병사 가운데 도망한 자가 많아, 그 죄로 인하여 면직되었다. 그 다음 해에, 양제가 다시 요동 정벌에 나서, 설세웅은 우후위장군으로 나가, 병사를 거느리고 답돈도로 나아갔다. 군대가 오골성으로 나아갔고, 때에 양현감이 반란하여, 군대가 돌아왔다. 양제는 유성으로 가고, 설세웅은 동북도대사로 임명되어, 연군태수로 있으면서 회원에 진수하였다.[34]

수가 요동을 정벌할 때에 설세웅이 옥저도 군장이 되었다. 우문술과 함께 평양에서 패배하고 돌아 올 때 백석산에서 비처럼 화살이 쏟아 부었다. 그런데 백석산도 고구려 영내인 것 같다. 그러나 고구려의 군대를 피하기 위해 병사들이 방진을 짜고 정예의 기병 2백으로 막아내며 가까스로 회군하였다. 그러나 설세웅의 병사들이 도망자가 너무 많아서 그 죄로 파직되었다. 여기서 설세웅의 병사들이 너무 많이 없어져서 파직되었던 것은 그 군대가 고구려 군대에 전패하였다는 이야기다. 그 다음 해에 양제가 다시 요동 정벌에 설세웅을 우후위장군으로 보내자, 답돈도로 나갔다. 이 답돈도는 요서 오환 답돈의 길이다. 그런데 답돈은 요서 선우였다.[35] 이는 더 들어가면 요하 이동이 아닌 요하 이서이다. 그렇다면 오골성도 어느 곳인지 알 수 있다. 그렇다면 답돈도를 따라 가면 오골성이 있다. 요서 지방에서 요동 지방으로 옮겨 가는 길목이다. 때에 양현감의 반란이 있어 돌아갔다. 수 양제는 유성으로 가고, 설세웅은 동북도대사로 임명되었고, 연군태수로 있으면서 회원에 머물렀다. 일찍이 답돈은 지략이 있는 오환의 왕이었는데, 건안11년(206년)에 위(魏) 태조는 유성의 답돈을 공격하였다. 이 전투에서 답돈은 범성에서 죽었다. 답돈도란 답돈의 길을 표시하기 위한 것이다.[36]

---

34) 『北史』권76 「薛世雄傳」 2606~2607쪽 "遼東之役, 爲沃沮道軍將, 與宇文述同敗績於平壤. 還次白石山, 爲賊所圍百餘重, 四面矢下如雨. 世雄以羸師爲方陣, 選勁騎二百縱擊, 破之而還. 所亡失多, 竟坐免. 明年, 帝復征遼東, 拜右候衛將軍, 兵指蹋頓道. 軍至烏骨城, 會楊玄感反, 班師. 帝至柳城, 以世雄爲東北道大使, 行燕郡太守, 鎭懷遠";『隋書』권65 「薛世雄傳」 遼東之役조, 1534쪽.

35) 『三國志』권1 「魏志」 11年8月, 12年 7月, 8月조.

36) 『三國志』권30 「烏丸傳」 建安11年조, 834~835쪽.

# IX. 고구려와 당 관계

고구려와 수·당 관계는 대립으로 점철되었다. 이와 같은 사실에 대하여서 『신당서』의 「고(구)려전」은 다음과 같이 말하고 있다.

> 황제의 조서를 받은 광주사마 장손사(長孫師)가 전일 고구려가 수나라의 전사들의 유해를 수습하여 제사한 일과, 고구려가 매장자의 경관을 허물어 버리지 않은 것을 보았다. 고건무가 두려워하여, 이에 천리장성을 수축하고, 동북에서 부여성을 쌓고, 서남으로는 바닷가까지 쌓았다.[37]

『신당서』도 『구당서』의 내용과 동일하다. 여기서 문제로 제기되는 것이 돌궐이다. 다시 말해 당이 고구려를 구축하려 한 계기는 누구와의 밀접한 관계이다. 이것으로 인하여 당태종은 고구려를 겨냥하게 된 것이다. 그래서 태종은 봉역도를 기뻐하며 받은 것이다. 당의 광주사마 장손사가 수나라 전사의 시신을 안장한 것을 기쁘게 볼 리 없었다. 고구려 고건무는 연개소문을 시켜서 천리장성을 쌓았다. 고구려는 동북의 부여부터 서남의 해변까지 장성을 쌓았다. 여기서 천리장성을 축조한 것을 볼 때, 고구려의 천리장성 밖의 땅도 있었다는 사실을 알 수 있다.

고구려의 장성에 대해 『삼국사기』는 다음과 같이 기록하고 있다.

> 14년에 당이 광주사마 장손사를 보내어 수대(隋代) 전사의 해골을 (거두어) 파묻고 제사를 지내고, 당시 새운 경관(京觀)을 헐어버렸다. 2월에 왕이 백성을 동원하여 장성을 쌓되 동북은 부여성에서 서남은 바다에까지 이르니 길이가 천여 리요, 무릇 16년 만에 준공되었다.[38]

『신·구당서』에 나온 내용과 차이가 없다. 위 인용문에서 고구려가 수나라에 대한 전승을

---

37) 『新唐書』권220 「高麗傳」 6187쪽 "帝詔廣州司馬長孫師臨瘞隋士戰骸, 毀高麗所立京觀. 建武懼, 乃築長城千里, 東北首扶餘, 西南屬之海."

38) 『三國史記』권제20 「高句麗本紀」제8 (榮留王) 188쪽 "十四年, 唐遣廣州司馬長孫師, 臨瘞隋戰士骸骨, 祭之, 毀當時所立京觀. 春二月, 王動衆築長城, 東北自扶餘城, 東南至海, 千有餘里, 凡一十六年畢功."

기념하려 세운 경관을 헐어버렸다고 하였다. 그리고 뒤 이어서 14년 2월에 고구려 영류왕이 부여성에서 바다에 이르기까지 성을 쌓게 한 것이다. 무려 14년 2월에 시작하여 16년 만의 준공이었다. 이와 관련하여 고구려 영류왕 11년에 당에 사로잡힌 돌궐 힐리가한 사건이 주목된다. 이는 북아시아의 패권이 돌궐을 통해 확립되었음을 의미한다. 그렇다면 천리장성은 고구려가 지향하였던 확대 재생산의 역할을 잃어간 것이다. 고구려의 천리장성은 축소지향적인 성이 남긴 흔적이다.

이 장성의 역(役)은 고구려왕이 연개소문에게 축조시킨 것이다. 그 내용의 일부가 『삼국유사』에 전한다.

> 개금이 또 왕에게 아뢰어 동북쪽과 서남쪽에 긴 성을 쌓았는데, 이때 남자들은 부역에 나가고 여자들이 농사를 지었다. 그 역사는 16년 만에 끝났다. 보장왕 때에 이르러 당 태종이 친히 육군을 거느리고 쳐들어왔으나 또 이기지 못하고 돌아갔다.[39]

고구려의 연개소문이 고구려왕에게 아뢰어 동북쪽과 서남쪽에다 장성을 쌓도록 허락을 받았다. 그렇다면 장성을 쌓는 일을 추진한 것이 연개소문이었다. 물론 장성을 쌓는 것은 남자들의 몫이었다. 여자들은 농사를 지었다. 그 역사가 무려 16년 만에 끝났다. 뒤에 결과로 보아 보장왕 때에 당태종이 몸소 전군을 거느리고 쳐들어 왔으나 이기지 못하고 회군하였다. 이는 연개소문의 행적으로도 당태종도 마음대로 할 수 없었다. 또 고구려 영류왕 때의 영류왕을 죽음으로 몰았던 것은 연개소문의 그 자신의 실수였다. 그렇지 않고서는 고구려 보장왕이 되었던 것도 연개소문의 치적의 결과다.

이런 상황은 고구려와 돌궐 관계가 무너져 버린 것에 기인한다. 이것이 고구려의 천리장성이다. 『삼국사기』의 영류왕 21년에 남방의 경계선을 침략하였다.

---

[39] 『三國遺事』 권3 「寶藏奉老 普德移庵」 98쪽 "蓋金又奏築長城東北西南. 時男役女耕. 役至十六年乃畢. 及寶藏王之世. 唐太宗親統以六軍來征. 又不利而還."

# X. 결론

본문의 첫 부분에서 왕망이 고구려 군사를 동원하여 흉노를 공격하게 했던 사건을 검토하였다. 이 사건을 통해, 고구려가 당시에 흉노를 상대할 정도의 군사력을 지니고 있었다는 점과 함께 고구려가 그들의 서부 변방에 봉작제를 두고 있었음을 알 수 있었다.

다음으로 흉노에 의한 동호의 패망으로 선비와 오환이 형성되어 중원의 동북방을 장악하다 점차 흉노의 본거지를 서쪽으로 밀어내는 상황을 파악해 보았다.

선비족 중에서 강력해진 모용외는 고구려를 공격하였다. 본문에서 언급된, 293년 3월에 모용외가 고구려 봉상왕을 공격하였던 사실은 모용의 고구려 침공에 관한 최초 기록이다. 모용외가 고구려 봉상왕을 기습 공격한 것은 모용부에서 자신의 통솔권을 확고히 하겠다는 목적이 컸기 때문이다. 북부소형 고노자가 5백의 기병으로 모용외를 격퇴함으로 봉상왕은 화를 피하였다. 이는 고구려와의 전쟁에서 모용외의 패퇴라고 말할 수 있다.

본문에서는 선비족 뿐만 아니라 고구려의 서부 변경과 관련하여 위(魏) 및 수와 당과의 대립 및 교류 관계도 서술하였다. 광개토대왕 시기에 당시의 연군을 공격한 사건은 당시 중원의 패권을 잡고있던 후연의 멸망을 촉진시킨 사건으로 분석했다.

수 및 당과 고구려의 전쟁에 대해서는 그 전쟁이 수 및 당의 일방적 침략과 승리가 결코 아니었으며, 그 전쟁을 통해서 고구려의 서부 변경을 해석하는 것에 중점을 두어 설명하였다. 위에 언급한 상황 모두에 대한 새로운 해석은 항상 우리에게 요구되는 것이다.

고구려의 평양과 그 여운

# 3부

# 고구려 평양 이후의
# 관련 역사지리 문제

# 고려국 북계 封疆에 대하여

윤한택 (인하대학교 고조선연구소 연구교수)

## Ⅰ. 서론

경종조 시정전시과에 대하여 이제현은 그의 찬문(贊文)에서, 맹자의 말을 인용하여, 어진 정치는 반드시 경계(經界)에서 시작된다고 하였다.[1] 이로써 국민생활[穀]과 국가 재정[祿]이 균형을 이루기 때문이라고 하였다. 그렇다면, 일국 내부에서의 경계가 국가 사이의 관계로 확대된 것이 국경이고, 그것은 국제 정치 균형의 표현이라고도 할 수 있겠다.

---

이 논문의 자료 정리에 인하대학교 고조선연구소 연구원 김영섭씨의 도움이 있었음

1) 李齊賢贊曰 滕文公問井地於孟子 孟子曰 仁政必自經界始 經界不正 井地不均 穀祿不平 是故暴君汚吏 必慢其經界 經界旣正 分田制祿 可坐而定也 (『고려사』권2 세가2 경종)

고려국 북계, 서북면 국경이 압록(鴨綠)이라는 기록은 『고려사』 지리지 서문에서 비롯되었다.[2] 이 기록은 조선총독부 조선사편수회가 편찬한 『조선사』에서 충실하게 계승되었고[3], 이후 연구서, 개설서에서도 그대로 답습되었다.

그러나, 동일 시기의 기록인 『고려사』 세가 등에서도, 지리지와 상반되는 곳이 적지 않다. 또 동아시아 인접국가인 송, 원 등의 기록에서도 이와 배치되는 기록들을 확인할 수 있다.

이 논고에서는 이들 기록을 체계적으로 검토하여 보다 합리적인 이해를 끌어내 보려고 한다. 그러기 위해서, 방법론적으로 국경의 문제를 영토(領土)와의 연관 속에서 보고, 영토를 중세 고려국가 토지제도의 틀 안에서 구조적이고 유기적으로 살피기로 한다.

고려는 가문국가이다. 가장 강력한 가문인 왕실을 중심으로 대·소·유력·한단 등의 제반 가문이 그물망처럼 얽혀 사회 전체를 이루고 있다. 그러므로 국가는 가문의 유기적 결합체이고, 가문은 국가의 세포형태이다.

가문의 구성 요소는 대지(본관)와 인간(세계)이다. 그것은 일차적으로 생산 활동의 기반이다. 그리고 일정 정도 생산의 발전이 이루어지면, 이를 회계·관리하는 역할로서 독립적 모습을 갖춘 정치권력이 파생한다. 이리하여 생산 활동 종사자의 필요생산물과 문무 활동 종사자의 잉여생산물로의 분화가 이루어진다. 이 잉여생산물은 토지에서 나오는 농업생산물(조), 가호에서 만들어지는 수공업생산물(포), 생산 활동 종사자의 몸을 직접 동원하는 것(역)의 세 가지 형태를 띠고 있었다. 그리고 이 잉여생산물의 실현체계는 촌전−수령−호부−삼사로 그물망처럼 짜여 있었다.

그런데 이러한 잉여생산물의 실현 기반은 원래 가문 내부의 성장에서 비롯되었고, 이 성장의 물적 토대는 지배 권력의 통치 서열에 상응하는 과전으로 공인되었다. 즉 이 토지에서는 국가가 잉여생산물로서 수취하도록 규정된 상기 조·포·역을 면제하는 형식이 채택되었고, 따라서 이 과전 지배지는 해당 가문이 '실제로 먹도록 봉해진', '식실봉' 바로 그것이었다. 말하자면 '가문이 직접 영유하여 경영하는 토지' 즉 가령지, '봉건영주의 직영지'인 셈이다. 그리고 이 가문 대표자에게는 훈계와 작위가 수여되고 있었다. 또한 유력 가문은 이 직영지를 기반으로 해서, 그 세력권 내에 있는 영현·속현의 관리를 매개로 최대 가문

---

2) 西北自唐以來以鴨綠爲限(『고려사』 권58 지12 지리3 북계)
3) 조선총독부 조선사편수회, 1932, 『조선사』 제3편 제1권~제7권, 조선인쇄주식회사

인 왕실로 상징되는 국가와 연결되고 있었다. 고려는 바로 이러한 의미에서의 봉건국가였다.[4]

고려 봉건국가 운영 원리의 기초에는 '전정연립(田丁連立)'이 놓여 있었다. 그것은 사(私)=가(家)와 공(公)=국(國)의 상호전화 과정이다. 또한 이것은 동아시아의 보편적인 전통 관념인 '화가위국(化家爲國)'의 고려적 표현이기도 하다.

여기서 가가 먼저이고 국이 뒤이니, 사가 선(先)이고 공이 後(후)이며(先私後公), 사가 실체이고, 공은 실체의 반영인 관념이다. '공권(公權)', '왕토사상(王土思想)'인 이유이다. 그러나 일단 가가 변화여 국이 되면, 국은 상징적이고 초월적인 실현체로 전화한다. 이제 역전 현상이 발생한다. 국이 가를 규정한다. 국의 추인 없는 가는 없다. 공이 선이고 사가 후로 전화한다(先公後私). '공권력', '왕토사상'은 이제 단순한 관념이 아니다. 상징적이고 초월적인 힘으로 작동한다.[5]

필자는 전정–사전–양반전–가령지로 이어지는 고려 토지제도의 내포적 구조를 실증적으로 확인하기 위하여 일관되게 작업을 진행해 왔다. 이제 이 연구의 흐름을 가문에서 국가로 이행시키는 작업을 남겨 놓고 있다. 가문이 영유하여 경영하는 토지가 '가령지'라면 국가가 영유하여 경영하는 토지는 '영토'에 해당할 만하다. 이는 고려국가의 성격을 규정하는 외연적 작업의 일환이 될 것이다. 그리고 그것은 동아시아 국제질서 속에서 국가 간의 관계를 통하여 가장 잘 드러날 것이다.

그리하여 다음으로 이 연구의 연장선상에서 고려국 영토의 범위, 국경을 확인하는 작업을 진행하기로 한다. 고려 봉건국가의 국경이란 의미를 담은 봉강(封疆), 봉경(封境) 등의 용어를 선택한 것도 그런 맥락에서이다. 우선 이 글에서는 북계로부터 시작한다. 실증 작업의 신뢰도를 높이기 위하여, 직접적으로 경계를 언급하는 사료를 검토하기 전에, 국경을 지시하는 자료로 여겨지는 책봉, 지리, 축성 등 관련 자료를 먼저 검토하기로 한다.

---

4) 윤한택, 2011, 『고려 양반과 양반전 연구』, 경인문화사 제 3장 문벌귀족의 양반전 지배
5) 윤한택, 1995, 『고려전기 사전연구』, 고려대 민족문화연구소

## II. 책봉, 지리지, 축성 기사 검토

봉건국가인 고려의 영토는 가문 가령지의 외연적 확대이다. 그리고 그 영토에 대한 공인은 당시 동아시아 국제 질서 속에서 가장 선명하게 드러난다. 고려국 북계의 봉강을 살펴보려는 이 글의 목적을 달성하기 위해서는, 그러므로 무엇보다 먼저 국제적으로 공인되고 있던 고려국왕의 책봉 사실을 검토하는 것이 첩경일 것으로 보인다.

아래에서 시기 별로, 당시 국제 질서 속에 명멸하던 송, 거란(요), 금, 원 등과 맺었던 책봉 관계를 대표적인 것을 들어 살펴보자.

2-1    겨울 11월 송이 좌사어부솔 우연초, 사농시승 서소문을 파견해서 왕을 책봉하여 광록대부 검교태부 사지절 현토주제군사 현토주도독 대순군사 식읍 3천 호로 삼았다.[6]

송이 경종을 책봉하여 현토주(玄菟州)의 도독, 식읍 3천 호로 삼았다. 그 관할하는 지리적 범위와 호구를 간략하게 보여주고 있다. 고려국의 구성단위인 가문이 본관과 세계로 구성된 것을 외연적으로 확대해 놓은 상징적 표현 요건을 갖추고 있다. 그렇지만, 여기서 우리가 살피는 고려국 북계 봉강을 직접적으로 언급한 기록은 찾을 수는 없다.

계속해서 거란과의 관계도 살펴보자.

2-1-1    여름 4월 거란이 어사대부 상장군 소회례 등을 파견하여 와서 왕을 개부의동삼사 수상서령 상주국 고려국왕 식읍 1만 호, 식실봉 1천 호로 책봉하고, 이어 수레·의복·의식 물건을 하사하였다. 이로부터 다시 거란 연호를 시행하였다.[7]

거란이 현종을 고려국왕, 식읍 1만호 식실봉 1천호로 책봉하고 있다. 여기서는 식실봉 요건이 추가되고 있지만, 역시 상징적 표현에 지나지 않는다.

요로 국호를 바꾼 시기의 기록도 마찬가지이다. 선종을 책봉한 기록이다.

---

6) 冬十一月 宋遣左司禦副率于延超 司農寺丞徐昭文 冊王爲光祿大夫檢校太傅使持節玄菟州諸軍事玄菟州都督大順軍使 食邑三千戶(『고려사절요』권2 경종헌화대왕 원년)

7) 夏四月 契丹遣御史大夫上將軍蕭懷禮等來 冊王開府儀同三司守尙書令上柱國高麗國王 食邑一萬戶 食實封一千戶 仍賜車服儀物 自是 復行契丹年號(『고려사』권4 세가4 현종1 현종12년)

고구려의 평양과 그 여운

2-1-2  계축일에 요가 보정군절도사 소장, 숭록경 온교 등을 파견해 와, 왕을 책봉하여 특진 검교태사 겸중서령 상주국 식읍 1만 호 식실봉 1천 호로 삼았다. 겸하여 면류관·거마·홀·인정·의복·띠·채단 등 물건을 하사하였다. 기미일에 왕이 책문을 남쪽 교외에서 인수하였다.[8]

이런 사정은 금과의 관계에서도 다르지 않다.

2-1-3  금이 대부감 완안종례, 한림직학사 전곡을 파견해 와, 왕을 책봉해서 의동삼사 주국 고려국왕으로 책봉하고, 이어 면류관·의복·코끼리 수레·안장말 등의 물건을 하사하였다. 또 개부의동삼사 상주국을 추가하였다. 예전 사례에 책봉 명령의 인수는 반드시 남쪽 교외에서 이루어졌는데, 지금 종례 등이 조정의 지휘를 받들어 처음으로 왕궁에서 조서를 반포하였다.[9]

그런데 여기서는 인종을 고려국왕으로 책봉했을 뿐, 식읍·식실봉 관련 기록이 나타나지 않고 있다.
원 시기에는 그 직할 통치의 성격 때문에 더 간략한 표현으로 바뀌고 있다.

2-1-4  병자일에 주탁·낙영 등이 와, 우를 책봉해서 왕으로 삼았다. 또 경효왕에게 시호 공민을 하사하였다.[10]

이상에서 보듯이 당시 동아시아 국제 질서 속에서 고려국을 공인하던 책봉 기사에서 그 북계 봉강을 확인할 수 있는 것은 그 상징성뿐이고, 구체적인 지리적 위치에 대한 언급은 발견할 수 없다.
그렇다면, 다음으로 고려국의 지리적 위치를 종합적으로 서술하고 있는 지리지에서 이

---

8) 癸丑 遼遣保靜軍節度使蕭璋崇祿卿溫嶠等來 冊王爲特進檢校太師兼中書令上柱國 食邑一萬戶 食實封一千戶 兼賜冠冕車馬圭印衣帶綵段等物 己未 王受冊于南郊(『고려사』 권10 세가10 선종 선종2년)
9) 金遣大府監完顏宗禮翰林直學士田穀來 冊王爲儀同三司柱國高麗國王 仍賜冕服象輅鞍馬等物 又加開府儀同三司上柱國 故事受冊命 必於南郊 今宗禮等奉朝廷指揮 始於王宮頒詔(『고려사절요』 권10 인종2 인종20년)
10) 丙子 周倬雒英等來冊禑爲王 又賜敬孝王諡恭愍(『고려사절요』 권32 신우3 우왕11년)

것을 확인할 수 있을지를 검토해 보기로 하자.

2-2    그 사방은 서북으로는 당 이래로 압록을 한계로 하고, 동북으로는 선춘령을 경
계로 하였다. 대개 서북으로 이른 곳은 고구려에 미치지 못하고, 동북으로는 이것을 넘었
다.[11]

고려의 서북쪽은 당 이래로 압록을 한계로 하였는데, 그 이르는 곳이 고구려에 미치지
못하였다고 간략하게 서술하고 있다. 그런데 당시 압록의 위치를 이 해당 관련 기록에서는
더 이상 구체적으로 살필 수가 없다. 이와 관련하여 장을 달리하여 다음 장에서『고려사』
에 산견되는 여러 기록을 검토하고 좀 더 구체적으로 천착할 것이다.
지리지 중에는 북계에 대한 개괄적 서술도 보인다.

2-2-1    북계는 본래 조선의 옛 지역이다. 삼국이 존재할 때 고구려의 소유가 되었는데, 보
장왕 27년에 신라 문무왕이 당 장군 이적과 더불어 협공하여 멸망시키고, 드디어 그 지역
을 병합하였다. 효공왕 9년에 궁예가 철원에 근거하여 자칭 후고려왕이라고 하고, 패서 13
진영을 나누어 정하였다. 성종 14년에 경계 내부를 나누어 10도로 삼았는데, 서경 소관을
패서도로 삼았다. 뒤에 북계로 호칭하였다. 숙종 7년에 또 서북면이라고 호칭하였다. 뒤에
황주·안악·철화·장명진을 소속시켰다. 신우 14년 다시 서해도에 소속되었다. 영유한 경이
1, 대도호부 1, 방어군 25, 진 12, 현 10이다. 중엽 이후 설치한 부가 2 군이 1이다.[12]

본래 조선의 예전 땅이고, 삼국 때에는 고구려 소유였으며, 신라 문무왕이 그 땅을 병합
하였고, 궁예가 패서 13진을 나누어 획정하였으며, 성종 14년에 서경 소관을 패서도로 삼
았고, 그 뒤 북계라고 호칭하였다가, 숙종 7년에 서북면으로 호칭하였고, 신우 14년에
다시 서해도에 소속시켰다고 하였다. 이 개괄적인 연혁으로 고려국 서북쪽 영토 경계를 확

---

11) 其四履 西北自唐以來以鴨綠爲限 而東北則以先春嶺爲界 蓋西北所至不及高勾麗 而東北過之(『고려사』권56 지
    10 지리1 총서)

12) 北界 本朝鮮故地 在三國爲高勾麗所有 寶藏王二十七年 新羅文武王與唐將李勣 夾攻滅之 遂倂其地 孝恭王九
    年 弓裔據鐵圓 自稱後高麗王 分定浿西十三鎭 成宗十四年 分境內爲十道 以西京所管爲浿西道 後稱北界 肅宗
    七年 又稱西北面 後以黃州安岳鐵和長命鎭來屬 辛禑十四年 復屬西海道 領京一 大都護府一 防禦郡二十五 鎭
    十二 縣十 中葉以後所置府二郡一(『고려사』권58 지12 지리3 북계)

인하는 것은 불가능하다. 또 거기에 소속되었다는 경 1, 대호호부 1, 방어군 25, 진 1, 현 10, 중엽 이후 두었다는 부 2, 군 1을 구체적으로 살핀다고 해도 이 목적에 부합하는 기사를 찾기는 어렵다.

이제 고려국 북쪽 국경을 살피면서 종래 일차적으로 고려했던 축성 관련 기사를 보기로 하자.

2-3　평장사 류소에게 명령하여 북쪽 경계 관방을 창설하였다. 서해 바닷가 예전 국내성 지계의 압록강이 바다로 유입하는 곳에서 일으켜, 동쪽으로 위원·흥화·정주·영해·영덕·영삭·운주·안수·청새·평로·영원·정융·맹주·삭주 등 13 성곽을 지나, 요덕·정변·화주 등 3 성곽에 도착하며, 동쪽으로 바다로 전달되는데, 연장이 천 여 리이고, 돌로 성곽을 쌓았으며, 높이·두께가 각각 25척이었다.[13]

고려 덕종 2년(1033) 8월 25일에 평장사 류소에게 명령해서 북쪽 경계의 관방을 설치하게 하였다. 그 시작점은 서해 예전 국내성 경계의 압록강이 바다로 들어가는 곳이고, 동쪽으로 화주 등에 이르러 바다로 전달된다고 하였다. 이른바 고려장성으로서, 현재 일반적으로 서해 압록강에서 동해 원산만까지로 표시되고 있는 고려 국경의 중요한 근거로 여겨지고 있다.

그런데, 이후에도 장성은 추가로 설치되고 있다.

2-3-1　정종 원년에 장성을 서북로 송령 이동에 축조하여 변방 침구의 요충을 방어하였다. 또 재전에 축성하고 주민을 옮겨서 채웠다.[14]

즉, 정종 원년(1035) 9월에는 서북로 송령 이동에 장성을 축조하여, 변방 침략을 방어하였고, 또 재전에 축성해서 주민들을 옮겨 살게 하였다.

---

13) 命平章事柳韶 創置北境關防 起自西海濱古國內城界 鴨綠江入海處東跨威遠興化靜州寧海寧德寧朔雲州安水淸塞平虜寧遠定戎孟州朔州等十三城 抵耀德靜邊和州等三城 東傳于海 延袤千餘里 以石爲城 高厚各二十五尺 (『고려사절요』권4 덕종경강대왕 덕종2년)

14) 靖宗元年 築長城於西北路松嶺迤東 以扼邊寇之衝 又城梓田 徙民實之(『고려사』권82 지36 병2 城堡 정종 원년)

뿐만 아니라 이 장성 밖에서 경작이 이루어지고 있었다.

2-3-2　27년 4월에 서북로병마사가 상주하여, 장성 바깥 개간전토 1만 1천 4백 94경
은 가을을 기다려 수확해서 군수의 자산으로 삼기를 청원한다고 하니, 제칙으로 윤허하였
다.[15]

문종 27년(1073) 4월 서북로병마사의 상주로, 장성 밖 개간 토지 11,494경을 수확해서
군량으로 삼도록 하고 있다.

장성은 또한 이후에도 중축이 이루어지고 있었고, 이 변경 지역에서 다툼도 일어나고 있
었다.

2-3-3　14년 장성 3척을 증축하였는데, 금 변방 관리가 군사를 발동하여 제지하였지만,
따르지 않았다. 또 통보하여 말하기를, 예전 성곽을 보수한다고 하였다.[16]

예종 14년(1119)에 장성 3척을 증축하자, 금의 변방 관리가 군사를 발동하여 저지하였
는데, 무시하였고, 또 옛 성곽을 보수한 것이라고 통보하고 있다.

이렇게 보면, 변경 지역에서의 축성은 문자 그대로 관방, 방어 지점이지 그것이 국경선
인지는 추가적인 검토가 필요하다.

이 장에서는 동아시아 국제 질서 속에서 봉건국가 고려국이 공인받고 있던 북계 봉강을
확인하기 위하여 대표적인 책봉, 지리지, 축성 관련 기사를 검토하였다. 책봉 관련 기사는
추상적이고, 지리지 관련 기록은 모호하며, 축성은 방어 지점이지만 국경인지는 추가적인
검토기 필요하다는 것이 명백해졌다. 이제 이 문제를 해결하기 위하여 직접적으로 경계를
언급한 기사들로 옮겨 가 보자.

---

15) 二十七年四月 西北路兵馬使奏 長城外墾田一萬一千四百九十四頃 請待秋收穫 以資軍儲 制可(『고려사』권82
　　지36 병2 屯田[兵糧付] 문종27년)
16) 十四年 增築長城三尺 金邊吏發兵止之 不從 且報曰修補舊城(『고려사』권82 지36 병2 城堡 예종14)

# III. 경계 기사 검토

이상에서 대략 기원 후 10세기부터 14세기까지 동아시아 국제 질서 속에서 고려 봉건국
가가 송·요·금·원 등 주요 국가와 교류하면서 공인받고 있었던 북계 봉강을 확인하기 위하
여 책봉, 지리, 축성 사료를 검토하였다. 그런데 이들 사료는 직접적으로 그 지리적 위치를
구체적으로 명시하는 데 초점이 맞춰져 있는 것은 아니었다. 따라서 그 다음 수순으로 이
제 고려국 북계의 봉강을 직접 언급한 기록을 찾아 검토해 보기로 한다.

3-1    궁예 말년에 배현경·신숭겸·복지겸과 더불어 함께 기병 장군이 되었다. 비밀 모
의하고 밤에 태조 집에 가서 말하였다. "삼한이 분열하고부터 도적 무리가 다투어 일어났는
데, 지금 국왕이 어깨를 떨치고 크게 소리치며, 드디어 초적의 침구를 소멸시키고 요좌를
셋으로 분할하여 그 태반을 점거하고는, 나라를 세우고 도읍을 정한 지 장차 20여 년이 되
었습니다. (하략)"[17]

이 기록은 고려 태조 왕건이 배현경 등의 추대를 받아 궁예를 몰아내고 즉위하던 918년
6월 14일의 상황에 대한 『고려사』의 언급이다. 여기서 삼한이 분열하고부터 도적의 무리
가 다투어 일어나니, 궁예가 어깨를 용감하게 떨치고 크게 소리치며, 드디어 초적을 토벌
하고 셋으로 나누어진 요좌(遼左)의 과반을 근거로 하여 나라를 세우고 도읍을 정하였다고
하였다. 그리고 이 혁명은 은나라 말기 걸·주의 혼미함을 철폐하고 주나라의 분명함을 세
운 천하의 대의로 표방되고 있다.

여기서 후삼국 궁예가 근거한 국가의 영토를 요좌로 표현하고 있다. 이 용어는 지금 우
리가 계속해서 검토할 관련 용례 맥락에서는 요동(遼東)을 의미할 개연성이 크다. 이 개연

---

17) 弓裔末年與裴玄慶申崇謙卜智謙同爲騎將 密謀夜詣太祖第言曰 自三韓分裂 群盜競起 今王奮臂大呼 遂夷滅草
寇 三分遼左 據有大半 立國定都 將二紀餘 今不克終 縱虐太甚 濫刑以逞 殺妻戮子 誅夷臣僚 民墜塗炭 疾之如
讐 桀紂之惡 無以加也 廢昏立明天下之大義 請公行殷周之事 太祖作色拒之曰 吾以忠義自許 王雖暴亂 安敢有
二心 以臣伐君 斯謂革命 予實不德 敢效湯武之事乎 恐後世以爲口實 古人云 一日爲君 終身爲主 況延陵季子曰
有國非吾節也 乃去而耕焉 吾豈過季子之節乎 儒等曰 時難遭而易失 天與不取 反受其咎 國中民庶受毒痛者 日
夜思欲復之 且權位重者 並遭虐殺 略無所遺 今之德望 未有居公右者 衆情所以望於公也 公若不從 吾等死無日
矣 況王昌瑾鏡文如彼 豈可違天死於獨夫之手乎 於是 諸將扶擁而出 黎明坐於積穀之上 行君臣之禮 令人馳且
呼曰 王公已擧義旗矣 裔聞之 驚駭亡去 太祖卽位(『고려사』권92 열전5 홍유)

고려국 북계 封疆에 대하여          151

성은 잠시 제쳐두더라도 우선 이 사료에 근거하면 이 10세기 동아시아 국제 질서 속에서 한반도의 정치 세력이 미치는 지리적 범위가 '요'를 지표로 하고 있었음은 명확하다.

이 기사에서의 요좌라는 용어가 함축하는 지리적 범위를 조금 더 명확하게 보여주는 사료는 이보다 7년 뒤인 태조 8년(925) 12월 발해 멸망 기사에서 확인할 수 있다.

3-2    거란이 발해를 멸망시켰다. 발해는 본래 속말말갈이다. 당 무후 때에 고구려인 대
조영이 요동으로 달려가 보존하였다. 예종이 책봉하여 발해군왕으로 삼았는데, 기인하여
자칭 발해국이라고 하고, 부여·숙신 등 10여 국을 병합하였다. 문자·예악·관부의 제도가
있었고, 5경 15부 62주에, 지역은 사방 5천 여 리였고, 민중은 수 십 만이었으며, 우리 경
계에 인접하였다.(하략)[18]

이 기록에서 발해 건국자인 고구려인 대조영이 근거한 곳이 요동이며, 그 영역은 5경 15부 62주이고, 사방 5천 여 리며, 인구가 수 10만이고, 고려의 지경[境]이 인접해 있다고 하였다. 또 거란과 대대로 적대하였는데, 거란주가 홀한성을 포위하여 발해를 멸망시키고 동단국으로 바꾸었으며, 그 유민 수 만 호가 고려로 망명하였다고 하였다. 여기서 현재의 주제와 관련하여 정밀하게 음미할 용어는 '요동(遼東)'과 '인접 지경[隣境]'이다. 상기 3-1 사료와 관련해서 이 요동은 요좌와 같은 실체로 읽는 것이 순조로울 것 같다. 이 사료에 근거하여 요좌를 요동의 왼쪽, 즉 한반도 내부로 읽고, 이어지는 인접 지경과 아울러 그것을 재차 확인시켜주는 것으로 이해하는 독법도 있을 수 있을 법하다. 그렇지만 다음에서 계속 검토되는 사료와 연관하여 살피면, 전자의 독법인 요좌=요동으로 읽고, 그 경계 지표로 '요'를 이해하며, 그 좌측, 동편인 요좌=요동은 이른바 '변경지역(邊境地域)'으로 이해하는 것이 사실에 가까울 듯하다. 계속해서 사료를 보기로 하자.

3-3    12년에 거란이 침략해 왔다. 희가 중군사가 되고, 시중 박양유·문하시랑 최량과

---

18) 契丹滅渤海 渤海本粟末靺鞨也 唐武后時 高勾麗人大祚榮 走保遼東 睿宗封爲渤海郡王 因自稱渤海國 倂有扶
餘肅愼等十餘國 有文字禮樂官府制度 五京十五府六十二州 地方五千餘里 衆數十萬 隣于我境 而與契丹世讎
契丹主大擧攻渤海 圍忽汗城滅之 改爲東丹國 其世子大光顯 及將軍申德 禮部卿大和鈞 均老司政大元鈞 工部
卿大福譽 左右衛將軍大審理 小將冒豆干 檢校開國男朴漁 工部卿吳興等 率其餘衆 前後來奔者數萬戶 王待之
甚厚 賜光顯姓名王繼 附之宗籍 使奉其祀 僚佐皆賜爵(『고려사절요』권1 태조신성대왕 태조 8년 12월)

고구려의 평양과 그 여운

더불어 북계에 주둔하여 수비하였다. 성종이 스스로 거느리고 방어하려고 하여, 서경으로 행차하였다. 진군하여 안북부에 머물렀다. 거란 동경유수 소손녕이 봉산군을 공격·격파하고, 우리 선봉군 사신인 급사중 윤서안 등을 포획하였다. 성종이 듣고, 진군하지 못하고 이에 귀환하였다. (중략) 성종이 신하들을 모아 논의하였다. 혹자는 서경 이북을 할양하고 황주에서 절령까지를 구획하여 봉강으로 삼자고 하였다. (중략) 희가 상주하여 말하였다. "거란 동경에서 우리 안북부까지 수 백 리 땅은 모두 생여진이 근거하는 곳이 되었는데, 광종이 탈취하여 가주·송성 등 성곽을 축조하였습니다. 지금 거란이 온 것은 그 뜻이 이 두 성곽을 취득하려는 데 불과합니다.(하략)" (중략) 희가 말하기를, "아니다. 우리나라가 바로 고구려의 옛 지역이다. 그러므로 고려로 호칭하고, 평양에 도읍하였다. 만약 토지 경계를 거론하면, 상부 국가의 동경이 모두 우리의 지경에 존재하니, 어찌 침식했다고 할 수 있겠는가, 또 압록강 내외도 역시 우리 지경 안이다.(하략)" (하략)[19]

---

19) 十二年 契丹來侵 熙爲中軍使 與侍中朴良柔 門下侍郎崔亮 軍于北界備之 成宗欲自將禦之 幸西京 進次安北府 契丹東京留守蕭遜寧 攻破蓬山郡 獲我先鋒軍使給事中尹庶顔等 成宗聞之 不得進而還 熙引兵欲救蓬山 遜寧聲言 大朝旣已奄有高勾麗舊地 今爾國侵奪疆界 是以來討 又移書云 大朝統一四方 其未歸附期於掃蕩 速致降款 毋涉淹留 熙見書 還奏有可和之狀 成宗遣監察司憲借禮賓少卿李蒙戩 如契丹營請和 遜寧又移書云 八十萬兵至矣 若不出江而降 當殄珍滅 君宜速降軍前 蒙戩至營 問所以來侵之意 遜寧曰 汝國不恤民事 是用恭行天罰 若欲求和 宜速來降 蒙戩還 成宗會群臣議之 或言 車駕還京 令重臣軍乞降 或言 割西京以北與之 自黃州至岊嶺 畫爲封疆 成宗將從割地之議 開西京倉米 任百姓所取 餘者尙多 成宗恐爲敵所資 令投大同江 熙奏曰 食足則城可守 戰可勝也 兵之勝負 不在强弱 但能觀釁而動耳 何可遽令弃之乎 況食者民之命也 寧爲敵所資 虛弃江中 又恐不合天意 成宗然而止之 熙又奏曰 自契丹東京 至我安北府 數百里之地 皆爲生女眞所據 光宗取之 築嘉州松城等城 今契丹之來 其志不過取此二城 其聲言取高勾麗舊地者 實恐我也 今見其兵勢大盛 遽割西京以北與之 非計也 且三角山以北 亦高勾麗舊地 彼以谿壑之欲 責之無厭 可盡與乎 況割地與敵 萬世之恥也 願駕還都城 使臣等一與之戰 然後議之未晩也 前民官御事李知白奏曰 聖祖創業垂統 洎于今日 無一忠臣 遽欲以土地 輕與敵國 可不痛哉 古人有詩云 千里山河輕孺子 兩朝冠劍恨焦周 盖謂焦周爲蜀大臣 勸後主納土於魏 爲千古所笑也 請以金銀寶器賂遜寧 以觀其意 且與其輕割土地 弃之敵國 曷若復行先王燃燈八關仙郎等事 不爲他方異法 以保國家致大平乎 若以爲然 則當先告神明 然後戰之與和 惟上裁之 成宗然之 時成宗樂慕華風 國人不喜 故李知白及之 遜寧以蒙戩旣還 久無回報 遂攻安戎鎮 中郎將大道秀 郎將庾方 與戰克之 遜寧不敢復進 遣人促降 成宗遣和通使閤門舍人張瑩 往契丹營 遜寧曰 宜更以大臣 送軍前面對 瑩還 成宗會群臣問曰 誰能往契丹營 以口舌却兵 立萬世之功乎 群臣無有應者 熙獨奏曰 臣雖不敏 敢不惟命 王出餞江頭 執手慰藉而送之 熙奉國書 如遜寧營 使譯者問相見禮 遜寧曰 我大朝貴人 宜拜於庭 熙曰 臣之於君 拜下禮也 兩大臣相見 何得如是 往復再三 遜寧不許 熙怒還 臥所館不起 遜寧心異之 乃許升堂行禮 於是 熙至營門下馬而入 與遜寧分庭揖 升行禮 東西對坐 遜寧語熙曰 汝國興新羅地 高勾麗之地 我所有也 而汝侵蝕之 又與我連壤 而越海事宋 故有今日之師 若割地以獻 而修朝聘 可無事矣 熙曰 非也 我國卽高勾麗之舊也 故號高麗 都平壤 若論地界 上國之東京 皆在我境 何得謂之侵蝕乎 且鴨綠江內外 亦我境內 今女眞盜據其間 頑黠變詐 道途梗澁 甚於涉海 朝覲之不通 女眞之故也 若令逐女眞 還我舊地 築城堡通道路 則敢不修聘 將軍以臣言 達之天聰 豈不哀納 辭氣慷慨 遜寧知不可强 遂具以聞 契丹帝曰 高麗旣請和 宜罷兵 遜寧欲宴慰 熙曰 本國雖無失道 而致上國勞師遠來 故上下皇皇 操戈執銳 暴露有日 何忍宴樂 遜寧曰 兩國大臣相見 可無歡好之禮乎 固請 然後許之 極歡乃罷 熙 留契丹營七日而還 遜寧贈以駝十首 馬百匹 羊千頭 錦綺羅紈五百匹 成宗大喜 出迎江頭 卽遣良柔爲禮幣使入覲 熙復奏曰 臣與遜寧約 盪平

성종 12년(993) 거란 침입 관련 기사이다. 이때 서희가 중군사가 되어, 시중 박양유, 문하시랑 최량과 더불어 북계(北界)에 군대를 주둔하고 대비하였다. 이에 성종이 (북계 주둔군을) 스스로 거느리고 (거란을) 방어하기 위해 서경(西京)으로 행차하려고 하였고, 진군하여 안북부에 머물렀다. 이때 거란동경유수 소손녕이 봉산군을 공격하여 격파하고 우리 선봉군의 사신인 급사중 윤서안 등을 포획하였는데, 성종이 이것을 듣고 더 진군하지 못하고 돌아왔다. 여기서 우리가 유의할 구절은 거란을 방어하기 위해 군대가 주둔한 북계가 서경이거나 그 부근이라는 것, 그 지점은 안북부, 봉산군보다 북쪽이라는 것이다.

여러 대응 방안 중에 서경 이북의 땅을 할양하고, 황주에서 절령까지를 구획하여 봉강으로 삼자는 논의가 있었다. 서희가 주장하기를, 거란 동경에서 우리 안북부까지의 수 백 리 땅은 모두 생여진이 근거한 곳인데, 광종이 취득해서 가주·송성 등의 성곽을 축조하였다고 하였다. 또 소손녕과 담판하면서, 우리나라가 바로 고구려의 옛 나라이므로 국호를 고려라고 하고 평양에 도읍하였으니, 만약 토지의 경계[地界]를 논한다면 상국(上國)의 동경이 모두 우리 지경의 안에 있는 것이며, 또한 압록강의 안팎 역시 우리의 지경 안이라고 하였다. 여기서 유의할 부분은, 거란 동경에서 우리 안북부까지 수 백 리 땅에 광종이 축성하였다는 것, 또 옛 고구려의 평양에 도읍하였다는 것, 거란 동경도, 압록강 내외도 우리 영토라는 것이다.

이상을 종합하면, 우리 봉강은 압록강 밖까지 걸쳐 있으며, 우리 북계는 안북부와 봉산군의 북쪽에 있는 옛 고구려 평양인 당시 고려 서경이거나 그 부근이 된다. 요컨대 요동 지역이 고려국의 봉강이라는 것이다. 아울러 요좌는 요동과 같은 대상을 지칭할 개연성도 더 커진다.

서경, 평양, 요동과의 관련성에서 대해서는 거란의 침공이 있기 3년 전인 성종 9년(990) 서경 행차와 관련한 다음 기록이 주목된다.

3-3-1  기묘일에 교시해서 말하였다. "우리 태조가 시기에 조응하여 세상에 내려와 덕성을 펼치고 사람들에게 강림하니, 모든 고을이 궁정으로 오고 삼한이 안도하였다. 남쪽을 향하여 존귀하게 거처하며 서경을 창설하고 종실의 친척을 선발해서 인후의 지역을 수비하였

---

女眞 收復舊地 然後朝覲可通 今織收江內 請俟得江外 修聘未晩 成宗曰 久不修聘 恐有後患 遂遣之(『고려사』권 94 열전7 서희)

고구려의 평양과 그 여운

다. (중략) 이 평양의 웅장한 도읍에 근거해서 우리 조종의 패권 사업을 공고하게 하였다. (중략) 10월을 선택하여 요성에 가서 조상 사당의 옛 법규를 거행하고 국가의 새 명령을 반포하려고 한다.(하략)"[20]

여기서 서경은 평양 웅도이고, 요성(遼城)이라고 명시하고 있다. 즉 서경, 평양, 요성은 같은 실체로 파악되고 있고, 그 지역이 요(遼)와 관련되어 있음을 직접 시사하고 있다. 이 서경과 관련하여서는 다음의 기사가 눈이 띈다.

3-3-2  태조 원년에 평양대도호부를 설치하여 중시하는 신하 2인을 파견하여 수비하고, 참관·보좌 4·5인을 두었다. 성종 14년에 지서경유수사 1인 3품 이상, 부유수 1인 4품 이상, 판관 2인 6품 이상, 사록참군사 2인·장서기 1인 아울러 7품 이상, 법조 1인 8품 이상을 두었다.[21]

서경은 태조 원년(918)에 평양대도호부 설치로 시작하여, 성종 9년(990) 서경 행차가 이루어지고, 그 3년 뒤인 성종 12년(993)에 거란의 침입을 받았으며, 그 2년 뒤인 성종 14년(995)에 서경유수관을 설치하여 기구를 확대하였다. 즉 이 기록에 근거하는 한 이 시기까지의 서경은 요동 지역에 있었을 개연성이 큰 것이며, 따라서 이 시기 고려국의 봉강을 요동 지역까지로 볼 수 있게 된다.

고려국 봉강에 관한 기록은 이후 약 80년이 지난 문종 26년(1072) 송나라에 사신으로 갔던 김제가 가지고 돌아온 송 황제의 칙서 중에서 보인다.

---

20) 己卯 教曰 我太祖應期降世 敷德臨人 百郡來庭 三韓安堵 尊居南面 創置西京 差宗室之親 守咽喉之地 分司職務 各掌權機 每當春秋 親修齋祭 欲防戎虜 以固藩籬 憑玆平壤之雄都 固我祖宗之霸業 厥後 聖神相繼 社稷以寧 或依前跡以遵行 或命近臣而發遣 臨時制斷 歷代風殊 寡人謬以眇冲 早承顧托 感當年之盛化 每切心遵 聞往日之洪猷 如承面訓 今者天人合慶 遐邇咸寧 三農共賀於豐穰 九穀皆登於實熟 欲取十月 言邁遼城 行祖禰之舊規 布邦家之新令 非但視關河之夷險 將兼知黎庶之安危 減增尹牧之員 刪定山川之祀 其行次儀仗 侍從官僚 御膳樂官 皆當減損 西都留守官 幷沿路州縣守令 諸鎭戎帥 不得輒離任所 稟予儉素之訓 戒爾繁華之風(『고려사』권3 세가 성종 9년)

21) 太祖元年 置平壤大都護府 遣重臣二人守之 置叅佐四五人 成宗十四年 置知西京留守事一人三品以上 副留守一人四品以上 判官二人六品以上 司錄叅軍事二人掌書記一人並七品以上 法曹一人八品以上(『고려사』권77 지31 백관2 외직 서경유수관)

3-4   갑술일에 김제가 송에서 귀환하였다. 황제가 칙서 5통을 붙였다. (중략) 그 다섯
번째에서 말하였다. "사신 김제가 상주한, 보소왕사 등의 처소에 은을 납부하여 재계를 설
치하고 성인의 장수를 축하한 사안을 살폈다. 기자가 책봉을 열어 요좌에서 시작하고, 승려
가 불교를 연출하니 좇아 천하에 소재하게 되었다. (하략)"[22]


여기서 고려국의 봉강의 시원으로서 기자가 거론되고, 그가 책봉을 개시한 곳이 요좌(遼
左)로 명기되고 있다. 즉 후삼국 궁예의 정치적 무대였던 요좌와 같은 표현으로 볼 수 있으
며, 이는 바로 요동과 같은 의미로 보아도 좋을 것 같다.

요좌를 고려국 봉강으로 명기한 송나라 황제의 칙서가 전달되었던 문종 26년(1072)으로
부터 3년 뒤인 동왕 29년(1075)에는 당시 동아시아 국제 질서 속에서 송, 요, 고려 3국 사
이의 국경 분쟁 기록이 보인다.

먼저 송 신종 희령 8년(1075) 4월 병인에서 이 사실을 다음과 같이 기록하고 있다.


3-4-1   병인일에 요 국신사 소희 등이 자신전에서 작별하니, 수공전에 술자리를 마련하
였다. 요 군주에의 회답 서한에서 말하였다. (전략) 처음에 소소 양영이 이미 유침·여대충

_____

22) 甲戌 金悌還自宋 帝附勑五道 其一日 卿繼奕世而有邦 以勤王爲可願百名修貢 旣申琛贄之儀 累幅摛辭 更致燠
寒之間 其勤至矣 何慰如之 其二日 卿世綏三韓 雄視諸部 而能謹事大之節 堅面內之誠 乃心朝廷 寔發寤寐 有嘉
侯庶克紹先猷 省閱以還 襃嘆良至 其三日 忠孝之純 雖遠而應 往來之尙無德不酬 載嘉述職之勤 宜有解衣之錫
今人使金悌迴賜國信物色 別賜衣帶錦綺等 具如別幅 至可領也 其四日 人使金悌至省所進奉 御衣二領 黃闌衫
一領 銷金紅羅袂複紅鳳便服一領 銷金紅羅袂複 共用銀鈒鏤粧烏漆箱盛 金鍍銀鏤輪封 全紅梅花羅袂帕外冪 金
腰帶一條重四十兩 紅羅繡袂袋 銀鈒鏤匣重八十兩 紅羅繡袂複封 全紅梅花羅袂帕外冪 金束帶一條重三十兩 紅
羅繡袂袋 銀鈒鏤匣重六十兩 紅羅繡袂複封 全紅梅花羅袂帕外冪 金合二副共重六十兩 各副盛闒勒帛二條 闒袂
袋子二枚 銷金紅梅花羅袂複封 全共用紅梅花羅袂帕外冪 金盤盞二副共重四十兩 紅梅花羅袂複封 全共用紅梅
花羅袂帕外冪 金注子一副重六十五兩 紅梅花羅袂複封 全紅梅花羅袂帕外冪 金腰鑼一隻重一百五十兩 紅梅花
羅袂複封 全紅梅花羅袂帕外冪 紅闒倚背六隻紅梅花羅袂複 黃闒倚背四隻紅梅花羅袂複 紅闒褥六隻紅梅花羅
袂複 黃闒褥四隻紅梅花羅袂複 共用銀鈒裝烏漆箱二副盛 銀鏤輪封 全紅梅花羅袂帕外冪 細刀四張 共用紅梅
花羅袂袋盛 哮子箭二十四隻 細鏃箭八十隻 金鍍銀鈒闒器仗二副 紅錦袂袋封 全白銀裝黑皮器仗一副 紅錦袂袋封
全金鍍銀裝白皮器仗一副 紅錦袂袋封 全共用紅梅花羅袂帕外冪 銀裝長刀二十隻 銀鈒鏤裝烏漆鞘綵飾 全白錦
外袋十箇封 全靑錦外袋十箇封 全共用紅梅花羅袂帕外冪 細馬四匹 鞍二副 金鍍銀橋瓦鉸具 闒大小韂韉 紅羅
鞍褥等 全紅羅繡袂帕外冪 鞍二副 銀鈒鏤橋瓦鉸具 黑皮大韂 紅羅小韂 紅羅鞍褥等 全紅羅繡袂帕外冪 香油二
十缸 松子二千二百斤 人參一千斤 生中布二千匹 生平布二千匹 事具悉 卿世撫遼東 寔冠帶禮義之國 心存闕下
希文物聲明之風 爰遣使人遐將貢篚 承考惟孝事大則 忠發於至誠褧是雙美 覽閱之際 嘉嘆良多 今使回賜卿銀器
等 具如別幅 至可領也 其五日 省人使金悌奏 於普炤王寺等處 納附銀設齋祝聖壽事 箕子啓封肇於遼左 僧伽演
敎迶在泗濱 會使指之來 斯致齋修而勤甚 載披善祝 益炤端誠 帝以本國尙文 每賜書詔 必選詞臣着撰而擇其善
者 所遣使者其書狀官 必召赴中書 試以文 乃遣之(『고려사』권9 세가9 문종3 문종26년 6월)

과 모여서 지역 경계를 논의하였는데, 오래 결정하지 못하였으므로, 희를 파견하여 다시 왔다. (중략) 희는 단지 분수령을 경계로 삼을 것을 고집하였지만, 역시 어느 곳이 분수령인지를 특별히 명백하게 하지 않았다. (중략) 또 내시 이헌을 파견해 제시하여, 장련성 육번령을 경계로 삼을 것을 허락하고, 변방 원경을 아울러 포사를 탐색해서 근처로 옮겼다. (중략) 만약 분수처를 지정하지 않으면 아마도 점검·시찰할 때 분별·적발하기 어렵게 될 것이다. 일. 이복만 지역은 현재 개설된 참호처 분수령을 경계로 삼도록 허락한다. (중략) 고려는 거란에 신하로서 귀속되었고, 조정에 오래 조공을 단절하였는데, 이전에 절강 경로로 사람을 파견해서 불러 왔다. 또 고려는 작은 나라이니, 어찌 거란의 융성함을 감당하겠는가. 오든 안 오든 국가에 손익이 없는데, 거란이 이것을 알고 장차 조정이 자기를 도모할 것이라고 하니, 바로 거란이 의심하는 것이다.(하략)[23]

---

23) 丙寅 遼國信使蕭禧等辭于紫宸殿 置酒垂拱殿 答遼主書曰 兩朝繼好 六紀于茲 事率故常 誼存悠久 比承使指 諭及邊陲 已約官司 偕從辨正 當守封圻之舊 以需事實之分 而信介未通 師屯先集 侵焚堠戍 傷射巡兵 擧力力爭 殊非和議 至欲當中獨坐 位特改于臣工 設次橫都 席又難于賓主 數從理屈 纔就唔言 且地接三州 勢非一槩 輒擧西陲之偏說 要該諸寨之提封 屢索文憑 既無據驗 欲同案視 又不準從 職用乖違 滋成濡滯 窺慮有司之失指 曾非與國之本謀 茲枉軺車 再垂函問 重加聘幣 彌見歡悰 然論霊事之侵 盡置公移之顯證 述邊臣之議 獨尤病告之愆期 深認事端 多非聞達 重念合天地鬼神之聽 共立誓言 守祖宗疆土之傳 各完生聚 不啬金繪之巨萬 肯貪壤地之尺尋 特欲論辨 使無侵越 而行人留館 必於分水以要求 樞府授辭 期以興師而移拆 豈其歷年之信約 遂以細故而變渝 已案興圖 遙爲申畫 仍令職守 就改溝封 退還英爽 洞加照悉 參知政事呂惠卿之辭也 初 蕭素梁穎既與劉忱呂大忠會議地界 久不能決 故遣禧復來 命韓縝王師約館伴 禧既致國書 又出其國箚子一通以進 其大指如素穎所言 且以忧等遷延爲言 (중략) 縝等日與禧爲難 禧但執以分水嶺爲界 然亦不別白何處爲分水嶺也 詔論以兩朝和好年深 今既欲委邊臣各加審視 尙慮忱等所奏未得周悉 已改差縝同張誠一乘驛詣境上 和會商量 令禧以此歸報 禧不受命 又遣內侍李憲齎詔示之 許以長連城六蕃嶺爲界 而徙並遠遠探鋪舍于近裏 長連城六蕃嶺 治平二年契丹嘗於此置鋪矣 邊人以其見侵毁之 後不復來 至是許其卽舊址置鋪 而禧猶不從 執議如初 上不得已 議先遣沈括報聘[沈括充回謝在三月二十一日癸丑] 于是樞密院言 本朝邊臣見用照證長連城六蕃嶺爲界 公牒六十道 多是北界聲說關口把鋪等處捉賊或交蹤 並在長連城六蕃嶺之北 內順義軍重熙二年[重▨二年 卽明道二年] 三月十八日牒稱 南界送到於山後長連城兩界分水嶺上收捉賊人張奉遠等 不合過界 準法斷訖 又順義軍淸寧九年[兩朝史稱淸寧九年卽治平四年 誤也 淸寧九年乃嘉祐七年]十月牒 捉到截奪南界代州崞縣赤渥膠主戶白友牛賊人事 既指長連城分水嶺上爲兩界 幷稱白友係代州崞縣主戶 顯見不以古長城幷近裏分水嶺爲界 治平二年起移北界鋪舍 卽無侵越地界 今聖旨只以兩朝通和歲久 所以令於長連城六蕃嶺南依舊址修蓋 已是曲敦和好 今禧更指分水嶺爲界 緣所在山嶺水勢分流 皆謂之分水嶺 昨蕭素等所執照證文字三道 除大石義興治兩寨已爲北界侵越 不經治平年發遣 見不以長連城爲界外 其西陲寨執張慶文字爲據 言分水嶺上有土隴 據所指處卽無土隴 兼慶文字指雁門寨地至北界遮虜軍十一里 今雁門寨至長連城約八九里 長連城至遮虜軍約二里 又證得長連城爲界 兼忱等曾牒素等 令指定是何山名爲分水 素等牒回 但稱 沿邊山名地里界至 南界足可自知 豈可移文會問 顯見原無指定去處 今禧所執 與素同 全無照驗文字 欲令沈括等到北朝日 見將用照證文字 一一聞達北朝詔 國家與契丹通和年深 終不欲以疆場細故有傷歡好大體 既許以治平年蓋鋪處依舊址修蓋 務從和會 卽更不論有無照驗 若不指定分水處 卽恐檢視之時 難爲擺撥 一 李福蠻地 許以見開壕塹處分水嶺爲界 一 水峪內義兒馬鋪幷三小鋪 卽挪移近南 以見安新鋪山頭分水嶺爲界 一 自西陲寨地方 以第一第二第三第四第五遠探白草鋪山頭分水嶺向西接古長城爲界 一 黃嵬山地 已經仁宗朝差官與北界官吏於聶再友等已侵耕地外 標立四至訖 及天池廟 順義軍牒稱地理係屬寧化軍 並無可商議 一 瓦窰塢地 前來兩界官司商量未了 今已指揮韓縝等一就檢視 擺撥處以分水嶺

이때 요 국신사 소희를 통해 요 군주에게 보낸 답서에서, 고장성(古長城)과 근처 분수령을 경계로 삼기를 요구하는 요의 주장이 근거가 없다고 해명하고, 장련성 육번령을 경계로 삼는 것이 타당하다고 주장하며, 각 분수처를 명기하고 있다. 또한 요의 침입에 대비하는 방략을 논의하는 가운데 고려와의 관계 설정이 논의되고 있기도 하다.

이 사건이 있던 같은 해의 석 달 뒤인 고려 문종 29년(1075) 7월에 요 동경병마도부서가 추밀원의 차자를 받들어 통첩을 발송하여, 압강(鴨江) 이동의 강역을 다스릴 것을 요청하였다.

3-4-2  계유일에 요 동경병마도부서가 추밀원 차자를 받들어 통첩을 발송하고, 압강 이동의 강역을 다스릴 것을 요청하였다. 기묘일에 지중추원사 류홍·상서우승 이당감을 파견하여 요 사신과 함께 토지 분계를 심의·작정하였는데, 확정하지 못하고 돌아왔다.[24]

고려에서는 이에 중추원사 류홍, 상서우승 이당감을 파견하고, 요 사신과 함께 토지 분계를 심의하여 책정하려고 하였으나, 확정하지 못하고 돌아왔다.

그런데, 여기서 강역의 기준이 되는 압강에 대하여 당시 진정표를 썼던 박인량의 열전에서는 다음과 같이 기록하고 있다.

3-4-3  요가 일찍이 압록강을 넘어 경계를 삼으려고 하였다. 배다리를 세우고 동쪽 언덕을 넘어 보주성을 설치하였다. 현종 이래로 누차 혁파할 것을 요청하였지만, 듣지 않았다. 29년에 사신을 파견하여 이것을 요청하였다. 인량이 진정표를 작성하여 말하기를, 온 하늘

為界上遣使者持報書示禧 禧乃辭去 括候禧去乃行 故事使者留京不過十日 禧至以三月庚子 旣入辭 猶不行 與續等爭 論或至夜分 留京師幾一月 (중략)蕭禧之再來 上遣入內供奉官勾當內東門司裴昱賜韓琦富弼文彦博曾公亮手詔 日 朝廷通好北朝幾八十年 近歲以來 生事彌甚 代北之地 素有定封 而輒造釁端 妄來理辨 比敕官吏 同加案問 雖圖籍甚明 而詭辭不服 今橫使彼至 意在必得 朕以祖宗盟好之重 固將優容 敵情無厭 勢恐未已 萬一不測 何以待之 古之大政 必詢故老 卿夙懷忠義 歷相三朝 雖爾身在外 乃心罔不在王室 其所以待遇之要禦備之方 密具以聞 朕將親覽 琦言(중략) 所以致彼之疑者 臣試陳其大略 高麗臣屬契丹 于朝廷久絶朝貢 向自浙路遣人招諭而來 且高麗小邦 豈能當契丹之盛 來與不來 國家無所損益 而契丹知之 謂朝廷將以圖我 此契丹之疑也 (중략) 弼言 (중략) 況又夏國响曬斯曬高麗黑水女眞達靼等諸蕃爲之黨援 其勢必難殄滅 (하략)(『續資治通鑑長編』권262 神宗 熙寧八年四月)

24) 癸酉 遼東京兵馬都部署奉樞密院割子移牒 請治鴨江以東疆域 己卯 遣知中樞院事柳洪尙書右丞李唐鑑 同遼使審定地分 未定而還(『고려사』권9 세가9 문종3 문종29년 7월)

아래 이미 왕의 토지, 왕의 신하가 아님이 없는데, 한 치 땅 남짓에 어찌 반드시 내 강역 내 통치라고 하는가라고 하였다. 또 말하기를, 문양(汶陽)의 옛 전토를 귀속시켜 저희 고을을 위무하였고, 장사(長沙)의 쓸모없는 소매를 되돌려 창진(昌辰)을 손뼉 치며 춤추게 하였다고 하였다. 요 군주가 이것을 열람하고 그 사안을 중지하였다.[25]

요가 일찍이 압록강을 넘어 경계를 삼으려 하였으며, 배다리를 세우고 동쪽 언덕 너머에 보주성을 설치하였는데,[26] 현종 이래로 여러 차례 혁파할 것을 요청하였으나, 수락하지 않았다. 문종 29년에 또 사신을 파견하고 그것을 요청하였는데, 이때 박인량이 작성한 진정표를 요 군주가 보고는 드디어 그 일을 중지하였다고 기록하고 있다.

박인량이 작성한 진정표의 봉강 관련 부분은 다음과 같다.

3-4-4 (전략) 또 압록의 형세는 메기 봉우리를 구획하여 한계로 삼았는데, 강 연안에 늘어선 유지에는 부여의 옛 초소가 여전히 존재합니다. 경계를 하사함에 은혜가 되었고, 태후의 이전 언급이 식언으로 되지 않았는데, 그 사이 조정이 경계를 지향함에 이르러 동쪽 언덕을 넘어 성곽을 설치하고, 다시 교두보를 설치하며, 궁구자를 이어 벌이고, 점차 척경을 도모하며 나무 베고 경작함에 심각하게 장애가 되었습니다. (하략)[27]

---

25) 遼嘗欲過鴨綠江爲界 設船橋 越東岸 置保州城 顯宗以來 屢請罷 不聽 二十九年 遣使請之 寅亮修陳情表曰 普天之下 旣莫非王土王臣 尺地之餘 何必曰我疆我理 又曰 歸汶陽之舊田 撫綏弊邑 回長沙之拙袖 抃舞昌辰 遼主覽之 寢其事(『고려사』권95 열전8 박인량 문종29년)

26) 東京遼陽府 本朝鮮之地 開州 鎭國軍節度 本濊貊地 高麗爲慶州 渤海爲東京龍原府 (중략) 定州 保寧軍 高麗置州 故縣一 曰定東 (중략) 保州 宣義軍節度 高麗置州 故縣一 曰來遠 聖宗以高麗王詢擅立 問罪不服 統和末 高麗降 開泰三年取其保定二州 於此置権場 隸東京統軍司 統州軍二 縣一 來遠縣 初徙遼西諸縣民實之 又徙奚漢兵七百防戍焉 戶一千(『遼史』권38 지8 지리2) 보주에 대해서는 후속 별도 논고에서 상세하게 고찰한다.

27) 百谷所朝 減增不在於涓露 二儀之大 覆載勿私於封圻 況屬四海爲家 何求一席之地 事拘難急 理含齷齪[中謝] 竊念小國 久奉皇朝 不隳藩禮 削疆有患 每將懇願以馳聞 累世輸忠 未沐帝兪之記念 益看火宅 常切冰兢 且鴨綠之成形 劃鯤岑而作限 沿江列址 扶餘之古戍猶存 賜履爲恩 大后之前言不食 洎間朝之指境 越東岸以置城 更設橋頭 連張弓口 漸圖恢拓 深礙樵耕 是以乞復舊陲 仰須新命 偶於癸丑年 力勤東作 跂待西成 禾苗纔長於秋初 人馬踏傷於夜半 周之行葦 毛什以勿踐歌仁 楚乃掻瓜 梁人則竊灌無愆 唯憂百姓 失食一年 昨者命出慈宸 遣來顓使 謂曲憐於勤款 必刲示以寵宣 感望星軺 喜盈日域 及檢行而赴開 候制旨以翹慕 今准東京兵馬都部署牒 稱奉樞密院箚子某某事者 臣愛戴聖猷 激揚臣節 庭旅雖薄 誓無闕於梯航 皇華俯來 若親瞻於咫尺 凡所傾虔尊獎 絶其造次怠荒 設無先代之恩 可望盛朝之賜 率濱旣混 莫非爲王土王臣 片地無多 何必曰我疆我理 倘優私而支撥 非異姓之管分 冒霆威而至極惶 飛露奏而仰干黈聽 伏乞皇帝陛下 鑑寸忱而稽古 矜衆感以示寬 昔者藩固犬牙 劉氏以平臨天下 命頒鷄肋 魏祖以不惜漢中 錫疆境而更堅候屛 懇退民而新需皇恩 乞下勅旨 仰宣義軍 禁約沿邊官司 更不令女眞等侵越臣界 設菴子作隍 日夜抱守 尋令收入城橋 以江作限 歸汶陽之故田 撫存福邑 迴長沙之

압록이 형세를 이루고, 메기 봉우리를 구획하여 한계로 삼으니, 강 연안에 늘어 선 유지에는 부여의 옛 초소가 여전히 존재한다고 하였다. 또 이전에 태후가 강역을 하사하였는데, 중간에 와서 동쪽 언덕 너머에 성곽을 설치하고 다시 교두보를 설치하여 궁구자를 연이어 펼쳐 놓았다고 하였다.

문종 29년(1075) 시점에서 요와 고려의 국경 분쟁을 다룬 같은 사안을 두고, 『고려사』 세가에서는 압강, 열전에서는 압록강, 진정표에서는 압록으로 기록하였는데, 그 동쪽 언덕 너머 설치하였다는 보주성은, 뒤에 예종 12년(1117) 요가 금에 쫓겨 가면서 고려에 인계하고, 인종 4년(1126)년 금의 허락 하에 고려에 귀속되게 된다. 이때 보주성, 압록강의 위치 관계를 둘러싸고 고려에서는 압록강 이남, 이북 두 입장이 개진되고, 공식적으로 금에게 압록강 이북의 입장이 전달되게 된다. 이와 관련해서는 뒤에서 다시 살피기로 한다.[28]

문종 29년(1075) 요 사신과 함께 국경 협상에 참여했던 류홍은 그로부터 5년 뒤인 동왕 34년(1080) 송에 사신으로 갔다가 황제의 칙서를 가지고 돌아왔다.


3-5    가을 7월 계해일에 류홍 등이 송에서 돌아왔다. 황제가 칙서 7통을 붙였다. 그 첫째에서 말하기를, 경은 저 요좌에 거주하니 바로 해동이고, 예전 책봉을 위무함과 같이 직접 보존하고 향유하였다. (하략)[29]

---

拙袖抃舞昌辰 叢萬口以祝齡 誠千孫而報主(『동문선』39 表箋 (朴寅亮) 上大遼皇帝告奏表)

28) 압록강과 요하의 관련에 대해서는, 남의현, 2016, 「동령과 평양성, 그리고 압록의 위치에 대한 시론적 접근」 『고구려의 평양과 그 여운』(고대 평양 위치 탐색과 관련한 학술회의 자료집) 참조. 압록강에 대해서도 별도의 논고로 자세히 살피기로 한다.

29) 秋七月癸亥 柳洪等還自宋 帝附勑八道 其一日 卿宅彼遼左 式是海東 若昔撫封 維躬保享 迪德不爽 修職有嚴 載披忧辭 灼見勤款 庸加褒顯 以厚眷私 其二日 省所進謝恩御衣二領 金腰帶二條 金鈒鑼一面 金花銀器二千兩 色羅一百匹 色綾一百匹 生羅三百匹 生綾三百匹 幞頭紗四十枚 帽子二十枚 闘屛一合 畫龍帳二對 大紙二千幅 墨四百挺 金鍍銀粧皮器仗二副 細弓一張 哱子箭二十四隻 細箭八十隻 鞍轡二副 細馬二匹 散馬六匹 事具悉 比飭信臣 俾須禮幣 用將至意 庶荅寅衷 具使貢辭 旅庭修報 載惟忧順 良用嘆嘉 其三日 卿守邦有截 効勤匪紆 厥惟勤修 玆用領識 誕申賜好 式厚寵光 益務肅心 以永終譽 今柳洪等迴 賜卿國信物色 幷別賜衣對錦綺 其四日 卿祗愼一德 拊循三韓 積勤勞於歲年 客疢瘵於支末 頃者聞問 恒焉置懷 術求倉令之餘師 藥按桐君之舊錄 冀善服食 俾卽有瘳 遄踰寒暄 何恙未已 退念所苦 日紆朕憂 鶩想海邦 緩音驛使 卿其專和致福 虞意持神 毋忘養順 用介壽祺 其五日 省所上進 金合二副 盤盞二副 注子一副 紅闘倚背一十隻 紅闘褥二隻 長刀二十隻 生中布二千匹 蔘一千斤 松子二千二百斤 香油二百二十斤 鞍轡二部 細馬二匹 螺鈿裝車一兩 事具悉 卿世濟令德 物修多儀 若時佯來 玆用厚往 具敷禮錫 式顯命寧 脧福所同 申好彌永 今迴賜卿衣著銀器 其六日 省所進太皇太后方物 具悉 卿遠因膚使 欽問東朝 已屬僊游 遂虛方物 顧閔艱之在疾 閩豐腆以增哀 特有匪頒 往旌勤順 今賜卿衣着銀器 其七日 省所進皇太后方物 事具悉 卿以朕誕膺寶曆 祗養慈闈 發贊東蕃 貢費長樂 禮豐物腆 志厚事勤 宜有恩頒 用將眷渥 今迴賜卿衣着銀器 其八日 遠飭使旌 恪修邦篚 橫絶巨浸 震驚烈風 人方遭危 物或傾載 諒操舟之未善 匪

이 칙서에서 송은 고려의 영토를 요좌로 재차 확인시키고 있는데, 이는 다분히 당시 동아시아 국제 정세 속에서 요의 세력을 의식한 적극적인 외교의 천명으로 보아도 좋을 것 같다. 이 사신 일행이 바다에서 태풍을 만나 배가 전복하고 공물의 태반을 상실했음에도 불구하고 그것을 용서했을 뿐 아니라 지극한 대접을 받았고, 고려에 돌아와서도 처벌되지 않았던 상황도 쉽게 이해된다. 특히 이 사행에서는 박인량과 김부식 형제의 부친 김근이 동행하였는데, 송에서 이 두 사람의 문장에 감탄하여 이것을 모은 시문집 ≪소화집≫을 발간하였다.[30] 압록강, 보주성이 언급된 국경 문제와 관련하여 박인량은 요에, 김부식 형제는 금에 보내는 외교문서를 작성한 인연은 주목할 만하다.

이후 11세기 말 12세기 초에 걸쳐 금이 등장하면서 동아시아 국제 질서는 또 한 번 회오리쳤다. 북송이 멸망을 앞두었던 고려 인종 원년(1123) 고려에 사신으로 왔던 서긍이 저술한 『고려도경』에서도 고려의 서북면 봉경(封境)에 대해서는 여전히 이전의 입장을 견지하고 있다.

3-6　　고려는 남쪽으로 요해로 격리되었고, 서쪽으로 요수를 사이에 두었으며, 북쪽으로 거란의 옛 지역에 인접하였고, 동쪽으로 대금을 사이에 두었다. (중략) 예전에 대요를 경계로 삼았는데, 뒤에 침략을 당하여 내원성을 축조해서 요충지로 삼았다. (중략) 요의 동쪽은 예전에 거란에 소속되었는데, 지금은 오랑캐 무리들이 도망갔으며, 대금은 그 지역을 불모지라 하여 다시 성곽으로 수비하지 아니하고, 단지 왕래하는 길로만 삼을 따름이다.(하략)[31]

---

將命之不虔 矧卿致恭有先 申好維永 己亮忠誠之厚 詎專庭實之多 宜体諭言 務從矜釋 初洪等放洋 颺風忽起幾覆舟 及至宋 計所貢方物 失亡殆半 王依勅釋洪等罪(『고려사』권9 세가9 문종3 문종34)

30) 『고려사』권95 열전8 박인량

31) 高麗南隔遼海 西距遼水 北接契丹舊地 東距大金 又與日本流求聃羅黑水毛人等國 犬牙相制 唯新羅百濟 不能自固其圉 爲麗人所幷 今羅州廣州道是也 其國在京師之東北 自燕山道 陸走渡遼 而東之其境 凡三千七百九十里 若海道則河北京東淮南兩浙廣南福建皆可往 今所建國 正與登萊濱棣相望 自元豐以後 每朝廷遣使 皆由明州定海 放洋絶海而北 舟行 皆乘夏至後南風 風便 不過五日 卽抵岸焉 舊封境 東西二千餘里 南北一千五百餘里 今旣幷新羅百濟 東北稍廣 其西北與契丹接連 昔以大遼爲界 後爲所侵迫 乃築來遠城 以爲阻固 然亦恃鴨綠以爲險也 鴨綠之水 原出靺鞨 其色如鴨頭 故以名之 去遼東五百里 經國內城 又西與一水合 卽鹽難水也 二水合流 西南至安平城入海 高麗之中 此水最大 波瀾淸澈 所經津濟 皆艤巨艦 其國恃此以爲天塹 水闊三百步 在平壤城西北四百五十里 遼水東南四百八十里 自遼已東 卽舊屬契丹 今虜衆已亡 大金以其地不毛 不復城守 徒爲往來之道而已 鴨綠之西 又有白浪黃嵓二水 自頗利城行數里 合流而南 是爲遼水 唐正觀間 李勣大破高麗於南蘇 旣渡怪其水淺狹 問之 云是遼源 以此知前古未嘗恃此水以爲固 此高麗所以退保鴨綠之東歟(『高麗圖經』권3 封境)

고려국 북계 封疆에 대하여　　　161

고려는 서쪽으로 요수(遼水)까지 거리이고, 북쪽으로 거란의 옛 땅과 연접하고 있다고 하였다. 그리고 예전에는 대요(大遼)로써 경계를 삼았는데, 뒤에 침략을 당하여 내원성을 축조해서 요충지로 삼았다고 하였다. 한편 요(遼)의 동쪽은 예전에 거란에 소속되었는데, 지금 무리들이 도망갔으며, 대금(大金)은 그 곳이 불모지이므로 다시 성곽으로 수비하지 않고 단지 왕래하는 길로만 삼는다고 하였다.

정리하면, 압록에서 요수까지가 모두 고려의 봉강인데, 그 고려의 변경 지역인 요동 안의 일부는 한때 거란과의 분쟁으로 점거당하기도 하였고, 또 동쪽 대금과 가까운 곳은 여진인이 한때 거주하였지만 현재는 불모지로서 왕래도로로만 이용되고 있다고 이해된다.

송이 고려에 사신을 파견한 2년 후인 인종 3년(1125)에 송의 허항종이 금에 사신으로 갔던 기록인 『을사봉사금국행정록』에서 고려 북계에 대한 언급이 보인다.

3-7    제 29일 노정은 함주에서 40리 가서 숙주에 도착하고, 또 50리 가서 동주에 도착하였다. 함주를 떠나 바로 북쪽으로 행진하였는데, 고을 토지는 평탄한 땅이며, 거주민 소재지에 취락이 형성되었고, 새 곡식이 태반이었으며, 토지는 기장에 적합하였다. 동쪽으로 큰 산을 바라보았는데, 금 사람들이 이르기를, 이것이 신라산이라고 하였다. 산 안은 깊고 멀며, 통행하는 길이 없다. 그 가운데서 인삼·백부자가 산출된다. 심원한 곳은 고려와 경계를 연접하였고, 산 아래 보행로까지 30리가 족히 되었다.[32]

함주[33]에서 북쪽으로 가다가 금 사람들이 신라산이라고 부르는 곳에 이르는데, 그 산 안쪽은 깊고 멀며, 그곳이 고려와 경계를 접하고 있다고 하였다.

개풍을 떠나 금 수도로 가던 송 사신 허항종이 함주 근처에서 고려 접경을 확인하던 그 이듬해인 인종 4년(1126) 3월 고려는 예전에 요와 고려에 사대하던 금을 사대할 것의 여부를 백관이 논의하고, 태묘에 점치는 과정에서 고려와 금의 국경이 연접해 있다는 기록이 보인다.

---

32) 第二十九程 自咸州四十里至肅州 又五十里至同州 離咸州卽北行 州地平壤 居民所在成聚落 新稼殆遍 地宜稼黍 東望大山 金人云 此新羅山 山內深遠 無路可行 其間出人參 白附子 深處與高麗接界 山下至所行路可三十里(『宣和乙巳奉使金國行程錄』)

33) 咸州, 安東軍, 下, 節度. 本高麗銅山縣地, 渤海置銅山郡.地在漢候城縣北, 渤海龍泉府南. 地多山險, 寇盜以爲淵藪, 乃招平, 營等州客戶數百, 建城居之. 初號郝里太保城, 開泰八年置州 (『遼史』 권38 지리지)

3-8　신묘일에 백관을 소집하여 금을 사대할 것의 가부를 논의하였다. 모두 안 된다고 말했는데, 유독 이자겸·척춘경이 말하였다. "금은 예전에 작은 나라였고, 요와 우리에게 사대하였습니다. 지금 이미 갑자기 흥기하여 요와 송을 멸망시켰으며, 정치는 다스려지고 군대는 강성해져 날로 강대해졌습니다. 또 우리와 경계·토양이 서로 연접해 있으니, 형세상 사대하지 않을 수 없습니다. (하략)[34]

3-9 을미일에 이지미를 파견하여 태묘에 보고하고 금을 사대할 것의 가부를 점쳤다. 그 문장에서 말하였다. "저 여진이 존경하는 칭호를 스스로 언급하고 남쪽으로 황송(皇宋)을 침략하고, 북쪽으로 대요(大遼)를 멸망시켰습니다. 사람들을 취득한 것이 이미 많고 지경을 개척한 것 역시 넓습니다. 오직 작은 나라를 돌아보니, 저들과 강역을 연접하고 있습니다. (하략)"[35]

이어 4월 11일에 고려가 특산물을 갖추어서 정응문(鄭應文) 등을 금에 보내어 신하를 언급하고 표문을 올리자, 금은 적합하게 시행할 조건에 대해 즉시 사신을 파견하여 선유하겠다고 회신하였다.[36] 이때 올린 표문은 김부식이 작성한 것인데 그 적합한 시행 조건 관련 원문은 다음과 같다.

3-10　금에 들어가 진상하고 문안하는 표문. 김부식. 평양에 강역을 책봉하니 주몽의 예전 나라를 각별히 준수하고, 도산(塗山)에 구슬과 비단을 바침에 하우(夏禹)의 제후에 미처 참여하지 못합니다. 진상 표문. 대인이 통수에 오르고 사방을 떨치며 빛내었습니다. 다른 나라들이 조정에 들어오고 만리를 항해하였습니다. 하물며 경계를 연접함이 이렇게 가

---

34) 辛卯 召百官議事金可否 皆言不可 獨李資謙拓俊京曰 金昔爲小國 事遼及我 今旣暴興 滅遼與宋 政修兵强 日以强大 又與我境壤相接 勢不得不事 且以小事大 先王之道 宜先遣使聘問 從之(『고려사』권15 세가15 인종1 인종4년 3월 25일)

35) 乙未 遣李之美 告大廟 筮事金可否 其文曰 惟彼女眞 自稱尊號 南侵皇宋 北滅大遼 取人旣多 拓境亦廣 顧惟小國 與彼連疆 將遣使講和 或欲養兵待變 稽疑大筮 神其決之(『고려사』권15 세가15 인종1 인종4년 3월 29일)

36) 丁未 遣鄭應文李侯如金 稱臣上表曰 大人垂統 震耀四方 異國入朝 梯航萬里 況接境之伊邇 諒馳誠之特勤 伏惟天縱英明 日新德業 渙號一發 群黎無不悅隨 威聲所加 隣敵莫能枝梧 實帝王之高致 宜天地之冥扶 伏念臣 埼土小邦 肳躬涼德 聞非常之功烈 久已極於傾虔 惟不腆之苞苴 可以伸於忠信 雖愧蘋蘩之薦 切期山藪之藏 金回詔曰 省所上表稱臣 幷進奉土宜匹物等 事具悉 朕以推己固存 寔帝王之造 以小事大 乃社稷之圖 繄魁偉之渠材 蘊變通之遠業 卿家傳王爵 世享胙封 抗章竭尊獎之誠 任土盡委輸之節 仍稱卑號 足見全能 加非兵革之威 誘不玉帛之惠 自然來者 不曰良哉 且君父之心 予已堅篤 而臣子之義 汝毋易忘 卜世卜年是彝 外有合行條件事等 卽次發使前去宣諭(『고려사』권15 세가15 인종1 인종4년 4월 11일)

까우니 진실로 달려가는 정성이 지극히 근면합니다. (중략) 비록 풀·쑥을 바침이 부끄럽지만 산과 늪에 저장할 것을 절실히 기대합니다. (중략) 풍채·의식이 지극히 남루하고 물품이 지극히 비천하지만, 상부로 배향하는 정성이 보잘 것 없음에 기인하여 철폐되지 아니하고, 거칠게 포장한 것을 헤아려 멀리 끼치지 말게 하소서.[37]

금의 회신 조서 중에 적합하게 시행할 조건은 바로 평양 봉강 사안으로 주몽의 예전 국가를 삼가 지키겠다는 것이었다. 즉 고구려의 봉강인 평양을 확보하겠다는 것이었다.

이 회신 조서에서의 약속에 따라 동년(1126) 9월 24일에 금은 선유사 고백숙(高伯淑) 등을 보내어 밀지로 보주(保州)를 고려에 소속시키도록 허락하고 다시 수복하지 않겠다고 통보해 왔다. 이에 대해 고려는 동년(1126) 12월 12일 위위경 김자류(金子鏐) 등을 보내어 이를 감사하는 표문을 올렸다.[38] 그런데 이 표문의 원문은 김부의가 작성한 것이다. 관련되는 부분을 보자.

3-11  보주를 수복하지 않음을 감사하는 표문. 김부의. (전략) 삼가 구려(句麗)의 본래 지역은 저 요산(遼山)을 위주로 하고 평양의 옛 터는 압록을 한계로 합니다. (중략) 신의 부친 선왕 당시 대국 조정의 변방 신하 사을하가 와서 이전 황제의 칙서를 전달하여 말하기를, 보주는 본래 고려의 토지 지분이므로 고려가 회복하는 것이 맞다고 하였습니다.(하략)[39]

---

37) 入金進奉起居表 金富軾 平壤封疆 恪守朱蒙之故國 塗山玉帛 未參夏禹之諸侯 進奉表 大人乘統 震耀四方 異國 入朝 梯航萬里 況接境之伊邇 諒馳誠之克勤[中謝] 伏惟皇帝陛下 天縱英明 日新德業 渙號一發 群黎無不悅隨 威聲所加 隣敵莫能枝梧 實帝王之高致 宜天地之冥扶 臣瘠土小邦 眇躬涼德 聞非常之功列 久已極於傾虔 惟不腆之包苴 可以伸其忠信 雖媿蘋蘩之薦 切期山藪之藏 物狀 造庭修聘 永觀厥成 載贄展儀 各以所寶 前件物等 風儀極陋 物品至卑 享上之誠 不因菲廢 包荒之度 無以遐遺(『동문선』44 表箋 (金富軾) 入金進奉起居表)

38) 遣衛尉卿金子鏐刑部郎中柳德文如金 謝宣諭表曰 高伯淑至 密傳聖旨 保州城地分許屬高麗 更不收復 竊以勾麗 本地 主彼遼山 平壤舊墟 限於鴨綠 累經遷變 逮我祖宗 値北國之兼幷 侵三韓之分野 雖講隣好 未歸故疆 及乎天 命惟新 聖王旣作 見兵師之起義 致城堡之無人 當比父先王時 有大朝邊臣沙乙何來 傳皇帝勑旨曰 保州本高麗 地分 高麗收之可也 先王於是理其城池 實以民戶 當此之時 蕞小邦未嘗臣屬上國 而先帝特欲寵綏隣籓 儒以訓 辭 賜之舊土 及後嗣之繼序 遭聖德之承天 備認德音 恭修臣職 惟此東濱之寸土 本爲下國之邊陲 雖嘗見奪於契 丹 謂已拜恩於先代 特推累渥 仍屬弊封 豈僥倖而致玆 蓋遭遇之異甚 深仁大義 不可名言 縣力薄才 若爲報效 惟 當備春秋之事 守藝極之常 擧邦國而樂輸 傳子孫而永誓 高明在上 悃幅無他 (『고려사』권15 세가15 인종1 인종 4년 12월 12일)

39) 謝不收復保州表 金富儀 臣諱言 九月二十四日 宣諭使靜江軍節度使同僉書樞密事 高伯淑等 奉傳密旨 伏蒙聖 慈特加宣諭 更不收復保州城者 天地覆載而無私 故動植各遂其性命 帝王寬洪以待物 故臣民獲保其始終 嘗味斯

금이 비밀어지로 보주성을 고려에 귀속시킬 것을 허락한 것에 대해 감사하면서, 그 위치와 관련하여 연혁을 소상하게 살펴 기록한 점이 주목된다. 특히 고구려의 본래 지역은 저요산(遼山)을 위주로 하고, 평양의 옛터는 압록을 한계로 한다고 하였다. 앞서 김부식이 고구려 봉강 평양을 확보하겠다고 한 언급을 구체화하여, 그 봉강이 요산[40]을 위주로 한 곳이며, 압록을 한계로 하는 지역인데, 그 곳에 보주가 있다는 것이다. 즉 보주는 압록 이북 옛 고구려 봉강 안에 있다는 말이다.

사실 이 보주의 위치에 대해서는 당시 조정에서도 의견이 심각하게 갈리고 있었던 듯하다. 동년 9월 24일 금 선유사 고백숙 등의 비밀어지에 대해 동년 12월 12일 고려가 위위경 김자류 등을 보내어 올린 감사 표문은 김부의가 작성한 '사불수복보주표(謝不收復保州表)'인데, 동일 사안에 대하여 최함(崔諴)이 작성한 '사선유표(謝宣諭表)'가 전해지고 있어, 이 사정을 살필 수 있다.

3-12　선포·유시를 감사하는 표문. 최함. (전략) 다시 보주를 수복하지 않고 평양에의 위무·안녕을 표시하였습니다. 또 대개 봉강을 압록에 획득한 것은 명백하게 예전부터 유래된 것이지만, 거란에게 침탈을 당한 것은 대개 근대부터입니다. (하략)[41]

---

言 方驗其實[中謝] 竊以句麗本地 主彼遼山 平壤舊墟 限於鴨綠 累經遷變 逮我祖宗 値北國之兼幷 侵三韓之分野 雖講鄰好 未歸故疆 及乎天命惟新 聖王旣作 見兵師之起義 致城堡之無人 當臣父先王時 有大朝邊臣沙乙何來傳先皇帝勅旨曰 保州本高麗地分 高麗收之可也 先王於是理其城池 實以民戶 當此之時 雖小邦未嘗臣屬上國而先帝特欲寵綏鄰藩 靄以訓辭 賜之舊土 及後侗之繼學 遭聖德之承天 望日月之光華 駭風雷之號令 不待憚人之論 備認德音 非因陸賈之來 恭修臣職 今者皇帝大明旁囑 神智沉機 俯矜忠信之誠 靡責細微之故 旣頒詔獎 繼遣使華 曲諭宸衷 具宣恩旨 惟此東濱之寸土 本爲下國之邊陲 雖嘗見奪於契丹 謂已拜恩於先代 特推異渥 仍屬弊封 又宣諭自來兩界人口 有無刷會交付事 邊人流移 蓋是臣父先王時事 臣年甚幼 未及與知 聞其人口 積有年所 物故略盡 今承密旨 許令取便裁斷 此乃大朝恩德 古今未有 豈徼倖而致玆 蓋遭逢之異甚 深仁大義 不可名言 縣力薄材 若爲報效 惟當修春秋之事 守藝極之常 擧邦國而樂輸 傳子孫而永誓 高明守藝極之常 擧邦國而樂輸 傳子孫而永誓 高明在上 惆惆無他(『동문선』35 表箋 (金富儀) 謝不收復保州表)

40) 이 표문을 쓴 김부식의 『삼국사기』권37 지리4 고구려에서 "요동군 속현 유무려가 주례 북진 의무려산"이라고 한 기록에서의 의무려산을 지칭할 개연성이 있다. 또 『신당서』 동이열전 고구려에서는 "강에는 大遼와 小遼가 있다. (중략) 소요는 遼山에서 흘러나와 역시 남으로 흐르는데 (하략)"라고 한 기록이 참고가 된다.

41) 謝宣諭表 崔諴 臣諴言 去九月十三日 宣諭使靜江軍節度使同僉書樞密院事高伯淑 副使鴻臚卿知太常禮儀院騎都尉烏至忠等至 奉傳詔書別錄各一道 伏蒙聖慈賜臣衣帶匹段銀器等物 又二十四日 高伯淑等密傳聖旨 保州城地分 許屬高麗 更不收復者 恩私渥縟 詔諭稠重 俯傀以承 感慤交切[中謝] 恭惟皇帝 薀無能名之德 發大有爲之心 雷動風行 振威稜而無敵 天衆人順 樹功業之非常 伏念僻處遐荒 夙深驚慕 方屬大朝之擧義 屢以興師 亦因弊邑之多艱 致稽修貢 禮雖有闕 情實無他 近奉奏章 猥伸微懇 豈謂使軺繼至 寵命俯臨 激其事大之忠 需若自天之澤 加以別傳密旨 曲論上心 更不收復於保州 示以撫寧於平壤 且夫獲封圻於鴨綠 的自古來 被侵奪於契丹 蓋從近代 雖通懽好 猶各歸還 洎彼國之覆亡 守此城者潰散 臣父先臣以謂此吾地分也 請之久矣 幸今天與之 取之當

여기서 최함은 금이 보주를 다시 수복하지 않음으로써 평양에 위무·안녕을 보였다고 하면서도, 이 평양을 김부식·김부의가 이해한 옛 고구려 봉강 평양 옛 터가 아니라 당시 평양으로 이해하고 있다. 그리고 이 지역을 포함한 강역인 봉기(封圻)는 북쪽인 압록으로 획정되는 것인데, 그 유래는 예전부터 적실하였으며, 거란에게 침탈당한 것은 근대의 일이라고 주장하고 있다. 이 입장은 당시 고려조정에서 채택되지 않았다. 그렇지만, 이 견해가 『고려사』 지리지 서문에서 계승되고 있다는 것은 지적해두지 않을 수 없다.[42]

금의 등장 이후 동아시아 국제 정세가 또 한 번 반전한 것은 몽고의 등장에서 비롯되었다. 이 시기 요동 지역에서 고려 강역의 변천을 보여주는 기록은 『원사』에서 확인할 수 있다.

3-13　병자일에 걸노·금산·청구·통고여 등이 야사불을 추대하여 징주에서 황제 호칭을 참칭하고 국호를 요라 하며, 연호를 천위로 고쳤다. 유가의 형 독랄을 평장으로 삼고, 백관을 설치하였다. 바야흐로 한 달을 지나, 그 원수 청구가 반란하여 금에 귀속하였다. 야사불이 그 부하에게 살해되고, 그 승상 걸노를 추대하여 나라를 감독하였다. 그 행원수 아아와 더불어 군사·인민을 배분하여 좌우익으로 삼고, 개·보주 관문에 주둔하였다. 금 개주 수장 중가노가 군대를 인술하고 공격하여 그를 패전시켰다. 유가가 몽고군 수 천을 인술하고 마침 도착하여, 형 독랄과 아울러 처 요리씨 호구 2천을 획득하였다. 아아가 패전 군사를 인술하고 동쪽으로 도주하니, 유가가 이를 추격하였다가, 되돌아 요하를 건너서, 의주 광령을 불러 위무하고, 임황부로 옮겨 거처하였다. 걸노는 고려로 도주하여, 금산에게 살해되고, 금산이 또 국왕을 자칭하였으며, 천덕으로 연호를 고쳤다. 통고여가 다시 금산을 살해하고 자립하였는데, 함사가 또 그를 살해하고 역시 자립하였다. 무인일에 유가가 몽고·거란군 및 동하국 원수 호토 군사 10만을 인술하고, 함사를 포위하였는데, 고려의 구원병 40만이 그를 쳐부수었다. 함사가 자살하니, 그 주민을 서루로 옮겼다. 을해년 유가가 북쪽에 조회하고부터 요동이 엎치락뒤치락하였는데, 야사불이 호칭을 참칭한 것이 70여 일, 금산이 2년, 통고여와 함사가 근 2년이었는데, 기묘년 봄에 이르러 유가가 다시 이를 평정하였다.[43]

---

然 況有大朝邊臣沙乙何來傳先皇帝勅旨曰 保州本高麗地 高麗收之可也 於是差置官員 繕完民戶 乃更數歲 傳至眇躬 適承上國之指揮 許屬小邦之疆場 又宣諭自來兩界投入人口 有無刷會交付之事 既積歲年之久 復由風土之殊 罔有安存 悉皆物故 何曲推而諒察 俾自取於便宜 杳荷至恩 實渝常檢 蓋眷憐有如此者 其報效將如何哉 謹當遵奉訓辭 恪勤職貢 禮嚴享上 期不絶於年年 義篤尊王 永有傳於世世(『동문선』35 表箋 (崔誠) 謝宣諭表)
42) 압록에 대해서는 별도 논고로 상세하게 살핀다.

　　　　　　　고구려의 평양과 그 여운

고려 고종 6년(1219) 봄 고려와 몽고의 연합군이 강동성에서 거란적을 항복시키고, 이때 적의 괴수 함사는 자결하였다. 이때 함사가 자살한 곳은 요하(遼河)를 끼고 있는 좌우익으로서의 개·보주관(開·保州關) 중 우익에 해당하는 고려 지역이다. 그리고 바로 이 지역이 遼東으로 명기되고 있다.

이후 금을 멸망시키고 동아시아의 패권자가 된 원의 세력권에 고려도 편입되었다. 이 시기 원과 고려 사이의 정치적 관계를 비롯하여 상호 강역의 상황을 보여주는 언급은 입성책동(立省策動)의 진행 과정에서 확인된다. 그 중 충숙왕 10년(1323) 류청신·오잠의 내지화(內地化) 청원에 대하여 원 통사사인 왕관(王觀)이 다섯 가지 이유를 들어 부당함을 역설하는 가운데 고려 강역에 대한 간접적인 언급이 보인다.

3-14    또 오잠과 더불어 도성에 상서하여 본국에 행성을 설립하여 내지에 준하도록 하기를 청원하였다. 원 통사사인 왕관이 승상에게 상서하여 말하였다. "(전략) 고려는 의리를 사모하고 신성한 조정에 향화·귀순한 지 백 여 년입니다. 대대로 이어서 신하의 절개를 잃지 않으니, 세조황제가 그 충성·간절함을 가상히 여겨 황제의 딸을 처로 삼고, 지위는 종친 국왕과 동일시하였으니, 그 총애함이 비교할 바가 없습니다. 그 예악·형정을 본국 풍속을 따르도록 허락하고, 다시 조정의 법전·헌장으로써 강제하지 않았습니다. 그러므로 국가는 항상 동방의 유사시에 본국이 출병하여 전쟁을 보좌하지 않은 적이 없습니다. 요수 이동으로부터 바닷가 만 리가 이에 의지하여 진정되었고, 나라의 동쪽 울타리가 되었습니다.(중략)" 이제현 역시 도당에 상서하니, 행성 설립의 논의가 이에 중지되었다.[44]

---

43) 丙子 乞奴金山靑狗統古與等推耶斯不僭帝號於澄州 國號遼 改元天威 以留哥兄獨剌爲平章 置百官 方閱月 其元帥靑狗叛歸于金 耶斯不爲其下所殺 推其丞相乞奴監國 與其行元帥鴉兒 分兵民爲左右翼 屯開保州關 金盖州守將衆家奴引兵攻敗之 留哥引蒙古軍數千適至 得兄獨剌幷妻姚里氏 戶二千 鴉兒引敗軍東走 留哥追擊之 還度遼河 招撫懿州廣寧 徙居臨潢府 乞奴走高麗 爲金山所殺 金山又自稱國王 改元天德 統古與復殺金山而自立 喊舍又殺之 亦自立 戊寅 留哥引蒙古契丹軍及東夏國元帥胡土兵十萬 圍喊舍 高麗助兵四十萬 克之 喊舍自經死 徙其民於西樓 自乙亥歲留哥北觀 遼東反覆 耶斯不僭號七十餘日 金山二年 統古與喊舍亦近二年 至己卯春 留哥復定之(『元史』149 列傳36 耶律留哥)

44) 又與吳潛上書都省 請立省本國比內地 元通事舍人王觀上書丞相曰 夫事忘矜細 其遺患有不可勝言者矣 故智者深懼 而庸人忽焉 盖常人之情 狃近利 而昧遠圖 是以缺斤折鉏 或起於勾萌 浸屋流民 或成於蟻溜 易曰 履霜堅冰 至由辨之 不早辨也 又曰 天與水 違行訟 君子以作事謀始 伏聞 朝廷建立征東行省 欲同內地 恐謀者不察 以致崇虛名 而受實弊 何則 高麗慕義 向化歸順聖朝 百餘年矣 世世相承 不失臣節 世祖皇帝嘉其忠勤 妻以帝女 位同親王 寵錫之隆 莫與爲比 其在本國禮樂刑政 聽從本俗 不復以朝廷典章拘制 故國家常有事於東方 本國未嘗不出兵以佐行役 自遼水以東瀕海萬里 賴以鎭靜 爲國東藩 世著顯效 累葉尙主 遂爲故事 此盖高麗之忠勤 祖宗之遺訓也 今一朝採無稽之言 以隳舊典 恐與世祖皇帝聖謀神筭 似有不同 其不可一也 本國去京師數千里之遠 風

그 첫 번째 이유를 언급하는 가운데, 고려가 귀순하니 공주를 내려주고 예악형정은 본국 풍속을 따르게 하였으므로, 고려는 동방에 사건이 있을 때마다 출병하여 보좌함으로써, 요수(遼水) 이동이 진정되고 동쪽 번방으로 되었다고 하였다. 즉 요수가 고려의 국경임을 간접적으로 인정한 것으로 해석된다.

고려 북계 봉강 즉 서북면 경계가 요하, 요양·심양임을 국가적으로 재확인하게 된 것은 당연한 일이지만 중국 대륙에서의 원·명 왕조 교체라는 동아시아 국제 정세의 변화 가운데서였다. 공민왕 19년(1370) 원의 고려 통치 거점 중의 하나인 동령부에 도망가 있던 기철의 아들 기새안첩목아를 체포한다는 명분을 걸고 고려국 경계와 인민을 회복하기 위한 의병(義兵)을 일으켜 동령부를 정벌하였다.

3-15  (전략) 군대가 나장탑에 도착하였는데, 요성에서 2일 노정 거리였다. 중장비를 잔류시키고 7일 군량을 가지고 갔다. 요·심 사람들에게 포고해서 말하였다. "요·심은 바로 우리나라 경계이고, 주민은 바로 우리 인민이다.(하략)" (중략) 이날 밤 성곽 동쪽을 군사를 후퇴시키고, 방문을 내어 납합출·야선불화 등에게 유시해서 말하였다. "(중략) 기새안첩목아는 (중략) 동령부에 몸을 숨기고, (중략) 동령성에 후퇴하여 보위하였다. (중략) 즉시 포획하여 긴급하게 보고하라. 만약 은닉하는 자가 있으면, 동경이 귀감이 될 것이다." 또 금·복주 등 처소에 방문으로 말하였다. "본국은 요와 더불어 아울러 수립되었고, 주 무왕이 기자를 조선에 책봉하였으며, 땅을 하사하여 서쪽으로 요하에 이르렀고, 대대로 강역을 준수하였다. 원 조정이 통일하고, 공주를 내려 요·심 지역을 탕목읍으로 삼고 기인하여 분성을

土旣殊 習俗亦異 刑罰爵賞婚姻獄訟與中國不同 今以中國之法治之 必有扞格枝 梧不勝之患 其不可二也 三韓地薄民貧 皆依山阻海 星散居止 無郡縣井邑之饒 今立行省 勢須抄籍戶口科定賦稅 島夷遠人罕見此事 必驚擾逃避 互相扇動 脫致不虞深繫利害 其不可三也 各省官吏俸祿 例於本省 差發科程 今使東省大小官吏月俸及一切公用 所費每歲大較不下萬有餘錠 本國旣無供上賦稅 上項俸給必仰朝廷輸送 則行省之設 未有一民尺土之益 坐耗國家經費之重 其不可四也 江南諸省 旣同一體例 湏軍兵鎭守 少留兵則不足彈壓東方諸國 多留兵則供給倍煩 民不堪命 又況國家自禁衛以及畿甸屯住軍額已有定制 固非常人所敢論 然不知征東鎭兵 果於何處簽發 其不可五也 古者集大事 則博謀於衆 防壅蔽也 竊聞 首獻立省之第二人 乃其國之故相 以讒間得罪於其主 懷毒自疑 遂謀覆其宗國 以圖自安 迹其本心 初非獻忠於聖朝也 由是觀之 梟獍犬豕之不若 當明正典刑 以戒人臣之不忠者 昔唐太宗伐高麗 至安市城 攻之不下 師還 以束帛賜其主 以勉事君 夫太宗之與高麗 敵國也 以天下之力 攻一小城不能拔 不以喪敗爲恥 仍以忠義相勉 書之史策 以爲美談 況聖朝之於本國 義則君臣 親則甥舅 安危休戚 靡不同之 奈何反聽二人欺詆之言 賣主自售果得 遂其奸計 有累政化 不勝旣乎 其不可六也 觀惟孔子曰 不在其位 不謀其政 未信而諫人 以爲謗己也 觀自惟草茅賤士 其於朝廷政事 不宜妄有論列 然目覩盛世 爲奸人所欺 不勝忠憤所激 輒肆狂斐 以浼淸聽 僭越之誅 無所逃命 爲朝廷惜擧措耳 李齊賢亦上書都堂 立省之議乃寢(『고려사』125 열전38 姦臣1 柳淸臣)

설치하였다. (하략)"[45]

여기서, 요·심(遼·瀋)은 바로 우리나라의 경계이며, 그 인민은 바로 우리의 인민이라고 말하고 있다. 아울러 요성(遼城), 요(遼), 동령부(東寧府), 동령성(東寧城), 동경(東京)이 같은 실체임도 확인시켜 주고 있다.[46]

또 금주·복주 등에 내린 방문에서, 주 무왕이 기자를 조선에 책봉하고, 땅을 하사하여 서쪽으로 요하(遼河)에 이르렀고, 대대로 강역을 지켰으며, 원이 통일하자 공주를 내려, 요·심 지역을 탕목읍으로 삼고, 분성을 설치하였다고 기록하고 있다. 또 말미에 요하이동(遼河以東)이 고려국의 강역임을 재차 확인하고 있다.

이 동령부 정벌 한 달 후에 도평의사사가 발송한 공문 중에 고려국 경계와 관련한 기록이 재확인된다.

3-15-1 정사일에 도평의사사가 동령부에 자문을 발송하여 말하였다. "기새인첩목아는 (중

___

45) 師至義州 令萬戶鄭元庇崔奕成金用珍等 造浮橋於鴨綠江 可並三四馬 我太祖與堅味先渡 諸軍以次渡 士卒爭橋 有溺死者 凡三日畢濟 是夕 雷雨暴作 衆皆疑懼 兵馬使李玖曰 吉兆何疑 諸將問其故 玖曰 龍之動 必有雷雨 今上元帥龍其名 而渡江之日 有雷雨 戰勝之兆也 衆心稍安 師至螺匠塔 去遼城二日程 留輜重 齎七日糧以行 告諭遼瀋人曰 遼瀋是吾國界 民是吾民 今舉義兵撫安之 如有逃隱山寨者 恐爲各枝軍馬所害 卽詣軍前告情 使裨將洪仁桂崔公招等 領輕騎三千進襲 彼見我師少 易之與戰 大軍繼至 城中望見落膽 其將處明恃驍勇 猶拒戰 太祖使李原景喩之曰 殺汝甚易 但欲活汝收用 其速降 不從 原景曰 汝不知我將之才 汝若不降 一矢洞貫矣 猶不降 太祖故射拂其兜牟 又使原景諭之 不從 太祖又射其脚 處明中箭退走 旣而復來欲戰 又使原景諭之曰 汝若不降 則射汝面 處明遂下馬 叩頭而降 有一人 登城呼曰 我輩聞大軍來 皆欲降 守將勒令拒戰 若力攻城 可取也 城甚高峻 矢下如雨 又雜以木石 我步兵冒矢石 薄城急攻 遂拔之 賽因帖木兒遁 虜金伯顔 是夕 退師城東 張榜諭納哈出也先不花等曰 奇賽因帖木兒 本國微臣 昵近天庭 過蒙殊恩 位至一品 義同休戚 天子蒙塵于外 義當左右先後 效死勿去爾 乃背恩忘義 竄身東寧府 以其父轍伏誅 挾讐本國 潛圖不軌 年前 國家遣兵追襲 逃不血刃 又不赴行在 退保東寧城 與平章金伯顔等 結爲心腹 松甫里法禿河阿尙介等處 團結軍馬 又欲侵害本國 罪在不原 今舉義兵以問 又與金伯顔等 誘脅小民 堅壁拒命 哨馬前鋒 生獲金伯顔外 哈刺波豆德左不花高達魯花赤 摠管頭目 盡行勦捕 賽因帖木兒 又逃不首罪 其所投各寨 卽捕獲飛報 如有隱匿者 鑑在東京 又勝金復州等處曰 本國與堯竝立 周武王封箕子于朝鮮 而賜之履西至于遼河 世守疆域 元朝一統 釐降公主 遼瀋地面以爲湯邑 因置分省 叔季失德 天子蒙塵千外 遼瀋頭目官等罔聞不赴 又不修禮於本國 卽與本國罪人奇賽因帖木兒 結爲腹心 嘯聚虐民 不忠之罪 不可道也 今舉義兵 以問賽因帖木兒等 據于東寧城恃强 方命哨馬前鋒 盡行勦捕 玉石俱焚 噬臍何及 凡遼河以東 本國疆內之民 大小頭目官等 速自來朝 共享爵祿 如有不庭 鑑在東京(『고려사』권114 열전27 지용수 공민왕19년 11월)

46) 앞 3-1-1에서의 요성=평양=서경이란 기록과 아울러 살피면, 이들 모두는 같은 실체이다. 서경, 동령부에 대해서는 별도의 논고에서 다시 자세하게 검토하기로 한다. 한편 이 고려 후기 요심지역의 정치적 입지에 대해서는 김혜원, 1998, 「고려후기 瀋王 연구」, 이화여자대학교 박사학위 논문에서 상세하게 추적하고 있다. 그리하여 이 지역이 원으로부터 간접적인 통치를 인정받았다는 점에서 적지 않은 의미가 있다고 평가하였다. 그런데, 이 지역을 강역의 관점에서 고려 초기부터 일관되게 추적할 때, 그 의미는 재해석해 볼 여지가 있다.

략) 또 요·심이 원래 본국의 옛 경계에 관계된다는 것을 고려하였고, (하략)" (중략) 강계
만호부에 명령하여 요·심 사람들에게 방문으로 유시하여 말하였다. "요양은 원래 바로 국가
의 경계이다.(하략)"[47]


기새안첩목아는 요·심(遼·瀋)이 원래 고려의 예전 경계였다는 점을 고려하였다고 하였
고, 또 그를 체포하기 위해 강계만호부로 하여금 요·심 사람들에게 방문을 붙여 유시하면
서 요양(遼陽)은 원래 고려국의 경계라고 언급하였다.

한편 심주와 관련해서는 고려 화주에 설치된 쌍성총관부 입지가 원래 심주 근처 쌍성현
이었다는 기록이 있어, 고려 국경 논의와 관련해서 참고가 된다.


3-15-2 대명이 철령위를 세우려고 하였다. 우가 밀직제학 박의중을 파견하여 표문으로 청
원해서 말하였다. "(전략) 철령 이북을 적절하게 비추어보니, 문·고·화·정·함 등 여러 주
를 거쳐 공험진에 이르기까지 본래 바로 본국의 토지에 관계되었습니다. 요 건통 7년에 이
르러 동여진 등이 반란을 일으켜, 함주 이북의 땅을 탈취·근거하였습니다. 예종이 요에 통
고하여 토벌하기를 요청하고, 군사를 파견하여 회복해서, 나아가 함주 및 공험진 등 성곽
을 축조하였습니다. 지원 초 무오 연간에 이름에 미쳐 몽고 산길대왕·보지관인 등이 군사
를 거느리고 여진을 수습·귀부시켰을 때, 본국 정주의 반란민 탁청과 용진현인 조휘가 화
주 이북의 땅을 가지고 영접하여 항복하였습니다. 소문으로 금 조정 요동 함주로 부근 심주
에 쌍성현이 있다는 것을 알았는데, 본국 화주 근처 함주에 예전에 축조한 작은 성곽 2개가
있는 것에 기인하여, 몽롱하게 상주하여 청원하고, 마침내 화주를 들어 쌍성이라고 모칭해
서, 조휘를 쌍성총관, 탁청을 천호로 삼고, 인민을 관할하였습니다. 지정 16년 간에 이르러
원 조정에 상달해서 상기 항목의 총관·천호 등 직책을 들어 혁파하고 화주 이북을 본국에
환속시켰습니다.(하략)"[48]

---

47) 丁巳 都評議使司移咨東寧府日 奇賽因帖木兒 自伊父謀亂伏誅之後 挾讎懷怨 常畜異謀 近因車駕北遷 不肯扈
從 竄身東寧 遼陽等處 結構分省分院官 志在假威 大行訃音 亦不通報 專逞己私 肯恤公義 又慮遼瀋元係本國舊
界 事大以來 結親甥舅 任爲行省管轄 賽因帖木兒占作巢穴 上不爲朝廷效忠 下則爲本國生事 以此去歲遣軍追
襲 緣彼姦回 累及良善 尙不悛過 復圖前計 茲復調兵問罪 彼乃稔惡 捍拒力戰 勢難中止 遂進攻破 本人逃去 未
卽捕獲 本人旣是忘本 好生釁端 省院官吏 他日恐爲所誤 除惡務本 兵非得已 前日之事 唯爲賽因帖木兒一人而
已 蒙古漢人 竝無干涉 本人如或透漏在彼 卽便捕送 令江界萬戶府 牓論遼瀋人曰 遼陽元是國界 大軍又出 恐害
及良善 其願渡江爲民者 官給糧種 各令安業(『고려사』권42 공민왕19년 12월)

신우 5년(1388) 명이 철령위(鐵嶺衛)를 세우려고 하자, 밀직제학 박의중을 파견하여 올린 표문에서 고려 화주에 설치된 쌍성총관부의 설치 경위에 대해 소상하고 밝히고 있다. 즉 정주 반란민 탁청과 용진현인 조휘가 금의 요동 함주로 부근 심주에 쌍성현이 있다는 소문을 듣고는, 고려 함주 근처 화주에 예전에 축조한 작은 성곽 2개가 있다고 모호하게 상주하여, 마침내 화주를 쌍성이라고 모칭하였다는 것이다. 즉, 원이 원래 설치하고자 했던 쌍성총관부의 위치는 요동 함주로 부근 심주 쌍성현이라는 주장이다.

또한 명사 지리지에서도 철령위가 고려와 경계를 연접하고 있다고 기록하고 있다.

3-15-3 동남쪽에 봉집현이 있는데, 바로 예전 철령성이다. 고려 경계에 연접하였는데, 홍무 초에 현을 설치하였다가 곧 철폐하였다.[49]

이 두 기록을 종합하면, 요동 함주로 부근 심주 쌍성현이 고려의 경계 지역이라는 것이다. 한편 신우 9년(1383)에는 후일의 조선왕조 태조 이성계가 변방을 안정시킬 방책을 올리면서 북계에 관해 언급하고 있다.

3-16 우리 태조가 변방을 안정시킬 책략을 헌의하여 말하였다. "북계는 여진·달달·요·심의 지경과 상호 연접하니, 진실로 국가 요해의 지역입니다. (하략)"[50]

---

48) 大明欲建鐵嶺衛 禑遣密直提學朴宜中 表請曰 昊天廣大 覆育無遺 帝王作興 疆理必正 玆殫卑懇 仰瀆聽聞 粤惟弊邦 僻在遐壤 褔小實同於墨誌 嶢嶢何異於石田 況從東隅 以至北鄙 介居山海 形勢甚偏 傳自祖宗 區域有定 切照鐵嶺迆北 歷文高和定咸等諸州 以至公嶮鎭 自來係是本國之地 至遼乾統七年 有東女眞等作亂 奪據咸州迆北之地 睿王告遼請討 遣兵克復 就築咸州及公嶮鎭等城 及至元初戊午年間 蒙古散吉大王 普只官人等領兵 收附女眞之時 有本國定州叛民卓靑 龍津縣人趙暉 以和州迆北之地迎降 聞知金朝遼東咸州路附近瀋州 有雙城縣 因本國咸州近處和州 有舊築小城二坐 矇聾奏請 遂將和州 冒稱雙城 以趙暉爲雙城摠管 卓靑爲千戶 管轄人民 至至正十六年間 申達元朝 將上項摠管千戶等職革罷 以和州迆北 還屬本國 至今 除授州縣官員 管轄人民 由叛賊而侵削 控大邦以復歸 今欽見奉 鐵嶺迆北迆東迆西 元屬開元 所管軍民 仍屬遼東 欽此 鐵嶺之山距王京 僅三百里 公嶮之鎭 限邊界 非一二年 其在先臣 幸逢昭代 職罔愆於侯度 地旣入於版圖 還及微瑣 優蒙睿澤 特下十行之詔 俾同一視之仁 伏望 陛下度擴包容 德敦撫綏 遂使數州之地 仍爲下國之疆 臣謹當益感再造之恩 恒祝萬年之壽(『고려사』 권137 열전50 신우5)

49) 東南有奉集縣 卽古鐵嶺城也 接高麗界 洪武初置縣 尋廢(『明史』41 志17 地理2 山東 遼東都指揮使司 鐵嶺衛)

50) [癸亥辛禑九年 大明 洪武十六年] 我 太祖 獻安邊之策曰 北界 與女眞達達遼瀋之境相連 實爲國家要害之地 雖於無事之時 必當儲粮養兵 以備不虞 今其居民 每與彼俗互市 日相親狎 至結婚姻 而其族屬在彼 誘引而去 又爲鄕導 入寇不已 脣亡齒寒 非止東北一面之虞也(『고려사절요』 권32)

북계는 여진·달달·요·심의 경계와 서로 연접해 있어서, 진실로 국가의 요해지라고 말하고 있는 것이다.

# IV. 결론

이상에서 고려 국경 문제를 국가권력이 미치는 영토와 관련시켜 바라보고, 국가 재부의 원천인 토지제도와의 연관 하에서 관련 기록을 종합적으로 검토해 보았다.

가문국가, 봉건국가로서의 고려국의 위상은 송·요·금·원 등 당시 동아시아 국제 질서 속에서 공인되지 않으면 안 되었다. 중세 농업국가의 국가 위상, 국력을 나타내는 지표가 여러 가지가 있을 수 있지만, 그 기반에는 농업 생산력이 놓여 있고, 그 내포적 단위를 가문 가령지가 표현해 주고 있었으며, 그 외연적 확대가 다름 아닌 국가 영토였다.

이 글에서는 그런 관점 아래서, 고려국 영토의 서북면, 북계에 대해 새롭게 조명해 보고자 하였다. 그리하여 종래 압록강으로 모호하게 표현되고 있던 기록을 좀 더 구체적으로 확장할 수 있었다.

고려국 북계 봉강은 고려 태조 왕건 시기부터, 조선 태조 이성계 시기까지 일관되게 요좌, 요동 등으로 표현되는 지역의 경계, 그 자연물로서의 요수, 요하였고, 그 지역적 거점으로서 요양, 심양, 철령, 개원 등에 걸치고 있었다. 압록강과 요하 사이는 이른바 변경 지역으로서 이웃 종족들이 흩어져 존재하는 곳이 있었고, 그들이 국가를 형성하는 경우 이 지점이 견아상입지(犬牙相入地)가 되어 분쟁이 발생하기도 하였다. 그렇지만 고려의 북쪽 국경 인식이 시종일관 요하까지였던 것에는 변함이 없었다.[51]

한편 이 고려 북쪽 국경의 행정구역이었던 심양로(瀋陽路)의 고려군민 호수는 다음과 같았다.

4-1　　고려가 나라를 들어 귀부한 4년에 미쳐 또 인질 준을 안무고려군민총관으로 삼아,

---

51) 고려 북계, 서북면 경계와 관련하여 거란 시기 동쪽 국경을 살핀 논고에 의하면, 현재 길림성 중동부지역, 요녕성 본계시에서 수암지역을 거쳐 요동만으로 이어지는 것으로 추론되고 있다. 복기대, 2013, 「중국학계의 거란 東쪽 국경에 인식에 대하여」『선도문화』 제 14권, 2013.02

2천 여 호를 분할하여 거느리고 심주를 다스렸다.[52]

4-2    원정 2년에 두 관청을 병합하여 심양등로 안무고려군민총관주로 삼고, 그대로 요양 고성을 통치하였다. 관할 총관이 다섯인데, 천호가 24, 백호가 25이었으며, 도착하여 순종한 전폐·양곡 호수는 5천 1백 83이었다.[53]

즉 원종 4년(1263) 시점에서 심양로의 고려군민이 2천여 호였고, 충렬왕 22년(1296) 시점에서 그 숫자는 5,183호였다.

그리고 이들은 원종 10년(1270)년에 둔전호(屯田戶)로 편성되고 있었다.

4-3    고려 둔전. 세조 지원 7년에 창립하였다. 이때 동쪽으로 일본을 정벌하는데, 양곡을 축적하려고 하여 나아가 취득하는 계책으로 삼았다. 마침내 왕준·홍다구 등 소관 고려군민 2천 인으로써 중위권 2천 인을 징발함에 미쳐, 파사부·함평부 각 군인 각 1천 인을 통합하여, 왕경·동령부·봉주 등 11 처소에 둔전을 설립하고, 경략사를 설치하여 그 사무를 통령하였다. 매 둔전 소용 군사는 5백 인이었다.[54]

이 둔전호는 나중에 원 공주의 탕목읍으로 전화하고도 있었다.[55] 둔전은 토지 지목으로 공전(公田)에 해당하고, 탕목읍은 식읍(食邑)으로 궁원전(宮院田)인 사전(私田)에 해당하므로, 이 국경 도시에서의 토지 지목의 전화는 고려 토지제도의 기본 원리인 전정연립에 근거하는 것으로 간주할 수 있다.

더구나 이 심양로의 핵심 행정구역인 동령부에는 고려 이전 시대의 군왕의 능묘가 존재하였고, 이를 이 시기까지 고려 정부가 관리하고 있었다는 다음의 기록은 고려 북계의 역사적 연원이 오래고 지속적이었음을 단적으로 보여주고 있다.

---

52) 及高麗擧國內附 四年 又以質子綧爲安撫高麗軍民總管 分領二千餘戶 理瀋州(『元史』권59 志11 地理2 遼陽等處行中書省 瀋陽路 원종 4년(1263))

53) 元貞二年 倂兩司爲瀋陽等路安撫高麗軍民總管府 仍治遼陽故城 轄總管五千戶二十四百戶二十五 至順錢糧戶數五千一百八十三(『元史』권59 志11 地理2 遼陽等處行中書省 瀋陽路 충렬왕 22년(1296))

54) 高麗屯田 世祖至元七年創立 是時東征日本 欲積糧餉 爲進取之計 遂以王綧洪茶丘等所管高麗戶二千人 及發中衛軍二千人 合婆娑府咸平府軍各一千人 於王京東寧府鳳州等一十處 置立屯田 設經略司以領其事 每屯用軍五百人(『元史』권100 志48 兵3 屯田 高麗國立屯 원종 10년(1270))

55) 주 45

4-4    중랑장 지선을 동령부에 파견하여 이전 시대 군왕의 능묘를 발굴한 사안을 질문하
였다.[56]


즉 충렬왕 6년(1280) 4월 19일에 중랑장 지선을 요성(遼城)인 동령부[57]에 파견하여, 이전
시대 군왕 능묘를 발굴한 사실을 질문하고 있는 것이다.

이제 막연히 현재의 압록강을 고려의 서북쪽 국경으로 설정한 기존의 견해는 본격적으
로 재검토하는 단계에 들어섰다고 할 수 있다.

그 작업의 출발선에 선 이 논고는 그 모습을 전정연립, 가령지, 영토라는 당시 동아시아
의 봉건적 책봉 체제 속에서 유기적이고 총체적으로 파악해 보려고 노력하였다. 그 모습이
보다 선명하게 드러나게 하기 위해서는 더 정밀한 사료 비판을 바탕으로 한 실체 구성이
필요할 것으로 보인다.

---

56) 遣中郎將池瑄于東寧府 問發掘先代君王陵墓事(『고려사』권29 세가29 충렬왕2 충렬왕6년(1280) 4월19일)
57) 주 45

# 고려와 거란 간 전쟁지역에 대한 재고찰

## - 주요 전투장소 지명을 중심으로 -

남주성 (한국수력원자력(주) 상임감사위원, 행정학박사)

## Ⅰ. 머리말

거란이[1]이 926년 발해를 멸망시키기 이전까지 고려와 거란은 영토분쟁이 발생할 수 없었다. 거란이 남진하면서 여진 부족들에게 영향력을 행사하고 고려 또한 북진정책을 추진하면서 양국 간에 이해충돌이 생겨나게 되었고, 결국 993년 거란의 1차 침략을 시작으로 1018년까지 3차례에 걸친 대규모 전쟁으로 이어졌다.[2]

---

[1] 거란과 요의 국호 혼용 문제에 대해서는 허인욱, 2008, 「고려 성종대 거란의 1차 침입과 경계 설정」 『전북사학』 제33호, 전북사학회, 35쪽 참조.

993년 거란이 고려에 1차로 침략하였을 때 서희는 거란의 소손녕과 담판하여 압록강 동쪽 280리 지역의 興化鎭(義州)·龍州(龍川)·鐵州(鐵山)·通州(宣川)·郭州(郭山)·龜州(龜城) 등을 영유하게 되는 외교적 성과를 거두었다.[3] 이후 국내학계에서 서희가 개척한 6주를 압록강 이남의 평안북도 지역으로 비정함에 따라 거란의 2차 침략, 3차 침략 시의 주요 전쟁지역 또한 자연스럽게 압록강 이남의 한반도 내에서 벌어진 것으로 설명되어 왔다. 거란 1차 침략시의 전투 상황은 매우 간략하여 구체적인 군사이동 상황을 추정하기 어려우나, 2차·3차 침략은 양측의 기록이 비교적 자세하기에 당시의 전투상황을 재구성해 군사이동과 전투 지역을 추정해 볼 수 있다.

그런데 고려와 거란의 전쟁터를 재구성함에 있어 당시의 군사 이동 상황과 평안도의 지명 지리를 비교해보면 서로 부합되지 않는 면이 많이 발견된다. 거란군은 2차 침략 시에 압록강을 건너 흥화진을 공격하였다가 都巡檢使 楊規, 鎭使 鄭成 등이 완강하게 저항을 하자 성을 그대로 내버려두고 철주를 거쳐 通州로 진출하였다. 고려 또한 강조가 이끄는 방어 군대를 通州로 보내 거란군의 침공을 대비하다가 통주지역의 三水之會에서 싸웠다.

三水之會는 세 개의 강이 합류하는 지점을 말하는데, 通州라고 알려진 평안북도 선천 부근에서는 세 개의 강이 합류되는 곳을 찾을 수 없다. 또한 거란군은 3차 침략 시 茶河와 陀河 두 강 사이에서 고려군에게 크게 참패하였다고 『遼史』에 기록되어 있는데, 『高麗史』에서는 이 전투를 강감찬의 귀주대첩으로 기록하고 있다.

그런데 평안북도 귀주는 압록강에서 삭주–구성–태천–박천–안주에 이르는 내륙 산악 통로상에 있어서 험한 골짜기와 고개로 인하여 군사행동의 제약이 많이 있는 지역이고 대동여지도를 참고하여 볼 때 大定江의 상류지역이어서 茶河와 陀河를 찾을 수 없다. 어떻게 하여 역사의 기록과 현지의 지형이 부합하지 않는 결과가 발생하였을까? 고려와 거란 사이의 전쟁은 『高麗史』『高麗史節要』『遼史』 등에 비교적 자세히 기록되어 있는데, 주요 전쟁 지명을 상고하기 어려운 이유는 무엇일까? 고려와 거란 사이의 전쟁기록에 등장하는 지명 중 한반도에서 찾기 어려운 銅山 通州 淸水江 肅州 安定驛 등과 같은 지명들을 요령성 요양 이북과 동요하 사이에서 여러 개를 발견할 수 있는데 왜 그러할까?

그런데 최근의 연구에서 고구려와 고려 때의 압록수는 요하 유역으로 볼 수 있고,[4] 고구

2) 羅鍾宇, 「고려 전기의 사회와 대외관계」 『신편한국사』 15권, 2002.
3) 羅鍾宇, 위 책.

려의 평양성과 고려의 서경(평양) 또한 오늘날 북한의 평양이 아니라 요령성 요양에 위치하였다는 주장이 제기되고 있다.[5] 고려와 거란이 전쟁하던 당시의 압록강이 현재의 요하이고, 서경인 평양이 요령성 요양이라면, 당연히 서희가 개척한 6주의 위치와 거란과 고려의 전쟁지역도 한반도가 아닌 요령성 지역이 되어야 한다.[6] 본 연구에서는 이러한 관점에서 고려와 거란의 전쟁지역을 재검토해 보고자 하는 것이다.

## II. 거란과 고려의 건국과 발전

거란이라는 명칭이 등장한 것은 중국 남북조시대로서 일부가 北魏와 北齊 고구려 등의 지배를 받다가 고구려 멸망 후에는 唐의 기미지배를 받았다. 907년 거란의 야율아보기가 8部의 추대를 받아 8部大人에 오르면서 독자적인 정권을 수립하였다. 923년 後唐이 後梁을 멸망시키자 후당과 우호관계를 맺은 거란은 갈등관계에 있던 배후의 渤海를 공략하기 시작하였다.

926년 거란 태조 야율아보기는 발해를 멸망시켰다. 거란은 발해를 東丹國이라 고치고 황태자 倍로 하여금 통치하게 하였다. 거란의 태종은 東丹國都를 요양으로 옮기고 백성들을 이주시켰다.[7] 이 과정에서 다수 백성이 고려와 여진으로 도망을 가기도 하였다.[8]

11세기 초 자체 내의 왕위계승분쟁을 수습한 거란은 팽창정책의 일환으로 여러 차례에 걸쳐 濱海女眞과 定安國을 치고 마침내는 압록강변의 요지에 3柵(威寇·振化·來遠)을 세워 여진과 송의 통교를 완전히 봉쇄하였다. 게다가 991년 宋과의 전쟁에서 송을 대패시켰다. 이로써 송·여진 모두로부터 後顧의 염려가 없게 된 거란은 발해 멸망이후 그동안 갈등관

---

4) 남의현, 2016, 「동녕과 평양성, 그리고 압록의 위치에 대한 시론적 접근」,『고구려의 평양과 그 여운』, 인하대학교 고조선연구소 평양연구팀, 265-267쪽, 282-283쪽.

5) 복기대, 2016, 「한국역사학계의 평양인식」,『고구려의 평양과 그 여운』, 인하대학교 고조선연구소 평양연구팀, 232-236쪽.
   윤한택, 2016, 「고려국 북계 봉강(封疆)에 대하여」,『고구려의 평양과 그 여운』, 인하대학교 고조선연구소 평양연구팀, 139쪽.

6) 『고려재기』에는 "초기에 거란은 압록강 북쪽의 땅을 고려에 떼어 주었고, 고려는 6성을 쌓았으며 용주성이 있다"고 되어 있다. (남주성 역주, 2010, 『흠정만주원류고』상권, 글모아, 376쪽.)

7) 安周燮, 2001, 「高麗-契丹 戰爭史 研究」, 명지대학교대학원 박사학위논문. 16쪽.

8) 安周燮, 위 논문 12-16쪽.

계에 있던 고려문제에 전념할 기회를 가질 수 있게 되었다.[9] 918년 궁예의 세력 기반을 물려받아 새 왕조의 창시자가 된 태조 왕건은 국호를 「高麗」라 하고, 年號를 「天授」라 정하였다. 935년 후백제의 내부 분열로 왕위에서 쫓겨난 견훤이 고려에 투항한 사건이 후삼국 통일의 결정적인 계기가 되었다. 이 해에 신라의 자진 항복이 이루어졌고, 이듬해인 태조 19년에는 후백제와의 최후 결전을 통해 후삼국 통일이라는 대업을 성취하였다.

王建은 진정한 의미에 있어서 高句麗의 계승자였다. 왕건은 (후)고려란 국호를 채택하고 장차 平壤을 국도로 삼고자 당시 폐허가 되어 있던 평양을 개척하였다.[10] 한편으로 고구려 계승이념 및 북진정책 등과 결합시켜 태조는 渤海의 유민을 받아들이고 후대하였다.

한편 발해를 멸망시킨 契丹에 대하여서는 격렬한 증오감을 나타내었다. 942년 거란이 사신을 보내어 낙타 50필을 선물하였으나, 왕은 이것을 받아들이지 않았다. 거란과 국교를 단절하고 그 사신 일행 30여 인을 섬으로 귀양 보내는 동시에 낙타는 萬夫橋 아래 붙들어 매어 두어 모두 굶어 죽게 하였다.[11]

태조는 또한 後晉에게 거란을 함께 공격할 것을 제의하였다.

처음에 고려왕 建이 군사를 써서 이웃나라를 병합하여 자못 강성해졌다. 胡僧 襪囉(말라)를 통해 高祖에게 말하기를, "발해는 우리와 혼인한 사이입니다. 그 왕이 거란에 사로잡혀 있으니, 조정과 함께 공격하여 취할 것을 청합니다"라고 하였으나 고조가 답을 보내지 아니하였다.[12]

그런데 이러한 정책은 곧 거란과의 마찰이 불가피했다. 고려는 꾸준한 북진정책의 결과 성종 대에 고려의 영토는 청천강을 넘어 압록강 하류 일부 지역에까지 이르게 되었다.[13]

---

9) 羅鍾宇, 위 책.
10) 『高麗史』 권 2, 世家 2, 태조 15년 5월 갑신.
11) 『高麗史』 권 2, 世家 2, 태조 25년 동10월.
12) 『資治通鑑』 권285, 後晉 齊王 開運 2년 10월.(안주섭, 위 논문, 38쪽 재인용)
13) 羅鍾宇, 위 책.

# III. 거란의 침략과 항쟁

## 1. 거란의 여진 정벌

960년 趙光胤은 宋을 건국하고 북진을 추진하였다. 979년 거란의 지원을 받던 北漢을 멸망시키고[14] 거란과 직접 국경을 마주하면서 대치하였다. 초기에는 宋이 우세하였으나 거란의 공격으로 宋이 패함으로써[15] 다시 소강상태를 유지하였다.

984년에 이르러 거란은 宋과 전선이 소강상태를 이루자 동방의 여진정벌을 단행하였다. 『高麗史』에는 거란의 여진 침략을 다음과 같이 기록하고 있다.

> 앞서 거란(契丹)이 여진(女眞)을 칠 때 우리 영토를 길로 삼았는데 여진은 우리에게 적을 끌어다가 분란을 엮었다 말하고, 송(宋)에 말을 바치러 가서는 그로 인하여 무고(誣告)하고 참소(讒訴)하기를, "고려가 거란과 더불어 그 세력의 도움에 기대어 우리 백성을 노략질하였습니다"라고 하였다. 성종은 宋의 사신 한국화에게 해명하기를 "거란이 〈여진〉 사람들을 죽이고 잡아갔소. 그러자 〈여진의〉 남은 족속들이 도망쳐서 우리나라의 회창(懷昌)·위화(威化)·광화(光化)의 땅으로 들어오니 거란 군사가 쫓아와 사로잡아 갔소. 우리나라는 대대로 중국의 정삭(正朔)을 받고 삼가 공물을 바침으로써 황제의 총애를 크게 받아들고 있으니 감히 두 마음을 가지고 외국과 교통하겠소? 하물며 거란은 요해(遼海) 바깥쪽에 끼어 있으며(契丹介居遼海之外) 또 우리와는 큰 강을 두 개 사이에 둘 정도로 험해(二河之阻)[16] 따를 만한 길이 없소.[17]

위 기록은 송으로부터 고려가 거란과 밀통하는 것이 아니냐고 의심을 받고 있는 데 대하여, 그것은 여진의 무고로서, 고려는 지리적으로 거란과 떨어져 있어서 서로 통하기 어렵다는 것을 설명하고 있다. 고려 초기 북진정책은 여진이 살고 있던 청천강 이북으로까지

---

14) 『遼史』권9, 景宗 乾亨 원년 6월.
15) 『遼史』권9, 景宗 乾亨 원년 7월.
16) 『宋史』 「外國列傳」 高麗에는 二河가 대매하(大梅河)와 소매하(小梅河)로 되어 있다.
　　況契丹介居遼海之外, 復有大梅·小梅二河之阻
17) 『高麗史』卷三 世家 卷第三 成宗 4년(985년) 5월.

영토를 확장시킨 결과 982년에는 大寧江 이동, 오늘날의 平北地方까지 영유하게 된다.[18] 성종 당시에 고려는 겨우 압록강 인근에 도달한 상태여서 거란과 직접 통교는 곤란하였고, 거란의 1차 침략 시 강동 6주의 할양이 여진을 축출하고 거란과 통교할 수 있는 기반을 마련한다는 명분을 띠고 있었던 것에서도 알 수 있다.

그런데 위 『高麗史』 기록을 분석해 보면 다음과 같은 몇 가지 사실에 의문을 가질 수가 있다. 고려가 거란과 교통하기 힘들다는 이유로 遼海를 들고 있는데 어디를 가리키는 것인가? 중국의 기록을 종합해 보면 遼海는 대략 다섯 개의 개념으로 쓰인 것으로 보인다.

① 요령성 개원현 북쪽 사막을 가리킨다. 遼河의 상류인 土河와 艾河가 합류하는 곳에 광대무변의 사막이 있어서 바라보면 바다와 같이 넓기에 붙여진 이름이다.[19] ② 遼河를 가리킨다.[20] ③ 渤海를 가리킨다.[21] ④ 요하의 동쪽 遼東을 가리킨다.[22] ⑤ 명나라가 1390년 昌圖府에 설치하였다가 3년 뒤 三萬衛城(현 개원현)으로 옮겨 설치한 遼海衛를 가리킨다.[23]

---

18) 羅鍾宇, 위 책.

19) 『百度白科』
《魏書·庫莫奚傳》: "及開 遼 海, 置戌 和龍, 諸夷震惧, 各獻方物. 遼海当專指遼河上游地區, 因有广大沙漠, 一望如海, 故名.
『盛京疆域考』
三萬衛(개원현 치소) 북쪽에 土河와 동북쪽에 艾河(애하)가 합류하는데 이를 遼海라 부르며 요하의 上源이 된다고 하였다.
『盛京疆域考』, 卷六, 明.
三萬衛【今開原縣治】原注元開元路原志洪武初廢二十年十二月置三萬衛於故城西兼置兀者野人乞例迷女眞軍民府二十一年府罷徙衛於開元城南距都司三百三十里.
西有大淸河東有小淸河流焉下流入於遼河又北有土河東北有艾河流合焉謂之遼海

20) 王禹浪, 王文軼, 2014. 「遼海地名淵源考」, 哈爾濱學院學報, 제35권 제12기.
『遼東志』에는 "艾河(애하)의 수원은 那丹府에서 나와서 서쪽으로 흘러 土河와 합해지는데 별명이 遼海이다. 또 이르기를 요해의 근원은 애하와 접하는데 서쪽으로 흘러서 梁房海口로 들어간다." 여기에서 말하는 요해는 즉 遼河를 가리킨다.

21) 『査字典』
遼海, 指 渤海 遼東灣. 唐 杜甫《后出塞》詩之四: "云帆轉 遼 海, 秔稻來 東吳." 仇兆鰲 注: 《北史·來護儿傳》: '遼 東之役, 護儿 率樓船指滄兵, 入自 浿水.'時 護儿 從 江都 進兵, 則当出 成山 大洋, 轉 登萊, 向 遼海 也."
또한 요해(遼海)는 『고려사』에 송황제가 고려 인종에게 金을 협공하자고 권유하는 조서(詔書)에도 등장한다.
『고려사』권15, 세가 권제15, 인종(仁宗) 4년 7월.
朕惟中國與王遠隔遼海, 而恩禮如此, 豈有他庶幾? 艱難有以敵愾耳.

22) 중국의 백과사전 『査字典』에는 요하의 동쪽 요동(遼東)을 가리킨다고 하였다.
『査字典』
遼海, 遼東 泛指 遼河以東沿海地區
『고려사』권22, 세가 권제22, 고종(高宗) 3년(1216년) 윤7월.

23) 『百度白科』

필자는 위의 여러 가지 개념 중에서 고려사에서 가리키는 요해는 遼河를 가리킨 것으로 추정해 본다. 서쪽은 요하, 북쪽은 二河로 막혀서 거란과 서로 통하기 어렵다는 것을 가리킨 것으로 보이기 때문이다.

다음으로 二河는 어디를 가리키는 것일까? 二河를 『송사』 「고려열전」에는 大梅河와 小梅河라고 기록하였다. 정약용은 「아방강역고」에서 대매하는 창성·삭주의 나루 이름이고, 소매하는 西馬吉河라고 하였다.[24] 또한 위 두강을 요하와 압록강으로 추정하는 견해도 있다.[25]

한편 984년 고려 성종이 刑官御事 李謙宜로 하여금 鴨綠江가에 성을 쌓으려다 女眞의 방해로 실패하였는데 『宋史』 「外國列傳」 高麗傳에서는 압록강이 아니라 梅河津으로 되어 있다.[26] 또한 984년 거란이 여진을 칠 때에 여진이 고려에 거란의 침략을 알리면서 '契丹의 騎兵들이 벌써 梅河를 건너왔다'고 하였다.[27] 이로 보아서 梅河는 여진 지역에 있는 강으로서 거란과 경계를 하고 있으며, 고려에서도 익히 알고 있고, 宋에서 알 수 있을 정도로 규모가 큰 강을 가리키는 것으로 보인다. 그렇다면 그러한 강은 당시에 압록강으로 불리던 東遼河가 아닐까 추정해 본다. 즉, 大梅河는 압록강이라 불리던 동료하, 小梅河는 개원지

---

衛名. 明洪武二十三年(1390年)在牛家庄(今遼宁海城縣西北牛庄)置, 屬遼東都指揮使司. 二十六年(1393年)移治三万衛城(今遼宁開原). 淸初廢.

『盛京疆域考』에는 洪武 23년(1390) 창도부(昌圖府)에 요해위(遼海衛)를 설치하였다가 3년 뒤에 삼만위성(三萬衛城)으로 옮겼다.

고려 우왕 때(1388년)에 박의중(朴宜中)이 명나라에 사신으로 갔다가 귀국하면서 요해(遼海)를 거쳐서 요동에 도착하였는데 『고려사』에 다음과 같이 기록되어 있다.

『고려사』권112, 열전 권제25, 제신(諸臣) 박의중.

行數日, 遼東以崔瑩擧兵聞. 宜中到遼海, 從者恐爲遼東所執, 中路皆逃. 宜中單騎到遼東, 略無懼色

24) 정약용, 「我邦疆域考」 其四, 『여유당전서(定本 與猶堂全書)』, 西北路沿革續, 又按大梅河者, 昌·朔之津名. 小梅河者, 今所謂西馬吉河, 源出愛哈邊門之東, 北至今玉江堡之對岸, 入于淥水(한국고전번역원, 고전종합DB)

25) 安周燮, 위 논문 52쪽.

『해동역사 속』 제10권, 지리고(地理考) 10 고려(高麗) 1

《송사》 고려열전에는 다음과 같이 되어 있다.

거란은 요해(遼海)의 바깥에 끼어 있고 또 대매하(大梅河)와 소매하(小梅河)의 두 강으로 막혀 있으니, 어떤 길을 통해 오갈 수 있겠는가. 진서가 삼가 살펴보건대, 매하(梅河)는 압록강을 가리키는 듯하다.

한편, 한국고전번역원의 『해동역사 속』 번역자 정선용은 "대매하는 지금의 요하(遼河)이고, 소매하는 지금의 혼하(渾河)이다"라고 주석하였다.(한국고전종합DB)

26) 『宋史』 「外國列傳」 高麗에는 梅河로 되어 있다.

女眞又勸當道控梅河津要, 築治城壘, 以爲防遏之備

27) 『宋史』 「外國列傳」 高麗

其後又遣人告曰, 契丹兵騎已濟梅河. 當道猶疑不實

역 요하의 주요 지류인 淸河로 추정해 본다.

## 2. 거란의 제1차 침략

### 가. 거란의 침략 원인

993년 10월 거란 성종은 80만 대군을 동원하여 東京留守 蕭遜寧을 총대장으로 삼아 고려를 침략하였다. 거란이 고려를 침공한 이유는 두 가지였다. 첫째는 송이 차지하고 있는 중원으로 진출하기에 앞서 송과 고려의 동맹관계를 단절하고, 고려를 거란에 복속시켜 배후의 안정을 도모하기 위함이었고, 둘째는 거란이 고구려의 계승권을 가지고 있으므로 고려가 차지하고 있는 압록강 남쪽 고구려의 옛 강토를 확보하여 고려의 도전을 봉쇄하겠다는 것이었다.[28]

### 나. 전쟁경과

993년 5월 西北界의 女眞에서 契丹이 군사를 동원하여 침략하려 한다고 고려에 알려 왔으나, 고려 조정에서는 여진이 속이는 것으로 여기고 방비태세를 갖추지 않았다.[29] 고려 조정에서는 993년 8월에 女眞이 契丹의 군대가 침략하였음을 다시 알려오자, 비로소 일의 위급함을 알고 각 도에 병마제정사를 나누어 보냈다.[30]

고려 조정에서는 10월 侍中 朴良柔를 上軍使로, 內史侍郞 徐熙를 中軍使로 임명하여 北界에 군대를 거느리고 가서 契丹을 방어하게 하였다. 윤10월 고려 성종은 西京으로 가서 安北府(안주)까지 나아가 머물렀는데, 契丹의 東京留守 蕭遜寧이 蓬山郡을 공격하여 파괴하였다는 소식을 듣자 더 가지 못하고 돌아왔다. 徐熙를 보내 화의를 요청하니 소손녕이 침공을 중지하였다.[31]

고려 조정에서는 서경 이북의 땅을 거란에 떼어주고 黃州에서 岊嶺까지를 국경[封疆]으로 구획하여 화의를 맺자는 여론이 대두되었다. 거란의 소손녕 또한 안융진(安戎鎭)을 공격

---

28) 羅鍾宇, 위 책.
29) 『고려사』, 세가 권제3, 성종(成宗) 12년 5월.
30) 『고려사』, 세가 권제3, 성종(成宗) 12년 8월.
31) 『고려사』, 세가 권제3, 성종(成宗) 12년 10월. 윤10월.

하다 고려의 中郎將 大道秀·郎將 庾方이 선전하여 그들과 싸워서 이기자 더 이상의 남진을 멈추고 싸우지 아니하고 강화로써 항복을 받는 전략을 선택하였다. 이러한 상황에서 고려의 서희는 割地論을 반대하면서, "거란의 東京으로부터 우리 安北府까지 수백 리 땅은 모두 生女眞이 살던 곳인데, 光宗이 그것을 빼앗아 嘉州[32]·松城 등의 성을 쌓았습니다. 지금 거란은 이 두 성을 차지하려는 것에 불과한데, 그들이 고구려의 옛 땅을 차지하겠다고 떠벌리는 것은 실제로 우리를 두려워하는 것입니다"라고 왕에게 진언하고 강화회담 대표로 거란의 소손녕과 담판을 하게 되었다. 소손녕은 "거란이 이미 고구려 옛 땅을 모두 차지하였는데, 신라 땅에서 일어난 고려가 고구려 땅을 침식하고 있으며 이웃인 거란을 버리고 송나라를 섬기고 있다. 만약 땅을 분할해 바치고 朝聘에 힘쓴다면, 무사할 수 있을 것이다"라고 하였다. 이에 대해 서희는 "고려는 고구려를 계승하여 국호도 고려라고 하였다. 만일 국경 문제를 논한다면, 遼의 東京도 모조리 우리 땅에 있는데, 어찌 〈우리가〉 침범해 왔다고 말하는가? 고려가 거란과 교류하고자 해도 압록강을 여진이 차지하고 있어 통로가 차단되어 교류가 안되므로 만약 여진을 쫓아내고 우리의 옛 영토를 돌려주어 성과 보루를 쌓고 도로를 통하게 해준다면 조빙할 수 있을 것이다"라고 대응하여 협정이 타결되었다.[33]

이 협정 결과 고려는 ① 송나라의 연호 대신 거란의 연호를 사용하고 ② 거란으로부터 고구려 계승권을 승인받고 ③ 6주, 즉 압록강 동쪽 280리에 있는 興化鎭(義州)·龍州(龍川)·鐵州(鐵山)·通州(宣川)·郭州(郭山)·龜州(龜城) 등을 차지하여[34] 압록강 유역까지 진출하게 되었다.

한편 거란은 ① 형식적이나마 고려를 복속시켰으며 ② 송과 고려의 외교관계를 단절시키고 ③ 장차 송을 침공 시 고려가 배후에서 공격하는 위험을 제거하게 되었다.[35] 이 협정

---

32) 신증동국여지승람 제52권 평안도(平安道) 가산군(嘉山郡)

　　본래 고려 신도군(信都郡)이다. 또는 고덕현(古德縣)이라고도 한다. 광종(光宗) 11년에 습홀(濕忽)에 성을 쌓고 승격시켜 가주(嘉州)가 되었다. 본조 태종 13년에 지금 이름으로 고쳐서 군을 삼았다.

　　『성경강역고』권4, 요,

　　盛京疆域考/卷4 遼

　　嘉州【當在奉天境】原志嘉平軍下刺史隸顯州【李氏地理韻編以嘉州在朝鮮境按嘉州旣隸顯州自當去廣寧不遠韻編說恐未確】

33) 『고려사』권94, 열전 권제7, 제신(諸臣) 서희.

34) 서희가 개척한 성에 대하여 『고려사』에서는 성종 13년(994)에 서희가 군사를 거느리고 여진을 쫓아냈고, 장흥진(長興鎭)·귀화진(歸化鎭)과 곽주(郭州)·귀주(龜州)에 성을 쌓았다. 이듬해 다시 군사를 거느리고 안의진(安義鎭)·흥화진(興化鎭)에 성을 쌓았고, 또 그 이듬해 선주(宣州)·맹주(孟州)에 성을 쌓았다고 하였다(권94, 열전 권제7, 제신(諸臣) 서희). 따라서 서희 8성으로 불러야 한다는 주장도 있다.

에서 고려는 영토를 확장하는 실리를 얻고 거란 또한 송나라 공격을 위한 정지작업을 함과 동시에 고려를 군신관계로 복속하는 외교적 명분을 얻게 되었다.

### 다. 평안도의 교통로

역사적으로 거란 몽골 만주족 등 북방의 기마민족이 압록강을 건너 의주-안주-평양—개경-한양 축선으로 침공할 때 평안북도 지역에서 사용가능한 통로는 두 갈래이다.

첫째는 義州-龍川-鐵山-宣川-郭山-定州-嘉山-安州-平壤에 이르는 해안 통로이고, 둘째는 義州-安義-龜城-泰川-寧邊-安州-平壤으로 연결되는 내륙통로이다.

해안 통로는 내륙통로에 비해 협곡 애로 및 고개가 적은 평탄한 지형이어서 역사적으로 한반도의 남북을 연결하는 주요 도로로 이용되었고, 몽골과 만주족이 침공한 통로도 이 해안 통로이다.[36] 또한 조선의 사신단이 한양에서 明·淸의 수도인 연경을 오갈 때 평안북도 지역에서 사용한 사행길은 모두 해안 통로이다.[37]

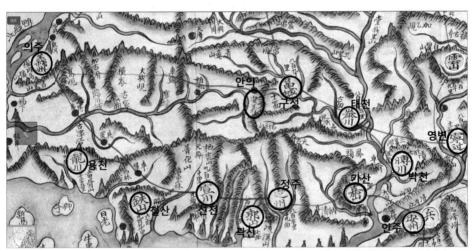

[그림 1] 평안북도 교통로 (해동지도: 서울대학교규장각한국학연구원)

---

35) 羅鍾宇, 위 책.

36) 安周燮, 위 논문, 148-149쪽.
　　몽골침입 : 의주-철주-선주(선천)-안주-평양-개성
　　　　　　　의주-귀주(구성)-태주-영변-강동-수안-개성
　　정묘호란(후금) : 의주-용천-선천-평양-평산-개성
　　병자호란(청) : 의주-용천-선천-평양-평산-개성

　　　　　　　　　　　　　　고구려의 평양과 그 여운

## 라. 1차 침략기록의 의문점

거란 소손녕이 993년 1차 침략 시에 먼저 점령한 곳은 蓬山郡이고, 이어서 안융진을 공격하였다. 『신증동국여지승람』에서 봉산군은 평안북도 내륙교통로상에 있는 귀성의 동쪽 34리 지점으로 귀성과 태천사이에 있다고 하였으며, 안융진은 안북부(안주)의 서쪽 65리 바닷가에 있다고 하였다.[38]

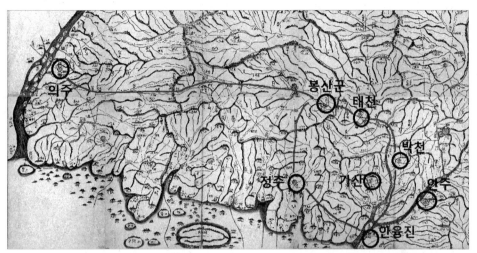

[그림 2] 거란 1차 침략경로 (대동여지도: 서울대학교규장각한국학연구원)

---

37) 김정중, 1791, 『燕行錄』 잡록(雜錄) 도리(道里). 한국고전종합DB
고양 벽제관(碧蹄館 한양부터) 40리 탑산(塔山) 5리/파주 파평관(坡平館 벽제관부터) 40리 주사하(朱沙河) 5리 /장단 임단관(臨湍館) 30리 조라산점(罩蘿山店) 3리 / 개성부 태평관(太平館) 40리 이대자(二臺子) 4리 / 금천 금릉관(金陵館) 40리 연산역(連山驛) 6리 / 평산 동양관(東陽館) 60리 연대하(煙臺河) 5리 / 총수 보산관(寶山館) 30리 장춘교(長春橋) 5리 / 서흥 용천관(龍泉館) 50리 쌍수보(雙樹堡) 2리 / 검수 봉양관(鳳陽館) 40리 건초령(乾草嶺) 2리 / 봉산 동선관(洞仙館) 30리 팔리포(八里鋪) 8리 / 황주 제안관(齊安館) 40리 영녕사(永寧寺) 3리 / 중화 생양관(生陽館) 50리 영원위(寧園圍) 5리 / 평양 대동관(大同館) 50리 청돈대(靑墩臺) 6리 / 순안 안정관(安定館) 50리 조점역(曹店驛) 6리 / 숙천 숙녕관(肅寧館) 60리 칠리파(七里坡) 6리 / 안주 안흥관(安興館) 60리 오리교(五里橋) 7리 / 가산 가평관(嘉平館) 60리 사하소(沙河所) 5리 / 정주 신안관(新安館) 60리 건구하(乾溝河) 3리 / 곽산 운흥관(雲興館) 30리 연대하(煙臺河) 5리 / 선천 임반관(林畔館) 40리 반랍점(半拉店) 5리 / 철산 차련관(車輦館) 50리 망해점(望海店) 2리 / 용천 양책관(良策館) 30리 곡척하(曲尺河) 5리 / 소관 의순관(義順館) 40리 삼리교(三里橋) 7리 / 의주 용만관(龍灣館) 30리 동관역(東關驛) 3리

38) 『신증동국여지승람』 제52권, 평안도(平安道) 귀성도호부(龜城都護府)/안주목(安州牧). (한국고전번역원, 한국고전종합DB)

거란군의 기동로에서 문제점은 크게 두 가지이다.

첫째, 거란군은 기병이 주력군인데 압록강을 건너서 현재 의주로부터 기동이 편리한 해안통로를 택하지 아니하고, 기병의 기동이 제한되는 산악 내륙통로를 택하여 봉산군을 공격하였다는 점이다. 그런데 성종이 친정한 2차 침략에서는 압록강을 건너 흥화진을 거쳐 통주(선천)로 진격함으로써 해안 통로를 택한 것으로 되어 있다.

둘째, 봉산군을 점령하였으면 지리적으로 보아 다음으로는 태천 박천을 거쳐서 안주를 공격하여야 되는데 느닷없이 안주의 후방에 있는 바닷가의 안융진을 공격하였다는 점이다. 봉산군에서 태천 박천을 거치지 않고 안융진을 공격하는 또 다른 길은 봉산군에서 남쪽의 험준한 泉洞峴 산을 넘어서 정주를 거쳐서 청천강 하구를 넘어서 가는 것이다. 이것 또한 기마부대가 겨울철 준령을 넘는 것이라서 취하기 어려울 것으로 보인다. 국방부전사편찬위원회는 거란군이 겨울철 청천강의 결빙을 이용해서 도강하였을 것으로 추정하였다.[39] 그런데 청천강 하구가 결빙되었을 지도 확신하기 어렵다.[40]

이러한 의문은 봉산군과 안융진 및 안주의 당시 위치에 관하여 전반적으로 재검토할 필요성을 갖게 한다.


## 2. 거란의 제2차 침략

### 가. 거란의 침략 원인

1004년 거란 성종은 南宋을 공격하여 宋을 굴복시키고 '澶淵의 盟'[41]을 맺고 힘의 우위를 과시하고 강력한 대외정복사업을 추진하였다. 1009년 거란은 성종을 대신하여 섭정을 맡고 있던 소태후가 죽고 성종이 친정을 하게 되자 청년왕으로서 강력한 대외정복 사업을 추진함으로써 자신의 능력을 과시하려 하였다. 거란은 이전에 고려와 宋과의 유대를 끊기 위해 강동 6주를 고려 영역으로 인정하여 주었음에도 불구하고, 고려가 宋과 통하며 연합해서 요를 협공하려는 태도에 불안감과 의구심을 갖고 고려침략을 추진하였다.[42] 또한 강

---

39) 國防部戰史編纂委員會, 1990, 『麗遼戰爭史』, 67쪽.

40) 안주섭, 앞의 논문, 185쪽.

41) 거란은 송으로부터 매년 비단 20만 필, 은 10만 냥의 세폐를 받기로 하고 화약을 맺는다.

42) 羅鍾宇, 위 책.

동 6주를 뺏으려는 의도도 있었을 것이다.[43]

그러나 침략의 표면적인 이유로는 고려의 신하로서 왕(목종)을 시해한 康兆의 정변에 대한 처벌을 들고 있다.[44] 1010년 10월 성종은 전쟁을 선포하고, 12월 스스로 步兵과 騎兵 40만 명을 거느리고 침략을 시작하였다.[45]

## 나. 전쟁의 경과

『고려사』,『고려사절요』,『동사강목』,[46]『해동역사』,『요사』의 기록을 기초로 하여 거란의 침략 일정과 행로를 정리해 보면 다음과 같다.

① 1010년(고려 현종 1년) 동10월 강조가 스스로 行營都統使가 되어 군사 30만을 거느리고 通州(선천군)[47]에 주둔하여 거란에 대비하였다.

② 거란 성종은 12월 22일(양력)에 압록강을 건너와서 興化鎭[48]을 포위하니, 都巡檢使 楊規 등이 성을 굳게 지켰다.

③ 거란군은 22일(정유)에 흥화진 포위를 풀고 20만의 군사를 麟州[49] 남쪽 無老代(지금은 미상)에 주둔시키고, 20만의 군사는 진군하여 通州에 이르게 하고, 거란 성종은 銅

---

43) 金在滿, 1999,『契丹·高麗關係史研究』, 國學資料院, 132쪽.

44) 羅鍾宇, 위 책.

45)『고려사』, 세가 권제4 현종(顯宗) 원년 11월.

46) 안정복,『동사강목』제6하, 경술년 현종 원문왕(顯宗元文王) 원년 (국사편찬위원회, 한국사데이터베이스)

47)『신증동국여지승람』제53권, 평안도(平安道) 선천군(宣川郡).
본래는 안화군(安化郡)이었는데, 고려 초기에 통주(通州)라고 고쳤고, 현종 21년에 선주 방어사(宣州 防禦使) 고을이라 일컫고, 본조 태종 13년에 지금 이름으로 고쳐서 군(郡)으로 하였다.(한국고전번역원, 고전종합 DB)

48)『신증동국여지승람』제53권, 평안도(平安道) 의주목(義州牧)
고영주(古靈州) 주의 남쪽 55리에 있다. 본래는 고려의 흥화진(興化鎭)이었는데, 현종 23년에 영주로 승격시켜서 방어사를 두었고, 본조에서는 주를 폐하여 내속시켰다. 토성 터가 있는데, 둘레가 2천 5백 80척이다.(한국고전번역원, 고전종합 DB)
흥화진성은 의주남방 15㎞ 지점 의주군과 피현군의 경계 백마산 줄기에 있다. 둘레 2840m, 높이 2-3m 정도이다.(서일범, 1999,「서희가 구축한 성곽과 방어체계」『서희와 고려의 고구려계승의식』152쪽.(안주섭, 위 논문 226쪽 재인용).

49)『신증동국여지승람』제53권, 평안도(平安道) 의주목(義州牧)
고인주(古麟州) 주의 남쪽 35리다. 본래는 고려의 영제현(靈蹄縣)이었는데, 현종 9년에 인주 방어사(麟州防禦使) 고을로 일컫고, 21년에 토성(土城)을 쌓았는데 속칭 조여(鳥餘)라 하며 둘레가 1만 1천 1백 척이며, 영평진(永平鎭)의 백성을 옮겨서 채웠다. 고종 8년에 반역하였으므로 낮추어 함인(含仁)이라고 일컬었다가 뒤에 지군사(知郡事) 고을로 고쳤으며 본조에서 주를 폐하여 내속시켰고, 세종 때에 인산진을 두었다.(한국고전번역원, 고전종합 DB)

山[50] 아래로 군사를 옮겼다.

④ 임진일에 강조와 최사위 등이 군사를 세 부대로 나누어 龜州[51] 북쪽 惡頓·湯井·曙星의 세 길로 나아가 거란과 싸우다가 패전하고, 군사를 이끌고 通州城 남쪽으로 나와서 군사를 세 부대로 나누어 강을 사이에 두고 진을 쳤다(『遼史』에는 "11월 을유일, 대군이 압록강을 건너자 강조가 막아서서 싸움이 벌어졌다. 이를 물리치자 물러나서 동주를 지켰다"고 되어 있다.[52]). 한 부대는 통주에 진을 쳐서 세 곳의 강이 모이는 곳(三水之會)에 웅거했는데 강조는 그 속에 있고, 다른 한 부대는 통주 부근의 산에, 나머지 한 부대는 성에 붙여서 진을 쳤다가 패하여 강조는 생포되어 거란의 회유를 거부하고 죽었다.

⑤ 12월 6일(경술)에 거란 군사가 郭州[53]를 함락하였다. 8일(임자)에 거란 군사가 淸水江에 이르러, 안북도호부(안주)가 무너지고, 10일(갑인)에 거란 군사가 肅州를 함락시켰다.

⑥ 고려는 거란의 침략에 대비하여 중랑장 智蔡文으로 하여금 和州[54]에 주둔하여 동북방을 방어하게 하였다가 강조가 패하자 서경을 구원하도록 명령하여 지채문은 성천의 剛德鎭[55]으로 옮겼다. 거란군이 安定驛[56]에 이르렀다. 12일(병진)에 지채문이 林原

---

50) 『신증동국여지승람』 제53권, 평안도(平安道), 철산군(鐵山郡),
   【건치연혁】 본래는 고려의 장녕현(長寧縣)인데 일명 동산(銅山)이었다.(국사편찬위원회한국사데이터베이스)

51) 신증동국여지승람 제53권, 평안도(平安道), 귀성도호부(龜城都護府).
   본래 고려의 만년군(萬年郡)이었는데, 성종 13년에 평장사(平章事) 서희(徐熙)에게 명하여 여진(女眞)을 공격하여 쫓고 성을 쌓아서 귀주(龜州)라고 불렸고, 고종 18년에 높여서 정원대도호부(定遠大都護府)로 하고 또 정주목(定州牧)으로 고쳤다.(한국고전번역원, 고전종합 DB)

52) 『遼史』卷十五 本紀第十五 聖宗六

53) 『신증동국여지승람』 제53권, 평안도(平安道), 곽산군(郭山郡)
   본래 고려의 장리현(長利縣)이었는데, 성종 13년에 평장사(平章事) 서희(徐熙)에게 명하여 여진(女眞)을 공격하여 쫓고 성을 쌓게 하고서 곽주(郭州)라 이름하였고, 현종 9년에 방어사(防禦使) 고을로 삼았다. 본조 태종 13년에 지금 이름으로 고쳤다.(한국고전번역원, 고전종합 DB)

54) 『신증동국여지승람』제48권, 함경도(咸鏡道) 영흥대도호부(永興大都護府)
   본래는 고구려의 장령진(長嶺鎭)으로, 혹은 당문(唐文)이라 일컫기도 했고, 혹은 박평군(博平郡)이라 일컫기도 하였는데, 고려 초기에 화주(和州)로 되었고, 광종 6년에 비로소 성보(城堡)를 쌓았으며, 성종 14년에 화주안변도호부(和州安邊都護府)로 고쳤다.

55) 『신증동국여지승람』제54권 평안도(平安道) 성천도호부(成川都護府)
   고려 태종 14년에 강덕진(剛德鎭)을 두었고, 현종 9년에 성주 방어사(成州防禦使)로 오다가 뒤에 지군사(知軍事)로 하였다. 본조 태종 15년에 지금의 이름으로 고치고 지금 예에 따라 도호부로 승격하였으며, 세조 때에 진을 두었다.

56) 『신증동국여지승람』제52권 평안도(平安道) 순안현(順安縣)

驛[57)]의 남쪽에서 거란군을 공격하여 3천여 명의 머리를 베었다. 13일(정사) 거란군이 서경을 포위하였다.

⑦ 巡撫使 楊規는 興化鎭에서 통주에 이르러 군사 1천 명을 수합한 다음 17일(신유)에 곽주에 들어가서, 거란의 주둔 군사를 쳐서 모두 베어 죽이고 성안의 남녀 7천여 명을 통주로 옮겼다.

⑧ 27일(신미)에 지채문이 서경에서 도망 와서 군사의 패전 상황을 보고하고, 왕은 남쪽으로 羅州까지 피난하였다가 환도하였다.

⑨ 신해 2년(1011) 봄 정월 신묘일에 龜州別將 金叔興이 거란 군사를 쳐서 머리 1만여 급을 베었다. 임진일에 楊規가 거란 군사를 無老代에서 습격하여 머리 2천여 급을 베었다.

⑩ 계사일에 양규가 또 梨樹에서 싸워 石嶺까지 추격하여 머리 2천 5백여 급을 베었고, 병신일에 또 餘里站에서 싸워 머리 1천여 급을 베었다.

⑪ 임인일에 양규가 다시 艾田에서 거란군 1천여 급을 베었으나 군사가 모두 죽고 화살이 다하여 모두 적의 진중에 뛰어들어 죽었다. 거란군이 계묘일에야 압록강을 건너 군사를 이끌고 물러갔다.

## 다. 거란군과 고려군의 2차 전쟁 상황 문제점

### (1) 귀주 지리와 전투상황 불부합

거란군의 침략에 대비하여 고려군의 강조와 최사위는 30만 명을 이끌고 통주(선천군)[58)]에 주둔하였다. 거란의 성종은 40만 군사를 이끌고 압록강을 건너서 흥화진을 거쳐서 20만은 통주로 진출시키고, 거란 성종 자신은 20만을 지휘하여 銅山(철산) 아래로 가서 주둔하였다.

통주(선천)에 주둔하고 있던 崔士威 등은 군사를 세 부대로 나누어 龜州 북쪽 惡頓·湯井·

---

안정역(安定驛) 현의 안에 있다.

57) 동사강목 제6하 경술년 현종 원문왕(顯宗元文王) 원년 12월
임원역(林原驛) 지금의 평양부(平壤府) 북쪽 20리 지점에 있다.

58) 선천은 고려 초기에 통주(通州)라고 고쳤고, 현종 21년에 선주로 고치고 조선 태종 13년에 선천으로 고쳤다. 대동여지도에는 古宣州가 東林城이라고 표시되어 있다.

曙星의 세 길로 나아가 거란과 싸우다 패전하고, 군사를 이끌고 通州城 남쪽으로 나와서 군사를 세 부대로 나누어 강을 사이에 두고 진을 쳤다. 한 부대는 통주에 진을 쳐서 세 곳의 강이 모이는 곳(三水之會)에 웅거했는데 강조는 그 속에 있고, 다른 한 부대는 통주 부근의 산에, 나머지 한 부대는 성에 붙여서 진을 쳤다. 강조는 초기에 劍車로써 거란군을 쳐서 이겼기에 적을 경시하다가 패전하였다.

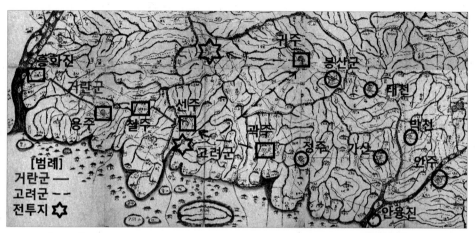

[그림 3] 거란 2차 침략 전투 상황도 (대동여지도: 서울대학교규장각한국학연구원)

그런데 거란군과 고려군이 통주와 귀주에서 싸웠다는 기록을 평안북도의 현지 지리와 대조해 보면 부합되지 않는 점을 발견할 수 있다.

첫째, 귀주는 내륙통로 상에 있기에 해안통로를 이용하여 진격하는 거란군의 공격로와 일치하지 않는다.

즉, 거란군이 압록강을 건너 의주-인주-통주에 이르는 해안통로를 이용하여 침공하였기에 고려군은 해안 통로인 선천(통주)에 주둔하여 대비하였다. 통주에 주둔하던 고려군은 통주로 진격해 오는 거란군을 막기 위해서는 통주 전방으로 나가서 싸워야 한다. 한편 아래 [그림 4]와 같이 『대동여지도』 등 고지도(서울대 규장각 소장)를 기준으로 살펴보면 귀주(龜州)는 평안도 내륙통로에 위치하여 거란의 주력이 이동하는 해안 통로와는 산맥이 가로막혀 있고 단지 소로가 연결되어 있다.

그런데도 통주에 주둔했던 강조와 최사위의 고려군은 통주로 밀려오는 거란군의 주력군

고구려의 평양과 그 여운

을 내버려 두고 험준한 산악을 넘어가서 내륙에 위치한 귀주로 나아가 싸우다가 패하고 다시 통주로 물러났다고 하였다. 거란군이 압록강을 건넌 다음 의주에서 산악지형인 내륙통로를 따라 소수의 조공부대를 투입하였고, 고려군 또한 내륙통로에 별도의 방어부대를 배치하였기에 양군의 조공 부대 간에 전투가 벌어진 것으로 가정해 볼 수도 있다. 그러나 그러한 기록은 없고, 강조와 최사위 군이 직접 귀주 전방으로 진출하여 싸운 것으로 되어있다.

위 기록을 그대로 인정해 보면 귀주는 거란군 주공이 지향하는 해안 통로에 있어야 하며 통주의 전방에 있어야 전술적으로 설명이 된다. 『요사』에도 거란군이 압록강을 건너자 강조가 맞아 싸웠고, 이를 물리치자 물러나서 통주를 지켰다고 되어 있는데 이것이 더 정확한 표현이고 전술적 지리적으로도 부합된다고 보인다.

만일 고려군이 거란군의 조공부대와 내륙인 귀주에서 싸우다가 패하였다면, 패전한 군사를 산악지대를 넘어서 해안통로인 선천으로 다시 이동시킬 것이 아니라, 거란군의 조공이 지향하는 내륙통로 즉 귀주의 후방인 봉산군–태천–박천–안주 축선을 지켜야 고려군의 배후가 차단당하지 않는다. 적의 조공부대가 공격해 오는 통로를 비워두면 후방을 차단당하여 포위되기 때문에 취할 수 없는 군사행동이다.

둘째, 귀주 북쪽에서는 거란군이 진격할 만한 세 갈래 길을 찾을 수 없다.

통주(선천)에 주둔하고 있던 강조와 崔士威 등은 군사를 세 부대로 나누어 龜州 북쪽 恧頓·湯井·曙星의 세 길로 나아가 거란과 싸우다 패전하였다고 기록하고 있다. 『대동여지도』를 기준으로 볼 때 [그림 4]와 같이 서쪽인 의주에서 귀주로 가는 통로는 두 갈래이다.

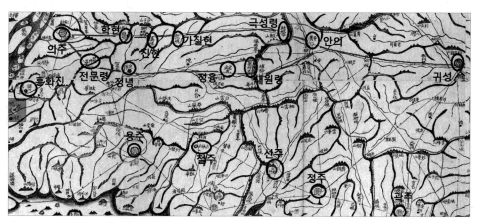

[그림 4] 의주–귀주 통로 (대동여지도: 서울대학교규장각한국학연구원)

북로는 鶴峴-眞峴-加叱峴을 거쳐 棘城岾을 넘어 安義를 거쳐 귀주에 이른다.

남로는 箭門嶺을 넘고 定寧-定戎을 거쳐 塞垣嶺을 넘고 安義를 거쳐 귀주에 이른다. 한편 위 [그림 1]의 해동지도에서는 북로만 표시하고 있다.

이와 같이 의주에서 귀주에 이르는 통로는 산악 길로서 세 갈래 길을 찾을 수 없고, 惡頓·湯井·曙星의 지명은 다른 어느 지리지에도 등장하지 아니하여 그 위치를 고찰할 수가 없다.

이를 보면 평안도 귀주(구성)는 거란 2차 침략 당시의 귀주 전투의 전쟁터로 보기에 부적절하다고 보인다.

### (2) 통주 삼수지회(三水之會)의 위치 미상

강조와 최사위 등 고려군은 통주(선천)에 진을 치고 있다가 전방으로 나아가 귀주에서 싸웠으며, 패하고 다시 통주성으로 물러난 뒤 통주성 남쪽으로 나와서 세 곳에 진을 쳤는데 그 중 강조는 세 개의 강이 모이는 곳(三水之會)에 웅거하고 있을 때 거란의 선봉이 三水砦를 격파하였다고 하였다.

三水之會는 세 개의 강이 모이는 곳을 의미한다. 위 기록에 따르면 선천의 남쪽에는 세 개의 강이 모이는 곳이 있어야 한다. 여기서 水는 조그마한 개천이 아니라 水는 큰 강을 가리킨다. 고대사에서 북방의 江은 水라는 명칭을 사용하였다. 즉, 요수, 대량수, 마자수, 한수(漢水), 청수(淸水) 등이 그 예이다. 세 강이 모이는 곳을 통제하기 위해 설치한 영채가 삼수채일 것이다.

삼수지회(三水之會)와 삼수채(三水砦)에 대해서는 『신증동국여지승람』과 『동사강목』 등의 사서와 지리지에 언급이 없고, 이에 대한 국내 연구도 이루어지지 아니하였는데, 서일범(1999)은 『신증동국여지승람』의 견해를 따라 동림군의 東林城을 옛 宣州城으로 추정하고, 삼수채는 동림성 서남쪽 청강의 합수목 일대로 비정하고 있다.[59]

그런데 다음 [그림 5]에서와 같이 선천 주변에 강으로 볼 만한 것은 그나마 淸江이 유일하기에 조그마한 개천이 모여 드는 것을 가리켜서 삼수(三水)라고 보는 것은 무리가 있어 보인다.

---

59) 서일범, 앞의 논문, 158쪽.(安周燮, 앞의 논문, 231쪽 재인용).

고구려의 평양과 그 여운

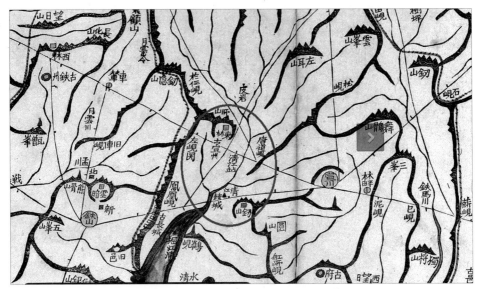

[그림 5] 선천 지형도 (대동여지도: 서울대학교규장각한국학연구원)

## 3. 거란의 3차 침략

### 가. 침략의 배경

거란의 제2차 침략 강화 교섭 과정에서 현안문제로 등장한 것이 고려왕의 친조와 강동 6주의 반환요구였다. 하지만 이 두 가지 요구는 실제로 실현하기 어려운 그들의 일방적인 요구였으므로 결국 제3차 침구의 구실이 되었다.

고려에서는 수차례 사신을 파견하여 평화 유지에 힘쓰는 한편, 거란의 재침에 대비하여 개경의 松嶽城을 증수하고 서경의 皇城도 새로이 쌓는 등 군사대비 태세를 강화하였다.[60] 1012년 6월에 고려에서 왕이 병으로 인해 친조할 수 없다는 최종 통고를 하자, 거란 성종은 조서를 내려, 興化·通州·龍州·鐵州·郭州·龜州 등 6개 성을 빼앗으라고 하였다.[61]

---

60) 羅鐘宇, 위 책.

61) 『고려사』, 세가 권제4, 현종(顯宗) 3년 6월.

## 나. 전쟁의 경과

### (1) 3차 1회 침략

1014년 10월에 國舅詳穩 蕭敵烈을 보내어 통주와 흥화진을 공격하였다. 이 때 흥화진 장군 鄭神勇과 별장 周演이 이를 맞아 패퇴시켰는데, 죽인 적들만 100여 명이고 물에 빠져 죽은 수효는 더욱 많았다. 1015년 1월 거란이 압록강에 다리와 성을 설치하고 興化鎭과 通州를 침략하였고, 3월에는 龍州를 침략하였다.[62]

### (2) 3차 2회 침략

1015년 9월 거란 성종은 北府宰相 劉晟을 도통으로 임명하여 고려침공을 명하였다. 그리하여 강동 6주의 반환을 요구하는 한편 통주를 공격해 왔다. 고려에서는 흥화진의 대장군 정신용과 별장 주연 등이 군사를 이끌고 거란군의 배후로 나아가 적군을 크게 깨뜨리고 700여 명을 죽였으나 정신용 등 고려장군 6명도 전사하였다. 契丹이 寧州城을 공격하였으나, 이기지 못하고 물러갔다. 大將軍 高積餘등이 추격하다가 전사하였다. 1016년 정월 契丹이 郭州를 침략하여 고려군 수만 명이 전사하고 거란군은 군수품을 탈취하여 돌아갔다.[63]

### (3) 3차 3회 침략

1017년 5월에 거란 성종은 蕭合卓을 都統으로 임명하여 고려를 침공하게 하였다. 마침내 8월에 소합탁의 거란군이 압록강을 건너 다시 흥화진을 포위하고 9일간이나 공격을 가하였으나 함락시키지 못하였고 도리어 성을 지키던 고려의 장군 堅一·洪光·高義의 공격을 받아 격파되었다.[64]

### (4) 3차 4회 침략

1018년 12월 거란은 東平郡王 蕭排押[65]을 도통으로, 殿前都點檢 蕭屈烈을 副統으로, 東

---

62) 『고려사』, 세가 권제4, 현종(顯宗) 5년 10월~6년 1월. 『요사』 권15, 본기 제15, 성종 6, 개태 3년 여름.

63) 『고려사』, 세가 권제4, 현종(顯宗) 6년 9월~7년 1월. 『요사』 권15, 본기 제15, 성종 6, 개태 4년 5월.

64) 『고려사』, 세가 권제4, 현종(顯宗) 8년 8월. 『요사』 권15, 본기 제15, 성종 6, 개태 6년 5월.

고구려의 평양과 그 여운

京留守 耶律八哥를 都監으로 하여 10만의 군사로 침략하였다. 고려에서는 평장사 강감찬을 상원수로, 대장군 강민첨을 부원수로 삼아 군사 20만 8천 명을 동원하여 寧州(安州)에 나가 방어하게 하였다. 강감찬 등은 흥화진으로 나가 精騎 1만 2천을 뽑아 산곡 사이에 매복시키고 큰 줄로써 소가죽을 꿰어 흥화진 동쪽의 큰 내를 막은 후 거란군이 마음 놓고 건너가기를 기다렸다가 물을 터뜨리며 복병을 내어 앞뒤로 공격하여 거란군을 크게 격파하였다.[66] 소배압이 흥화진에서 패하고도 군사를 이끌고 바로 京城으로 향하니 姜民瞻이 慈州 來口山 까지 추격하여 이를 크게 패배시키고, 侍郞 趙元이 마탄(馬灘:대동강 美林津)에서 공격하여 1만 여의 수급을 베었다. 1019년 정월에 소배압이 신은현(新恩縣:황해도 新溪)에 이르니, 서울과의 거리가 1백 리였다. 현종은 淸野戰術을 써서 성 밖의 민호를 전부 성안으로 들어오도록 하고 들판의 작물과 가옥을 전부 철거토록 하였다.

거란이 군사를 돌려서 漣州(价川)와 渭州(寧邊)[67] 에 이르자 강감찬에게 습격당하여 사망한 자가 5백여 명이었다. 2월 초하루에 거란 군사가 귀주를 지나자 강감찬 등이 적을 대파하고 추격하여 石川을 건너 盤嶺[68]에 이르렀다. 시체가 들을 뒤덮고, 사로잡힌 인원과 말·낙타·갑옷·투구·무기 등은 이루 헤아릴 수 없었다. 살아서 도망간 자는 겨우 수천 명이었다.[69]

이 전투를 끝으로 장기간에 걸친 고려 거란 간 전쟁이 종식되었고, 고려는 거란에 사대를 하는 대신 서희가 개척한 6주의 영유권을 확정하게 되었다.

『遼史』에서는 소배압이 철군하면서 茶河·陀河의 두 개 강 사이에서 추격해 오는 고려군과 싸워서 크게 패배하였다고 하였다.[70]

---

65) 『고려사』에는 蕭遜寧으로 되어 있으나 『요사』의 蕭排押이 맞다. 『요사』 권16, 본기 제16, 성종 7, 개태 7년 겨울 10월.

66) 당시 전투가 치루어진 12월 10일은 양력 1월 24일로서 동절기이고 북쪽의 강이 결빙되는 시기인 점을 고려할 때 실제 수공작전이 있었는가에 대해 의문이 있을 수 있다.(안주섭, 위 논문, 283쪽)

67) 안정복, 『동사강목』 제7상, 현종 10년, (국사편찬위원회 한국사데이터베이스)
연주는 지금의 개천(价川)이며, 위주는 지금의 영변부(寧邊府)의 서북쪽 40리에 있다.

68) 안정복, 『동사강목』 제7상, 현종 10년,
석천(石川)은 아마도 지금의 팔령천(八嶺川)인 듯한데 귀성부(龜城府) 북쪽 20리에 있다. 반령(盤嶺)은 아마도 지금의 팔령산(八嶺山)인 듯한데 귀성부 북쪽 29리에 있다.

69) 『고려사절요』 권3 현종원문대왕(顯宗元文大王) 현종(顯宗) 10년 2월.

70) 『遼史』16, 「本紀」16, 聖宗 7, 개태(開泰) 7年 12월 丁酉일.

『遼史』16권,「本紀」16, 聖宗7 개태(開泰) 7年(1018) 12월

소배압(蕭排押) 등이 고려와 다하(茶河)와 타하(陀河)와 두 강에서 싸웠다. 요군이 피해를 입어서 천운(天雲) 우피실(右皮室)[71] 두 軍에서 빠져 죽은 자가 많았다. 요련장상온(遙輦帳詳穩) 아과달(阿果達), 객성(客省) 사작고(使酌古), 발해상온(渤海詳穩) 고청명(高淸明), 천운군상온(天雲軍詳穩) 해리(海裡) 등이 모두 죽었다.[72]

한편 『遼史』「列傳」소배압전에는 다음과 같이 되어 있다.

개태(開泰) 7年(1018) 고려를 정벌하였는데 개경에 이르렀더니 적이 도망하였다. 군사를 풀어서 약탈을 하여 돌아오면서 다하(茶河)와 타하(陀河)와 두 강을 건널 때에 적이 좌우에서 활을 쏘면서 공격하였다. 소배압은 갑장(甲仗)을 버리고 도주하였기에 관직을 삭탈당하였다.[73]

『遼史』「列傳」야율팔가(耶律八哥)전에는 좀 더 구체적으로 기술되어 있다.

개태(開泰) 7年(1018) 황상이 동평왕 소배압을 대장으로 삼아 고려를 정벌토록 명령하였는데 야율팔가는 도감(都監)이 되었다. 개경에 이르러 약탈을 하여 돌아오면서 다하(茶河)와 타하(陀河)와 두 강을 건널 때에 고려군이 추격하여왔다. 여러 장수들은 모두 적이 두 강을 건넌 다음에 공격하고자 하였으나 야율팔가 홀로 불가하다고 하였다. 즉, 만약 적이 두 강을 건넌 다음에는 반드시 필사적으로 싸울 것이니 이것은 위험한 방책이다. 두 강의 사이에서 공격하는 것만 못하다. 소배압은 이를 따라서 싸웠으나 패전하였다. 이듬해 동경으로 돌아왔으나, 다하(茶河)와 타하(陀河)의 패전 책임을 물어서 서북로도감(西北路都監)으로 강등되었다.[74]

---

71) 우피실(右皮室)군은 태종이 천하의 정병을 선발하여 친위군으로 삼았다는 御帳親軍 예하의 정예병이었다.(『遼史』권35, 병위지: 안주섭, 위 논문, 284쪽 재인용)

72) 『遼史』第十六卷,「本紀」第十六 聖宗七.

73) 『遼史』卷八十八,「列傳」第十八 蕭排押.

74) 『遼史』卷八十,「列傳」第十, 耶律八哥

75) 安鼎福, 1778, 『東史綱目』제7상, 무오년 현종 9년(송 진종 천희 2, 거란 성종 개태 7, 1018) 12월.

고구려의 평양과 그 여운

## 다. 거란의 3차 침략 귀주 전투의 문제점

강감찬의 귀주 대첩을 『遼史』에서 茶河와 陀河의 패전이라고 기록하였다. 이에 대하여 『東史綱目』에서는 거란 3차 침공 초기 압록강을 건넌 거란군을 강감찬이 흥화진 부근에서 강물을 막아서 공격한 전투로 보았고,[75] 안주섭 또한 같은 견해를 보였다.[76] 그런데 요사의 소배압과 야율팔가 전에서 구체적으로 개경까지 진출하였다가 돌아가는 길이라고 하였으므로 침략 초기 전투인 흥화진 부근이 아니다. 또 김상기(1985)는 茶陀二河는 두 강이 아니라 茶陀二의 二를 숫자로 잘못 본데 따른 착오로서 하나의 강이며 구성군에 있는 지금의 皇華川 등으로 보았다.[77] 김재만(1999) 또한 茶陀二河는 귀주 인근을 흐르는 하천으로 보았다.[78]

그런데 위 『遼史』「列傳」耶律八哥의 기록에서와 같이 兩河, 兩河之間이라고 당시의 전황을 상세히 기록하고 있으므로 두 강으로 보아야 한다. 그런데 구성 지역은 대동방여전도 대동여지도 등을 검토해 볼 때 산악 내륙지역이고 청천강의 상류 지역이다. 구성군 내에는 아래 [그림 6]과 같이 구성강의 지천인 皇華川과 九林川 등 소규모 지천이 구성군 분지를

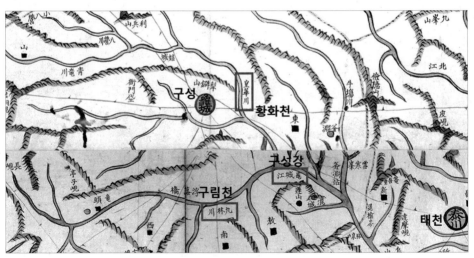

[그림 6] 구성군 일대 하천분포도 (대동방여전도 : 서울대규장각한국학연구원)

---

【안】《송원강목(宋元綱目)》에는 거란이 고려를 치다가 다(茶)·타(陀)의 2하(河)에서 크게 패배하였다고 하였다.
76) 안주섭, 위 논문, 283쪽.
77) 金庠基, 1985, 『高麗時代史』, 서울大出版部, 99쪽.
78) 金在滿, 1999, 『契丹·高麗關係史研究』, 국학자료원, 155-156쪽.

둘러싸고 있다.

茶河와 陀河라고 볼만한 강을 찾기 어렵다. 특히 『요사』의 편찬자들이 이름을 분명히 기록하고 있는 점으로 보아서 규모가 크고 잘 알려진 강으로 보인다.

대동방여전도의 지형과 현대 위성사진의 형상을 서로 비교하여 보면 더 분명히 지형을 파악할 수 있다.

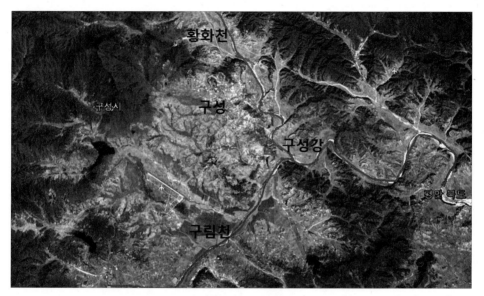

[그림 7] 구성군 일대 하천 (사진출처 : 구글어스)

『요사』 야율팔가전의 기록에는 거란군이 茶河와 陀河와 두 강을 건널 때에 고려군이 추격하여왔고, 야율팔가의 주장대로 고려의 추격군이 두 강을 건넌 다음에 공격하지 않고 두 강의 사이에서 공격하여 전투를 벌여서 패전하였다. 구성지역은 황화천이 분지의 동단을 북에서 남으로 흐르고, 구림천이 남단을 서에서 동으로 흐르는 형태이다. 위 전투가 구성에서 벌어졌다면 거란군은 구성강의 하류 태천에서 강변 길을 따라서 구성에 들어왔을 것이고, 황화천을 건너 구성시를 지나 북쪽 삭주방향이나 서쪽 의주방향으로 퇴각로를 잡았을 것이다. 구성지역에서 전투가 벌어졌다면 당연히 황화천과 구림천이 감싸 도는 분지 내 평지에서 벌어졌을 것이기에 야율팔가전의 기록과 부합되지 않는다. 따라서 강감천의 대

고구려의 평양과 그 여운

첩은 구성지역에서 벌어졌다고 보기 어렵다고 추정된다.

## IV. 거란과 고려 전투 지명 고찰

앞에서 살펴 본대로 거란의 침략을 평안북도 지형과 비교하면 부합되지 않는 점이 많이 있다. 고려의 서경이 요령성 요양이고 청천강(일명 淸江)이 요령성의 淸河라고 보아서 거란과 고려의 전쟁이 요양 이북에서 벌어진 것으로 추정하여 사서의 전쟁기록과 지명, 군사이동로 및 전투상황이 현지의 지리 지형 지명과 부합하는지를 재검토하여 본다.

고려의 서경이 요령성 요양이면 서희가 쌓은 성과 거란과 고려의 주전장은 요양 이북 지역이 된다. 그 위치를 찾는데 있어 다행스러운 것은 당나라가 고구려를 멸망시킨 이후 붙인 지명을 고려도 그대로 사용하였고, 발해 요나라, 금나라, 원나라도 지명을 바꾸지 않고 그대로 사용하였다고 『元史』에 기록되어 있다.

『원사』 지제11, 지리2, 요양등처행중서성, 동녕로

동녕로, 본래 고구려 평양성으로 장안성이라고도 한다. 한나라가 조선을 멸하고 낙랑 현토군을 두었는데 이곳에 낙랑을 두었다. 진나라 의희 연간 이후 고구려 왕 고련(장수왕)이 처음으로 평양성에 거하였다. 당나라가 고구려를 정벌하여 평양성을 함락한 이후 그 나라는 동쪽으로 옮겨갔다. 압록수 동남 천여 리에 있는 것은 옛 평양이 아니다. 왕건에 이르러 평양을 서경으로 하였다. 원나라 지원 6년, 이연령, 최탄, 현원열 등이 부주현진 60성을 들어 항복하였다. 8년 서경을 동녕부로 고쳤다. 13년 동녕로총관부로 승격하였다. 錄事司를 설치하고, 靜州, 義州, 麟州, 威遠鎭을 떼어 내어 婆娑府에 예속시켰다. 본 로에는 領司가 하나 있고, 나머지 성은 막히어 폐하여 司를 설치한 곳이 없으나 지금도 옛 이름이 남아 있다 (今姑存舊名). 錄事司 토산현 중화현 철화진 도호부는 당나라 말에 그 땅이 고려에 편입되어 부주현진 60여 성을 두었다. 이곳은 도호부가 되어 당나라 때의 명칭을 그대로 썼으나 (雖仍唐舊名) 도호부를 채우지는 못하였다. 지원 6년 이연령 등이 그 땅을 들어 귀순하였으며 뒤에 성의 치소가 훼손되었으나 그 이름은 그대로 남아있으며(僅存其名) 동녕부에 소속하였다. 정원부(定遠府), 곽주(郭州), 무주, 황주는 안악, 삼화, 용강, 함종, 강서의 다섯

개 현과 장명진을 관할한다.[79]

따라서 『遼史』와 『元史』의 「지리지」에 기록된 州縣의 명칭과 위치는 서희가 쌓은 성과 거란과 고려의 전쟁터를 찾는데 큰 도움을 주고 있다.

## 1. 통주(通州)와 삼수지회(三水之會) 위치

거란의 2차 침략 시에 성종은 40만 군사를 이끌고 압록강을 건너서 흥화진을 거쳐서 20만은 통주로 진출시키고, 거란 성종 자신은 20만을 지휘하여 銅山 아래로 가서 주둔하였다. 또한 거란의 2차 침략 초기 전투에 관하여 『요사』의 기록을 보면, "성종 28년 춘 정월 대군이 압록강을 건너자, 康肇가 맞서 싸웠는데, 이를 물리치자 물러나서 銅州를 지켰다"고 하였다.[80] 그리고 校勘記에서는 銅州가 『고려사』에서는 通州로 기록되었다고 하였다.[81] 즉, 한 지명을 두고 거란은 銅州라 기록하고, 고려는 通州로 기록하였다.

『요사』「지리지」동경도조에는 銅州가 있는데, "발해가 설치하고 군사에 관한 것은 북병마사에 속하고 析木縣을 관할하며, 본래 한나라 望平縣의 땅이었고 발해에서 花山縣이 되었으며, 초기에는 동경에 예속하다가 뒤에 동경도에 속하게 되었다"고 하였다.[82]

그런데 그 위치를 좀 더 구체적으로 표현해 놓은 것이 『金史』「지리지」이다.

東京路
동주(銅州)의 석목현(析木縣)은 요나라 동주광리군(銅州廣利軍)의 부곽현이고, 황통3년에 주를 폐하여 속하게 하였으며 사하(沙河)가 있다.[83]

함평로
함평부는 본래 고려 동산현(銅山縣)이며 요나라에서 함주(咸州)가 되고 금나라 초에 함주로(咸州路)가 되었다가 天德二年(1150년)에 함평부로 승격되고 뒤에 총관부가 되었다. 속

---

79) 元史 志第十一 地理二/遼陽等處行中書省/東寧路
80) 『遼史』第十五卷, 本紀第十五 聖宗六 二十八年 十一月乙酉
81) 『遼史』第十五卷, 本紀第十五 聖宗六.
82) 『遼史』卷三十八 志第八 地理志二 東京道
83) 『金史』卷二十四, 志第五, 地理上, 東京路

　　　　　고구려의 평양과 그 여운

현인 동산(銅山)현은 요나라 동주 진안군(同州鎮安軍)이며, 한나라 양평이었고, 요태조 때에 동평채(東平寨)를 설치하였기에 동평(東平)이라 불렸으며, 진동군(鎮東軍)이다. 章宗大定 二十九年(1189년) 東平현과 중복되기에 이름을 바꾸었다. 남쪽에 시하(柴河), 북쪽에 청하(淸河), 서쪽에 요하(遼河)가 있다고 하였다. 신흥(新興)현은 요나라 은주부국군(銀州富國軍)으로서 본래 발해의 부주(富州)인데 범하(范河) 북쪽에 시하(柴河) 서쪽에 요하(遼河)가 있다.[84]

『盛京疆域考』에서도『金史』와 같이 기록하고 있다.

遼나라 咸州는 지금의 鐵嶺縣 동북 四十里 지점으로 발해가 동산군을 설치하였다.[85]
『盛京疆域考』卷伍 上京路【今混同江外】
금나라 상경로 함평부(철령현 동북 40리)는 본래 고려 동산현지(高驪銅山縣地)로서 요나라 때 함주가 되고, 금나라초에 함주가 되었으며, 뒤에 함평부가 되고 또 총관부가 되었다. 금 태조가 이미 영강주(寧江州)를 격파하고 다시 군사를 이끌고 나와 요군을 압자하(鴨子河)에서 쳐부수고 빈주(賓州)를 함락하였다. 오릉고(烏楞古)가 다시 요군을 함주(咸州)의 서쪽에서 이기고 비로소 함주(咸州)를 정복하다고 하였는데, 이를 미루어 보면, 금나라 때의 함평부 속현 여럿이 범하(范河) 시하(柴河) 사이에 있었다. 즉, 요나라 함주(咸州)는 확실하게 철령(鐵嶺) 개원(開原) 두 현 지경에 있었다는 것을 의심할 바 없다
함평부의 동산(銅山)현은 개원현 남쪽 3십리 지점이다. 요의 동주진안군(同州鎮安軍)은 요태조 때에 동평채(東平寨)를 설치한데 유래한다. 동평군은 진동(鎮東)으로 부르는데 세종대정 29년에 동평과 중복되므로 고쳤다. 남쪽에 시하(柴河) 북쪽에 청하(淸河) 서쪽에 요하(遼河)가 있다.[86]

또한 金나라 王寂은『遼東行部志』에서 "銅山縣은 요나라 銅州인데 금나라에서 東平縣으로 고쳤다"고 하였다.[87] 沙河는 현재도 요령성 개원시와 철령 사이에 있다. 이를 종합하여

---

84)『金史』卷二十四, 志第五, 地理上, 咸平路
85) 清·楊同桂 孫宗翰 輯, 『盛京疆域考』卷四
86) 清·楊同桂 孫宗翰 輯, 『盛京疆域考』卷五.

보면, 고구려 銅山縣은 발해에서 그대로 銅山郡이 되고, 고려는 通州라 부르고, 요나라는 同州 咸州 東平寨, 금나라에서 咸平府 銅山縣이 되었으며, 원나라의 동녕부가 되었다. 즉, 오늘날 철령시와 개원시 사이가 된다. 오늘날 지도로 살펴보면 대략 철령시와 개원시의 사이에는 遼河 淸河 沙河 柴河 등이 흘러서 합쳐진다. 세 강이 합쳐지는 三水之會는 遼河 淸河 沙河가 합쳐지는 平頂堡鎭과 中固鎭 일대로 추정해 볼 수 있을 것이다. 통주와 동산이 같은 요령성 철령 지역이고, 통주 옆에 요하 청하 사하가 합류하는 삼수지회가 있어서 당시의 전황이 자연스럽게 설명이 된다.

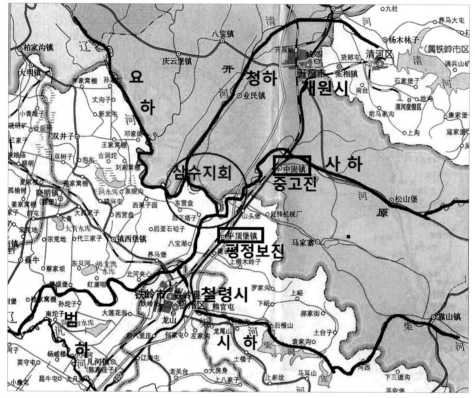

[그림 8] 개원 철령시 일대 지도 (지도출처: www.guang.net)

---

87) (金) 王寂 撰, 『遼東行部志』
　　庚寅宿銅山縣銅山遼之銅州也本朝改爲東平縣焉.

　　　　　　　고구려의 평양과 그 여운

## 2. 귀주(龜州)의 위치

거란의 2차 침략 초기 전투에 관하여 『요사』에서는 "대군이 압록강을 건너자, 康肇가 맞서 싸웠는데, 이를 물리치자 물러나서 銅州를 지켰다"고 하였다.[88] 『고려사절요』 등에서는 "통주에 주둔하던 崔士威 등이 군대를 나누어 龜州 북쪽의 惡頓(육돈)·湯井(탕정)·曙星(서성)의 세 길로 나가 契丹과 싸웠으나 거듭 패하였다. 강조가 군사를 이끌고 通州城 남쪽으로 나와서 삼수지회에서 패전하였다"고 하였다.[89]

거란의 3차 침략 시 소배압이 고려 강감찬에게 패배한 茶河와 陀河의 위치는 『요사』「지리지」東京道 貴德州에 다음과 같이 분명히 기록되어 있다.

> 귀덕주(貴德州)는 영원군(寧遠軍)인데 본래 漢 양평현 지역이다. 한나라 시기 공손도(公孫度)가 점거하였으며 태종때에 찰할(察割)이 포로로 잡은 한민(漢民)을 살게 하여 설치하였다. 성종 때에 귀덕군을 세웠다가 뒤에 이름을 바꾸었다. 타하(陀河) 대보산(大寶山)이 있으며 두 현을 관할한다. 귀덕현(貴德縣)은 발해의 숭산현이었고, 봉덕현(奉德縣)은 발해의 녹성현이었는데 일찍이 봉덕주를 두었다.[90]

위 貴德州와 관련하여서 『盛京疆域考』에서는 다음과 같이 기술하였다.

> 遼의 귀덕주는 지금의 철령현(鐵嶺縣) 동남에 있다. 관할 현이 두 개다. 태종 때에 설치하고 성종이 귀덕군을 세웠는데 뒤에 이름을 바꾸었다. 타하(沱河)[91] 대보산(大寶山)이 있다. 『遼史』에 성종 통화 28년(1010)에 황제가 고려를 친정하였다. 11월 압록강을 건너서 고려군을 물리치고 개경을 불사르고 청강(淸江)에 이르렀다. 다음해 군사를 이끌고 돌아올 때에 이르러 비를 만났다. 날씨가 개기를 기다려 강을 건넜다. 기축일에 압록강으로 갔다고 하였다.

---

88) 『遼史』第十五卷, 本紀第十五 聖宗六 二十八年 十一月乙酉
89) 『동사강목』 제6하, 경술년 현종 원문왕(顯宗元文王) 원년.
90) 『遼史』卷三十八, 志第八, 「地理志」二, 東京道, 貴德州
91) 『성경강역고』에서는 요사의 陀河와 다르게 沱河로 기록하였으나 같은 강을 다르게 표기한 것이다.

살펴보건대, 이 귀덕주는 당연히 압록강의 동안에 있어야 한다. 그런데『금사』「지리지」귀
덕주의 연혁을 고찰해 보면 확실하게 철령(鐵嶺)과 승덕(承德)⁹²⁾ 두 현의 경계 안에 있다.
혹자는 압록강 밖 고려에 또한 귀덕주가 있다고 한다.『요사』가 본래 오류가 많고 믿기에
증거가 부족한 점이 있다. 金의 귀덕주를 참고해 보라.⁹³⁾

『성경강역고』 저자들도 고려–거란 전쟁 당시의 압록강을 淸과 조선의 경계인 압록강으
로 인식하고 있었기에『요사』의 기록과 지리가 부합하지 않는 것에 의문을 가졌던 것이다.
그런데『盛京疆域考』金의 上京路 貴德州를 보면 더 분명해 진다.

귀덕주는 지금의 철령현 동남에 있다. 관할 현이 둘이다. 遼나라 귀덕주영원군(貴德州寧遠
軍)은 금나라 초에 폐지하고 자군(刺郡)으로 낮추었다. 귀덕현(貴德縣)에 범하(范河)가 있
다. 봉집현(奉集縣)은 승덕현 동남 45리에 있다. 요나라 집주회원군(集州懷遠軍) 봉집현
(奉集縣)은 발해의 현으로 혼하(渾河)가 있다.⁹⁴⁾

이를 종합하여 보면 요나라 귀덕주는 곧 고려의 귀주이며 금나라는 귀덕주로 표기하고
있다. 요나라 귀덕주에는 陀河, 茶河가 있었다. 금나라 귀덕주는 范河, 渾河가 있었다. 渾
河는 심양의 아래에 있으므로 요나라 귀덕주는 심양과 철령 지경이라고 기술한『盛京疆域
考』의 기록이 확실하게 지리와 부합한다.『요사』貴德州의 陀河(성경강역고 沱河)는 지리위
치와 글자 형태로 보아서 금나라 귀덕현의 范河로 보인다. 다하(茶河:cha he)는 지리위치와
글자 모양으로 보아서 철령시 북쪽 시하(柴河:chai he)로 보인다. 글자가 비슷하게 된 것은
필사 과정의 오기가 아닐까 추정해 본다. 특히 茶(cha)와 柴(chai)는 글자모양뿐만 아니라
중국어 발음(cha, chai)도 비슷하다.

---

92) 청나라에는 두 개의 승덕이 있는데 하나는 奉天府치소인 승덕현으로 지금의 요령성 瀋陽이며, 또 하나는 承德
府로서 지금의 하북성 승덕시이다(古今地名對照總表, 中國國學網). 따라서 이곳의 승덕현은 심양을 가리킨다.

93)『盛京疆域考』卷四

94)『盛京疆域考』卷五 上京路

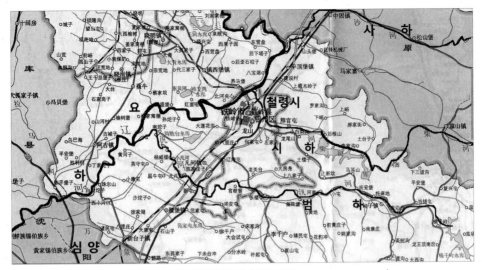

[그림 9] 철령시 지도(시하 범하) (지도출처: www.guang.net)

## 3. 흥화진(興化鎭)의 위치

『신증동국여지승람』 平安道 義州牧에서는 "古靈州는 주의 남쪽 55리이고, 본래는 고려의 興化鎭이었는데, 현종 23년에 영주로 승격시켜서 방어사를 두었고, 본조에서는 주를 폐하여 내속시켰다. 토성 터가 있는데, 둘레가 2천 5백 80척이다. 古麟州는 주의 남쪽 35리이고, 본래는 고려의 靈蹄縣이었는데, 현종 9년에 麟州防禦使 고을로 일컫고, 21년에 土城을 쌓았는데 속칭 鳥餘라 하며 둘레가 1만 1천 1백 척이며, 永平鎭의 백성을 옮겨서 채웠다. 세종 때에 인산진을 두었다[95]"고 하였다.

『고려사』 「지리지」에는 흥화진의 인근 鎭으로 威遠鎭과 定戎鎭이 있다. "威遠鎭은 현종 20년(1029)에 柳韶를 보내어 옛날의 石城을 수리하여 威遠鎭을 두었으며 鎭은 興化鎭의 서북쪽에 있다. 定戎鎭은 현종 20년(1029)에 柳韶를 보내어 옛날의 石壁을 수리하여 鎭을 두었고, 永平의 주민을 옮겨 그곳을 채웠다. 鎭은 興化鎭의 북쪽에 있다[96]"고 하였다.

위의 기록을 보면 古麟州와 定戎鎭은 永平鎭의 주민을 옮겨서 채웠다고 하였는데, 永平

---

95) 『신증동국여지승람』 제53권, 평안도(平安道), 의주목(義州牧)

96) 『고려사』 志, 권제12, 지리3(地理 三) 북계 안북대도호부 영주.

鎭에 대하여는 『신증동국여지승람』과 『고려사』 「지리지」에 더 이상의 자세한 기록이 없다. 그런데 『盛京疆域考』에는 동경요양부 銀州의 속현으로 永平縣이 있는데 그 위치는 철령현이라고 하였고,[97] 三萬衛는 개원현에 치소가 있었고 그 아래 城堡 중 威遠堡가 있다고 하였다.[98] 이로 미루어 보면 興化鎭은 개원지역에 있었던 것으로 추정해 볼 수 있다.

한편, 『武經總要』에는 흥화진과 내원성의 위치에 관하여 다음과 같이 기술하고 있다.

내원성은 거란이 신라국(고려)을 쳐서 그 요해지를 얻어 성을 쌓아 방어하였는데 곧 宋 대중상부 3년(1010년)이다. 동쪽으로 신라(고려) 흥화진까지 40리, 남쪽 바다까지 30리, 서쪽 보주까지 40리이다. 開州는 발해 고성으로 거란이 동쪽 신라국(고려)을 쳐서 그 요해지를 얻어 성을 쌓고 州를 세웠는데 開遠軍이라 하였다. 서쪽 내원성까지 120리, 서남쪽 吉州까지 70리, 동남쪽 石城까지 60리이다.[99]

## 4. 이수(梨樹)와 석령(石嶺)의 위치

거란의 2차 침략에서 고려의 최전방 興化鎭을 지키던 巡撫使 楊規와 龜州別將 金叔興 등은 거란군이 개경으로 남진한 이후에도 후방에 잔류하면서 通州 郭州 無老代 梨樹 石嶺 餘里站 艾田 등지에서 점령지와 보급로를 지키고 있던 거란군을 공격하여 적의 배후를 교란하고 병참선을 위협하면서 포로로 잡혔던 주민들을 구출하는 등 맹활약을 펼쳤다.

위 전투 지역 중 『동사강목』에서는 梨樹와 石嶺 餘里站의 위치는 미상이고 艾田은 孟山에 있다고 하였다.[100] 『신증동국여지승람』에서는 艾田嶺은 永興大都護府 서쪽 180리 거리의 평안도 孟山縣 경계에 있는데, 옛날에는 孟州嶺이라고 하였다.[101] 위 전투 지역은 압록강 남쪽 고려의 최전방지역에 해당되고, 특히 艾田 전투는 춘정월 28일(임인)로서 다음날인 29일(계묘) 거란군이 압록강을 도하하여 퇴각하기 전날이다. 艾田을 『동사강목』과 같이

97) 『盛京疆域考』卷4, 遼, 東京遼陽府.

98) 『盛京疆域考』卷6, 明 三萬衛.

99) 『武經總要』前集, 卷二十二, 東京四面諸州.

100) 『東史綱目』제6하, 신해년 현종 2년 춘정월. 한국고전번역원 고전종합데이터베이스.

101) 『신증동국여지승람』제48권, 함경도(咸鏡道), 영흥대도호부(永興大都護府). 한국고전번역원 고전종합데이터베이스.

평안도 동쪽 함경도 경계인 艾田嶺으로 본다면 압록강을 건너 북쪽으로 퇴각하는 거란군이 함경도로 간다는 것을 의미하므로 이는 군대 이동방향과 맞지 않는다. 또한 압록강까지 하루 거리가 훨씬 넘기에 기록과 부합하지 않아서 『동사강목』이나 『신증동국여지승람』의 견해를 채택하기 어렵다. 기존의 연구는 석령 여리참 전투는 무로대에서 철수하는 거란군과의 교전이라는 점에서 흥화진과 의주의 중간에서 이루어진 것으로 보거나,[102] 이수 석령 여리참 애전 등을 귀주와 통주의 중간 지점으로 추정하였다.[103]

『대동여지도』를 보면 귀주 남서쪽에 梨樹坪 艾田嶺 石嶺 등이 기록되어 있어 전투 지명과 같기는 하나, 이들 지명 또한 거란군의 주 퇴각로인 해안통로와 떨어져 있어서 채택하기 어렵고, 거리 또한 압록강과 하루 거리가 넘는다. 더욱이 梨樹와 石嶺 전투는 19일(계사)에 벌어졌고 艾田 전투는 그로부터 9일 뒤 28일에 벌어졌으므로, 좁은 골짜기 안에서 소부대가 대부대를 상대로 9일간 싸웠다고 보기도 힘들기에 귀주 지역이 아니다.

본 연구에서는 양규 김숙흥 장군 등이 개원-철령 이북 지역에서 전투를 벌인 것으로 보고 있으므로 그 지명을 찾아본다.

개원 북쪽 四平市에는 아래 [그림 10]과 같이 梨樹縣과 石嶺子鎭이 있다

개원의 북쪽이고 동료하의 남쪽으로서 군사지리적으로 양규 장군의 활동지역으로 보기에 합당하다. 그런데 그 지명이 옛날부터 있던 지명인지는 더 확인이 필요하다. 그리고 『盛京疆域考』에는 三萬衛(개원현 치소) 북쪽에 土河와 동북쪽에 艾河(애하)가 합류하는데 이를 遼海라 부르며 요하의 上源이 된다고 하였다.[104]

艾田은 艾河 부근에 있던 지명일 가능성도 있다. 그리고 東遼河가 四平市 북쪽에서 서쪽으로 흐르고 있다. 개원 이북으로 퇴각하는 거란군을 추격하는 상황을 설정하면 군사이동과 부합하는 것으로 보인다. 이에 따라서 흥화진은 철령의 북쪽 개원 창도시 일대로 추정해 볼 수 있고, 압록강은 東遼河로 추정해 볼 수 있을 것이다.

---

102) 김주섭, 위 논문, 249-251쪽.

103) 『麗遼戰爭史』(김주섭, 위논문 250쪽. 재인용)

104) 『盛京疆域考』, 卷六, 明. 三萬衛.

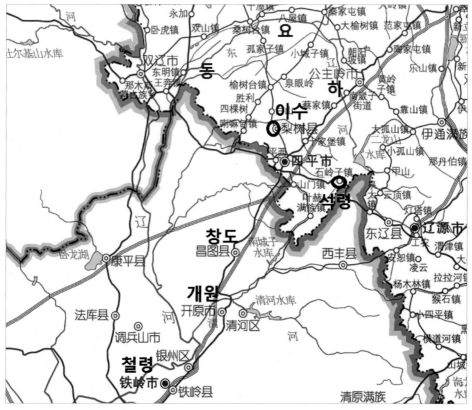

[그림 10] 이수 석령 (지도출처 : onegreen.net)

## 5. 연주(連州)와 영주(寧州)의 위치

1018년 12월 거란의 장수 蕭排押이 10만 군사를 거느리고 침략하자, 고려의 강감찬과 姜民瞻 장군은 20만 군사를 인솔하여 寧州로 나아가서 진을 쳤다. 1019년 1월 거란이 퇴각하면서 連州·渭州에 이르렀을 때에 강감찬이 습격하여 5백여 명을 살상하였다. 『동사강목』에서는 위 寧州는 평안도 安州이고,[105] 連州는 价川이라고 하였다.[106] 連州와 寧州 또한

---

105) 안정복, 『동사강목』 부록 하권, 안동도호부고(安東都護府考), (한국고전번역원 고전종합데이터베이스)

106) 안정복, 『동사강목』 제7상. 기미년 현종 10년 2월. 한국고전번역원 고전종합데이터베이스.

고구려의 평양과 그 여운

『遼史』「地理志」東京道에 속해 있는데 다음과 같다.

영주(寧州)는 통화 29년(1011년) 고려를 정벌하고 항복한 발해호민들로 설치하였다. 관하에 신안현(新安縣) 하나가 있다. 연주(連州)는 덕창군(德昌軍)으로서 한인(漢人)들로 설치하였다. 관하에 안민현(安民縣) 하나가 있다.[107]

이에 대하여 『盛京疆域考』에서는 『遼史』「地理志」東京道 소속 寧州와 連州가 봉천부(현 심양) 경내에 있다고 하였다.

영주(寧州)는 당연히 봉천 지경에 있다. 관할 현이 하나이다(살펴보건대 이 영주는 상경도 소속 영주와 이름이 같다. 상경도 영주는 상경의 북쪽에 있다. 동경에 속한 것은 당연히 봉천경내에 있다). 연주(連州)는 당연히 봉천 경내에 있다. 관할 현이 하나이다. 軍은 덕창군(德昌軍)으로 자사(刺史)주이다.[108]

寧州와 連州가 봉천부(현 심양) 경내에 있다고 하였고, 寧州를 안북도호부 치소인 안주로 추정해 본다면 당시의 淸江은 오늘날 개원 지역 淸河로 비정된다.

이제까지의 추론을 종합해 보면 [그림 11]과 같이 비정해 볼 수 있다.

[그림 11] 요령성 수계와 추정 지명 (지도출처 : onegreen.net)

---

107) 『遼史』, 志第八, 地理志二, 東京道.

108) 『盛京疆域考』卷四, 遼 寧州

# V. 결론

이 연구는 거란과 고려 사이에 30년 가까이 3차에 걸친 대전쟁의 경과를 살펴보고, 종래의 전쟁기록과 한반도 서북부 평안도 지역의 지리 지형간의 적합 여부를 검토하였다. 연구결과 거란군과 고려군의 군사이동이 평안도 지리 지형과 맞지 않는 것이 다수 발견되었다.

첫째, 993년 거란의 1차 침략 시 기마병이 주력인 거란군이 기동이 용이한 해안통로를 취하지 아니하고, 기동로가 제한되는 내륙 산악지역의 蓬山郡을 공격하였고, 이어서 험준한 산악을 넘어서 바닷가의 安戎鎭을 공격한 것으로 보인다는 점이다. 이것은 군사적으로 타당하지 아니하다. 이에 따라 蓬山郡과 안융진의 위치에 대한 의문을 가지게 한다.

둘째, 1010년 2차 침략 시에 거란 성종이 이끄는 40만 대군이 압록강을 건너 흥화진을 거쳐서 통주(선천)에 이르는 해안 통로로 진군하였다. 이에 대비하여 강조와 최사위 등의 고려군 또한 해안 통로에 있는 통주에 주둔하였다. 그런데 고려군은 전방의 대군을 내버려 두고 선천과는 산악으로 막혀 있는 내륙 통로인 귀주로 가서 싸우다가 패하고 다시 선천으로 나와서 세 강이 모이는 곳(三水之會)에 웅거하다가 패하였다고 기록하고 있다. 이는 거란군의 진군 방향에 대비한 군사행동으로서는 취할 수 없는 행동이고 선천에는 세 강도 없다.

한편 『요사』에는 거란의 2차 침공 시에 고려의 강조가 거란과 싸우다가 물러나서 銅州를 지켰다고 기록하고 있는데, 『고려사』에서는 通州로 기록되었다.[109] 고구려 銅山縣은 발해에서 그대로 銅山郡이 되고, 고려는 通州라 부르고, 요나라 때는 銅山 銅州 同州 咸州 東平寨 등으로 불렸고, 금나라의 咸平府 銅山縣이 되었으며 南쪽에 柴河, 北쪽에 淸河, 西쪽에 遼河가 있어서 세 강이 흐르고 있는 조건을 충족시키고 있다. 그 위치는 개원과 철령 사이가 된다.

셋째, 1018년 거란이 3차 침공 후 1919년 2월 소배압군이 돌아갈 때에 龜州에서 고려의 강감찬 장군에게 크게 패하였다. 『遼史』에서는 이 전투에 대하여 茶河와 陀河의 二河 사이에서 추격해 오는 고려군과 싸워서 크게 패배하였다고 기록되어 있다.[110] 그런데 귀주에는 茶河와 陀河가 없다.

---

109) 『遼史』第十五卷, 本紀第十五 聖宗六.

110) 『遼史』16, 「本紀」16, 聖宗7, 개태(開泰) 7년 12월 丁酉일.

한편 『요사』 「지리지」 貴德州에는 타하(陀河: 『성경강역고』는 沱河로 기록)가 있다. 이는 금나라 귀덕현의 范河로 보이고, 茶河는 철령시 북쪽을 흐르는 柴河로 보이는데 글자가 비슷하고 당시 고려군과 거란군의 이동과 지리상 위치도 부합된다.

요양은 서경으로, 태자하는 패수로, 청하는 청강으로, 동료하는 압록강으로 비정하고, 고려와 거란의 전쟁상황을 대비하여 보면, 한반도 지리 지형에서는 맞지 않던 전쟁 상황이 상당 부분 부합하였다. 이에 따라서 고려와 거란의 국경 역할을 하던 당시의 압록강은 현재의 압록강이 아니라 요하의 상류로 추정되는바, 고려 서경인 평양이 요령성 요양이라는 최근의 일부 연구를 뒷받침한다고 볼 수 있다.

본 연구의 한계로는 문헌자료를 중심으로 분석하였고, 여러 가지 제약으로 평안도와 만주 현지에 대한 실지 답사를 병행하지 못한 점이다. 따라서 당시의 군사이동과 현지 지형을 구체적으로 비교하지 못하였기에 이에 관한 추가적인 연구가 필요하다.

# 4부

# 고구려 평양 위치에 대한
# 자연과학적 연구

# 천문 기상 기록을 이용한 고대 평양 위치 연구(I)

양홍진 (한국천문연구원 연구원)

<목 차>

## I. 서론

삼국시대의 역사를 기록한 『삼국사기(三國史記)』에는 현대적으로 활용이 가능한 자연 현상 기록이 많이 남아 있다. 자연 현상 중에서 천문과 기상은 역사 시대의 가장 대표적인 기록이며 많은 관측 기록이 사서에 남아 있다. 천문과 기상 현상은 삼국시대뿐만 아니라 고려와 조선에 이르기까지 각 왕조의 왕실 학자에 의해 관측과 기록이 이어졌다. 『삼국사기』에는 일식과 월식, 혜성, 유성, 행성의 이동과 오로라 등 260여개의 다양한 천문 현상이 기록되어 있다.[1] 특히, 『삼국사기』에 기록된 천문현상은 '日有食之', '彗星見', '太白晝見' 등

---

1) 박창범, 2002, 『하늘에 새긴 우리 역사』, 김영사, 18-20쪽.
　Hong-Jin Yang, 2004, 『Analysis of Korean Astronomical records』 Ph.D Thesis, 「Kyungpook

과 같이 간단히 관측 사실만을 기술하고 있어 객관적 자료로 활용하기에 적합하다. 『삼국사기』 천문 기록 중에서 천문 현상을 역사적 사건이나 환경과 연관 지어 해석한 경우는 드물다. 이러한 경향은 역사 기록이 더 풍부한 고려나 조선 시대의 기록에도 이어진다.[2] 고려에서 조선으로 내려오면서 천문 현상을 정치적 상황과 연관 지어 해석하는 경우가 드물게 있기는 하지만 『고려사(高麗史)』 천문지(天文志)와 『조선왕조실록(朝鮮王朝實錄)』에 기록된 2만 5천여 개의 천문 기록은 대부분 천체 현상만을 기술하고 있다. 이것은 우리 역사서에 기록된 천문 기록이 한국사를 해석하고 이해하는 객관적 자료로 적합하다는 것을 말해준다. 더구나 이들 기록은 삼국시대부터 조선시대까지 이천 여 년 동안 꾸준히 이어지고 있어 현대 과학에서 통계분석이나 시계열연구 자료로서의 가치가 높다.

『삼국사기』와 『고려사』, 『조선왕조실록』 등에 남아 있는 고대 천문 관측 기록은 고대사 연구에 객관적 자료로 활용될 수 있는데 그 이유는 다음과 같다. 천문현상은 시간에 의존하는 대표적 자연현상이다. 사서에 기록된 여러 정치, 사회 현상의 기록은 문헌 기록 이외에 검증할 방법이 없지만 천문 현상은 천체물리 법칙에 따라 나타나기 때문에 천체역학적 계산에 따라 기록의 사실 여부를 과학적으로 확인할 수 있다. 특히, 일식(日食)이나 행성의 엄폐(掩蔽, occultation) 현상은 드물게 나타나는 천문 현상으로 역사서에서 시각을 확정할 수 있는 대표적 천문 현상이다.[3] 천문 기록 중에는 일식과 같이 관측자의 위치를 알려줄 수 있는 현상도 있다. 일식은 식이 진행되는 동안 관측 가능한 지역과 시간이 제한되기 때문에 여러 일식 관측 기록이 남아 있는 경우 관측자 위치 추정이 가능하다. 특히, 개기일식의 경우에는 관측 가능한 지리적 영역과 시간이 매우 한정되기 때문에 역사를 해석하는데 중요한 실마리를 제공 할 수 있다.

일식과 같은 천문 현상뿐 아니라 역사서에 기록된 기상 환경도 역사 해석에 중요한 자료로 활용될 수 있다. 기상 현상 중에는 계절에 따라 주기적으로 반복되어 나타나는 현상이 있는데 이들 중에 강수, 온도, 서리, 태풍 등은 관측 당시의 환경과 위치를 알려주기도 한다. 그리고 기온과 서리 기록과 같이 관측 날짜를 통해 관측자의 위도를 추정 할 수 있는 것들도 있다. 우리나라처럼 한 왕조가 500년 정도 유지되며 연속적으로 기상 현상을 기록

---

National University」, 2쪽.

2) 양홍진·최고은, 2012, 「천문 기록과 현사 현상과의 상관관계 연구」 『천문학논총』, 27(5), 311-340쪽.

3) 박창범·라대일, 1994, 「삼국시대 천문현상 기록의 독자 관측사실 검증」 『한국과학사학회지』 16(2), 168-169쪽.

한 경우 이들 기록은 기후 변화를 알려주는 중요한 자료가 된다. 자연 현상을 이용해 관측자의 위치를 추정하기 위해서는 기후변화와 같이 장주기 변화 요소를 먼저 알아야 하는데 우리나라의 경우, 연속적인 오랜 관측 기록이 남아있기 때문에 기상 기록을 이용해 관측자의 위치를 추정하기에 적합하다.

우리 역사에서 고대 국가의 수도가 언제 어떻게 옮겨졌는지는 당시의 영토와 맞물려 여러 가지 중요한 의미를 갖는다. 그리고 이 문제는 오랫동안 확정적 결론이 도출되지 않은 채 여전히 연구가 진행 중에 있다. 최근 국내에서는 고구려 수도인 평양이 초기에 언제 어디로 옮겨졌는지에 대한 연구가 활발히 진행되고 있다.[4] 이들 연구 결과에 따르면 장수왕이 427년 옮긴 평양성의 위치를 기존의 북한 평양보다 위도가 약 2° 높은 지역으로 비정하고 있다. 이러한 지리적 격차는 자연 환경의 기록에 있어 명백한 차이를 드러낸다. 따라서 본 연구에서는 관측자의 위도나 위치를 담고 있는 「고구려본기」의 천문과 기상 기록을 이용해 과학적 방법으로 고대 평양의 위치를 살펴보았다.

고대사에 기록된 천문 기록을 이용해 역사를 해석하려는 시도는 국내외에서 몇 차례 이루어졌다. 국내에서는 박창범과 라대일(1994) 그리고 이기원(2008) 등이 삼국시대의 천문 기록 중 일식 기록을 분석해 고구려와 백제 신라의 일식 최대 관측지를 추정하는 논문을 학계에 발표하였다.[5] 그러나 연구 결과가 역사학계의 기존 지식과 다른 결과를 보이게 되자 역사 해석 자료로 크게 활용되지 못하고 있다. 자연 기록에 기초한 역사 해석이 문헌 기록이나 발굴 유적보다 우선적인 가치가 있다고 단언하기는 어렵다. 그러나 천문이나 기상 기록은 검증·확인 가능한 자연 현상으로 역사를 해석하는데 중요한 사료임이 분명하다. 특히, 역사 기록이 부족한 삼국시대의 경우에는 천문 관측 기록의 가치가 더 중요하다고 할 수 있다. 앞서 말한대로 이 논문은 새로운 연구를 시도하는 것으로 모든 결과를 한 번에 낼 수는 없다. 그러므로 초보적인 연구를 하고나서 그 결과를 활용하여 그 다음 단계 연구를 진행하도록 할 예정이다.

---

4) 본 논문집에 포함된 임찬경, 복기대, 남의현, 남주성의 논문이 그 대표적인 연구 결과들이다. 이들은 논문에서 427년 장수왕이 옮긴 평양성이 현재 북한의 평양이 아니라 중국 요동 근처이거나 요양(Liaoyang) 지역임을 밝히고 있다.

5) 박창범·라대일, 1994, 앞의 논문, 167-202쪽.
  이기원, 2008, 「A Study of Solar Eclipse Records during the Three Kingdoms Period in Korea」『한국지구과학회지』 29(5), 408-418쪽.

## II. 고대 천문기록을 활용한 관측지 추정

현대 천문학에서 대부분의 천문 현상은 천체물리학적 계산을 통해 예측이 가능하며 과거의 천문 기록 역시 검증이 가능한 경우가 많다. 과거 천문 기록 중에서 검증이 가능한 것들은 주기적으로 관측된 현상이나 그 특성이 잘 알려진 비주기적 천문 현상이 이에 해당한다. 일출몰이나 행성의 운동 등은 주기적으로 나타나는 대표적인 천문 현상으로 과거 사람들도 이들 천체 운행의 주기와 특징을 잘 알고 있었다. 반면, 천체 현상을 주기적으로 관측할 수 없거나 오랜 주기를 갖는 경우 옛 사람들은 해당 천체의 주기성을 알 수 없었다. 일례로 헬리혜성 같은 경우가 이에 해당한다. 약 76년을 주기로 지구 주변을 지나가지만 그 주기가 너무 길어 사람들이 주기를 갖고 있다고 인식하지 못했던 것이다. 해와 달의 운동을 완전히 이해하기 전에는 일식도 비주기적으로 일어나는 현상으로 이해했을 것이다. 실제로 일식(日食)은 관측 시점과 관측 가능 영역을 계산할 수 있는 가장 대표적인 천문현상이다.

일식은 지구가 달의 그림자 속으로 들어가 해의 일부 또는 전체가 사라지는 현상으로 해와 달의 상대적 위치에 따라 지구상의 특정 지역에서 관측된다. 일식은 낮이나 밤에 언제든지 일어날 수 있는데 특히, 낮에 일식이 일어나면 온 하늘이 어두워지거나 컴컴해지기 때문에 과거 사람들에게는 경이로운 천문현상이었다. 따라서 일식은 오랫동안 우리 역사서에 꾸준히 기록되어 왔다. 일식은 자주 나타나는 현상도 아닐 뿐만 아니라 지구의 일부 지역에만 관측이 가능하다. 더구나 특정 지역에 있는 관측자 입장에서 보면 일식은 비정기적으로 관측된다. 이러한 이유 때문에 역사서에 기록된 일식은 관측 당시의 날짜와 시각을 알려주는 중요한 지표가 될 수 있다. 특히, 해의 전체가 가려지는 개기일식(Total eclipse)의 경우, 부분 일식에 비해 일식을 관측 할 수 있는 관측 가능 지역도 좁고 식(食)의 지속시간도 짧기 때문에 일식을 볼 수 있는 지역과 관측 가능한 시각을 더 정확히 알아낼 수 있다.

우리나라 사서에 남아 있는 최초의 일식은 『삼국사기』에 기록된 기원전 54년(신라 혁거세 4년) 음력 4월 초하루의 기록이다. 사서에는 "日有食之(일식이 있었다)"라고 기록되어 있다. 이 기록을 기점으로 『삼국사기』와 『삼국유사』에 기록된 일식 기록은 모두 67회이다. 삼국의 일식 기록은 신라(통일신라 포함) 30건, 고구려 11건, 백제에 26건이 있다.[6] 박창범과 라대일(1994)은 삼국시대 천문 기록을 찾아 천체 역학적 계산을 하였고 그 결과 관측 기

---

6) 박창범, 2002, 앞의 책, 51-57쪽.

고구려의 평양과 그 여운

록의 실현 가능성과 독자 관측 여부를 확인하였다.[7] 한편, 일본 학자 飯島忠夫(1926)와 齊藤國治(1985)는 우리나라 삼국시대의 일식 기록을 조사·연구해 기록의 사실성에 의문을 제시하였다.[8] 齊藤國治(1985)가 주장한 우리 천문기록의 문제점은 신라와 고구려의 일식 기록이 특정 시기에 양분되어 있거나 한 시기에만 집중되어 있다는 것이었다. 특히 서기 200년 이전과 800년 이후의 두 시기에 양분되어 있는 신라의 일식 기록은 역사를 늘리기 위해 서기 200년 이전의 기록을 중국에서 베껴 적었다는 주장이다.

『삼국사기』의 67개 일식 기록 중에서 65개는 중국의 기록과 유사하다. 그러나 『삼국사기』에는 일식을 포함해 중국에는 없는 여러 독자 천문기록이 남아 있고 이들 기록을 연구한 결과 행성의 이동이나 금성의 밝기와 같은 상당수의 독자 관측 기록이 실제 실현된 기록임이 밝혀졌다.[9] 이것은 『삼국사기』의 천문 기록이 중국의 기록을 옮겨 적은 것이 아니라 실제 관측에 의한 기록임을 의미한다. 『삼국사기』의 일식 기록 중에는 "日當食不食(일식이 마땅히 있어야 하는데 일어나지 않았다)"이라는 기록이 있다. 이는 삼국시대의 일식 기록이 실제 관측과 함께 이론적인 계산에 의한 자료도 함께 반영되었음을 보여준다. 그러나 고구려의 일식 기록을 계산으로 확인한 결과 대부분이 실제 관측이 가능한 기록이었음을 알 수 있다.[10] 만약, 고구려 백제 신라가 독자적으로 일식을 관측해서 기록으로 남겼다면 일식의 최적관측지는 세 나라 모두 다르게 나타난다. 이러한 방법을 이용해 『삼국사기』에 기록된 일식의 최적관측지를 계산한 결과를 살펴보면 그림 1, 2, 3과 같다.[11]

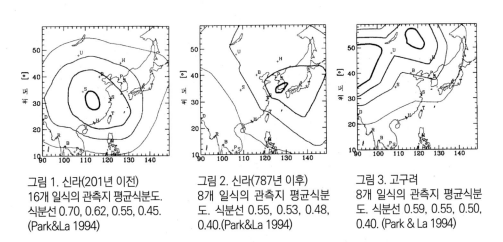

그림 1. 신라(201년 이전)
16개 일식의 관측지 평균식분도.
식분선 0.70, 0.62, 0.55, 0.45.
(Park&La 1994)

그림 2. 신라(787년 이후)
8개 일식의 관측지 평균식분도. 식분선 0.55, 0.53, 0.48, 0.40.(Park&La 1994)

그림 3. 고구려
8개 일식의 관측지 평균식분도. 식분선 0.59, 0.55, 0.50, 0.40. (Park & La 1994)

---

7) 박창범·라대일, 1994, 앞의 논문, 167-202쪽.

본 연구에서는 박창범과 라대일(1994)의 평균식분도를 검증하기 위해 최신의 상수를 이용해 평균식분도를 다시 계산하였다. 본 연구의 천체 역학적 계산은 Meeus(1991)의 계산법을 따랐다.[12] 일식 식분 계산 결과가 연구자마다 차이가 발생할 수 있는 가장 주요한 이유는 지구자전 변화율 값인 $\Delta T$의 차이 때문이다. 본 연구에서는 일차적으로 고구려의 8개 일식 기록인 AD116, 124, 149, 158, 165, 178, 186, 219년의 기록에 대해 NASA의 최신 $\Delta T$ 값을 이용해 식분이 가장 높게 나타나는 지역을 계산하여 이전의 박창범과 라대일(1994) 계산값과 비교하였다. 그림 4는 박창범과 라대일(1994)의 계산 결과(굵은 실선)와 NASA의 최신 $\Delta T$ 값을 이용한 본 연구의 계산 결과(가는 실선)를 보여준다.[13] 새로운 $\Delta T$를 이용해 계산한 결과, 고구려 일식 기록의 최대식분은 북위 51°, 동경 120° 근처에 나타났다. 이전 연구 결과인 북위 54°, 동경 118° 보다 약간 남쪽으로 이동해 나타났다. 결과적으로 최신 NASA에서 제공하는 $\Delta T$ 값을 이용해 계산한 고구려 일식 기록의 평균식분도가 기존의 연구 결과와 큰 차이는 없어 보인다. 계산 결과에도 보이듯 최대관측지의 중심 위치가 다소 위도가 낮아진 것은 온전히 $\Delta T$의 차이 때문이다. 이는 $\Delta T$의 차이에 따라 관측 최적지의 위치가 3° 정도는 변경될 수 있음을 보여준다.

한편, 고대사 연구자들은 고구려 연구에서 고대 평양의 위치 비정에 대한 여러 의견을 제시해 왔으며 여전히 평양 위치에 대한 논란은 명확한 결론에 이르지 못한 상황이다. 본 연구의 계산에서도 확인되었듯이 고구려 일식 기록을 이용한 평균 식분의 최적관측지는 우리에게 잘 알려진 현재의 평양과 지리적으로 멀리 떨어져 있다. 특히, 계산에서 사용된 고구려 일식의 관측 기록이 AD116~219년까지임을 고려한다면 이는 당시 고구려의 수도(평양)의 위치를 알려주는 과학적 정보가 될 수 있다. 그러나 고대 일식 기록을 계산한 관측 최적지로부터 그 나라의 수도를 확정하기는 어렵다. 예를 들어, 하나의 일식 관측 기록의 경우 식분 값이 동일한 넓은 지역의 관측가능성은 모두 같기 때문이다. 그러나 일식 관측

8) 飯島忠夫, 1926, 「三國史記の日食記事について」『東洋學報』 15, 410쪽.
   齊藤國治, 1985, 「新羅, 高句麗, 百濟の天文記錄」『星-手帖』 27, 96쪽.

9) 박창범·라대일, 1994, 앞의 논문, 171-175쪽.

10) 이용복 외, 2011, 『삼국시대 일식도』 한국학술정보, 221-270쪽.

11) 박창범·라대일, 1994, 앞의 논문, 190-191쪽.

12) J. Meeus, 1991, 『Astronomical algorithms』, Willmann-Bell, 379-392쪽.

13) 고구려 일식의 평균 식분 계산은 전준혁 박사(한국천문연구원, 현 충북대학교)의 도움을 받았다.

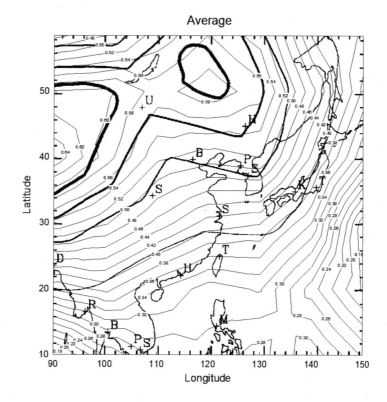

그림 4. 고구려 8개 일식의 평균 식분도.
굵은 실선은 박창범과 라대일(1994)의 결과이며 가는 실선은 본 연구의 계산 결과이다. U=우루무치,
S=시안, B=베이징, S=상하이, P=평양, H=하얼빈, S=서울, K=교토, T=도쿄. (북위 30°이상 경도 순서)


기록이 많다면 문제는 달라진다. 기록된 일식을 모두 관측할 수 있는 지역은 상대적으로
좁아지기 때문이다. 고구려의 일식 기록수가 충분히 많지 않아 공동 관측 지역을 당시의
수도로 확정하기에는 무리가 있지만 최적관측 지역은 분명히 고구려의 영토였으며 수도일
가능성은 여전히 높다.

지금까지 고구려의 고대 도읍은 졸본(卒本), 국내성(國內城), 환도(丸都), 평양(平壤) 등지
로 옮긴 것으로 알려져 있다.[14) 복기대(2010)는 논문에서 한국에서 고구려 도읍지에 대한

---

14) 복기대, 2010, 「고구려 도읍지 천도에 대한 재검토」『고조선단군학』22, 200 & 235-241쪽.
  복기대, 2016, 「고구려 평양위치 관련 기록의 검토」『일본문화학보』제69집, 2016, 5, 한국일본문화학회.

지금까지의 연구와 인식은 일본 학자들이 비정해 놓은 연구 결과에 기초하고 있는데 여기에는 많은 문제가 있어서 종합적인 재 연구가 필요한 실정이라고 밝히고 있다. 동시에 장수왕이 천도한 평양은 지금의 한반도 평양이 아니라 중국 요녕성 요양지역이라는 것이다. 이런 견해는 비단 복기대의 견해뿐만이 아니다. 남의현(2016)은 고구려시기의 압록강은 지금의 요하이며, 장수왕이 천도한 평양은 중국 요녕성 요양이라는 주장을 하였다.[15] 이들의 주장은 대부분 문헌을 근거로 하고 있다. 한편, 천문학 연구 방법인 고구려 일식을 이용한 평균식분도 계산결과는 이러한 점에서 고대 평양의 위치 연구에 또 다른 중요한 단서가 될 수 있다. 천문학적 분석은 과학적이고 객관적 연구 결과이기 때문이다. 평균식분도의 중심지는 당시에 기록된 일식을 가장 잘 관측 할 수 있는 최적의 장소로 볼 수 있다. 앞서 언급했듯이 일식의 최적관측지가 반드시 당시 일식을 관측했던 수도(평양)를 의미하는 것은 아니다. 따라서 평균식분 값을 이용해 고대 일식을 관측한 지역(수도)을 찾아내기 위해서는 여러 수도 후보지에 대해 각각의 식분 값을 계산해 일식 관측 가능성을 비교해 보는 것도 하나의 방법이 된다. 만약, 역사서에 개기일식 기록이 많거나 짧은 시간에 많은 일식 기록이 남아 있다면 관측지를 추정하기 쉽다. 그러나 고구려 초기의 일식 기록은 유리왕 22년(AD 3)에서 산상왕 13년(AD 209)까지에 집중되어 있으며 관측 기록도 많지 않기 때문에 고구려 일식 기록만을 이용해 고구려 수도(평양)의 위치와 이동을 확정하기는 어려운 상황이다.

본 연구에서는 고구려의 일식 기록을 이용해 옛 평양의 위치를 추정하기 위해 현재의 평양을 포함해 요동의 몇 지역에 대해 평균 식분을 계산해 보았다. 고구려 사서에 기록된 실현된 일식 8건에 대해 중국의 요동에 위치한 철령(鐵嶺)과 환인(桓仁), 요양(遼陽), 집안(集安)과 한반도에 있는 현재의 평양과 서울에서의 평균 식분을 계산한 결과 186년의 일식을 제외한 나머지 일식은 이들 지역에서 모두 관측이 가능하다. 더구나, 현재 평양에서의 식분보다 요동에 위치한 철령과 환인, 요양, 집안 지역에서의 식분이 높게 나타난다. 이는 이들 지역에서 일식 관측이 더 쉽게 이루어 질 수 있었음을 말해 준다. 이것은 아직 초보적 연구 결과이기는 하지만 복기대, 남의현 등의 문헌 기록에서 확인한 연구 결과와 일치하고 있어 눈여겨 볼만한 사실이다. 고구려 지역별 식분 계산 값이 현 시점에서 고대 평양의 위치를 확정하는 직접적인 증거로 활용되기는 어렵지만 고대 평양의 위치가 요동 지역에 있었을 가능성은 말해 준다.

## III. 서리 기록을 활용한 관측지 추정

우리 역사서에는 천문 현상 외에도 자연 현상에 관한 다양한 기록이 있는데 이 중에서 기상(氣象) 기록을 눈여겨 볼만하다. 우리에게 잘 알려진 서운관과 관상감은 고려에서 조선으로 이어진 천문과 기상을 담당하던 왕실 기관이었다. 각 왕조의 왕실 학자들에 의해 기록된 『삼국사기』와 『고려사』, 『조선왕조실록』 등의 천문과 기상 현상은 비슷한 형태로 기록되어 있다. 기상 현상은 대부분 계절에 따라 주기적으로 반복되어 나타난다. 그러나 일부 현상은 국지적이고 비주기적으로 갑자기 나타나기도 하고 기후 변화처럼 장주기에 걸쳐 서서히 변화하기도 한다. 국지적이고 비주기적인 이상 기상 현상은 과거의 기록을 역추적하여 계산하거나 미래의 실현 여부를 예측하기 어렵다. 그러나 장주기(長週期) 기후 변화는 오랜 시간에 걸쳐 천천히 변하기 때문에 오랜 시간 관측을 통해 변화 양상을 추적하거나 미래의 변화를 예측할 수 있다.

역사 시기 동안 전 지구적인 장주기 기후 변화의 가장 큰 변화 요소로는 태양 활동을 들 수 있다. 45억 년 전에 만들어진 태양은 내부의 수소 핵융합 반응으로 서서히 진화하고 있으며 대류 활동을 통해 내부의 열에너지를 표면으로 옮기는 일련의 과정을 반복하고 있다. 대류 활동으로 인해 해의 표면온도가 높아지게 되고 그 결과 지구에 전달되는 에너지도 변하게 된다. 실제로 태양 활동의 대표적 지표인 흑점의 생성과 활동 주기를 살펴보면 태양이 짧은 주기와 긴 주기의 다양한 변화를 거치며 변화하고 있음을 알 수 있다.[16] 이러한 태양 흑점수 변화는 지구의 장주기 기후 변화와 잘 일치하는데, 그림 5는 『고려사』와 『조선왕조실록』에 기록된 태양의 흑점수와 태양 활동의 극소기 분포를 보여준다. 고려시대에 비해 조선시대의 천문 관측 기록수가 네 배나 많아졌지만 흑점수는 조선시대에 이르러 급격히 줄어드는 양상을 보인다. 이것은 고려시대에 비해 조선시대에 들어 태양활동이 급격히 줄어들었음을 나타낸다. 이런 흑점수의 변화는 조선 세종대 무렵에 태양 활동이 줄어들면서 소빙하기가 시작되고 연이어 세 번의 태양 극소 활동기로 이어지는 태양의 장주기 변화와 잘 일치한다.

---

15) 남의현, 2016, 「장수왕의 평양성, 그리고 압록수의 위치에 대한 시론적 접근」, 『고구려의 평양과 그 여운』, 주류성, 2016.

16) 양홍진·박창범·박명구, 1998, 「고려시대 흑점과 오로라 기록에 보이는 태양활동」, 『천문학논총』 13, 181-208쪽.

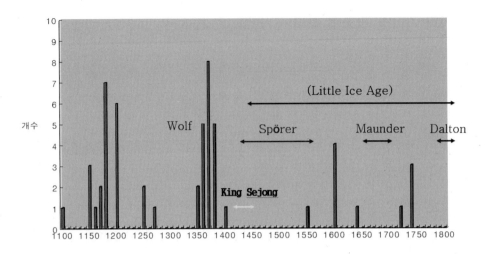

그림 5. 고려사와 조선왕조실록에 기록된 흑점의 개수분포(막대그래프)와 태양 활동의 여러 극소기 (Wolf, Sporer, Maunder, and Dalton minimums)

태양 활동의 변화는 전 지구적인 온도 변화와 함께 식생과 인류의 주거지 등 다양하고 광범위하게 인류의 삶을 변화시킨다. 최근 국내외 여러 학자들에 의해 지구의 장주기 기후 변화에 대한 연구가 활발히 이루어지고 있다. 연구자들은 주로 고생물이나 해저지층 그리고 빙하의 아이스코어 성분분석 등을 통해 수 만년 동안의 기후 변화를 연구한다. 그러나 우리 역사 기록에 남아 있는 기상 기록도 기후의 변화를 연구하는데 중요한 자료가 될 수 있다. 특히 최근 수천 년간의 기후 변화를 연구하는데 있어서 우리의 문헌기록은 직접 관측 기록으로서의 중요한 가치를 지닌다. 기상 관측 기록은 관측지의 환경과 그 변화를 알려주는 내용을 포함하고 있기 때문에 역사 해석의 자료로 활용할 수 있다.

『삼국사기』를 포함해 『고려사』와 『조선왕조실록』에는 우박, 서리, 홍수, 가뭄, 흙비, 벼락, 강풍 등의 다양한 기상 관측 기록이 있다. 이들 기록 중에서 서리는 관측자의 위도를 가늠케 하는 현상이다. 특히, 봄 끝자락에 내리는 마지막 서리와 가을과 겨울 무렵의 첫 서리 사이의 날짜 간격은 관측지의 평균기온을 추정하는 자료로 활용할 수 있다. 그림 6은 1992~2011년까지 지난 20년간 지리적 위도가 1° 정도 떨어진 철원과 청주에서 관측된 첫서리와 마지막 서리의 날짜 변화를 보여준다. 그림 6은 지역별 위도 차이에 따른 기온 변화를 서리 기록이 잘 반영하고 있음을 보여준다.[17] 정밀한 분석을 위해서는 지리적 특성

고구려의 평양과 그 여운

에 따른 영향 인자를 찾아 이들의 영향도 함께 고려해서 기온 변화를 분석해야 하지만 본 연구에서는 지리적으로 내륙에 위치한 두 지역의 서리 기록만을 간단히 비교하였다.[17)

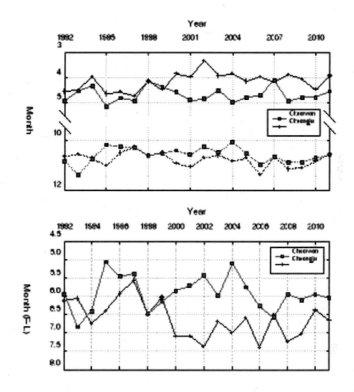

그림 6. 철원과 청주의 1992-2011년까지의 첫서리와 마지막 서리 간격일 변화(위)와 관측 날짜(아래) (참고자료: 1992-2011 『기상연감』)

『삼국사기』에 기록된 기상 관측 기록은 680여개이다. 이들 기록 중에서 가장 많은 것은 가뭄과 지진이며 서리는 그 다음으로 많이 관측된 현상이다. 그림 6에서 알 수 있듯이 서리 기록은 관측자의 위도를 알려주는 지표로 사용될 수 있다. 따라서 서리 기록을 이용해 고대 평양의 위치 추정에 대한 문제에 접근할 수 있다. 신라와 고려 두 나라의 서리 관측 간격을 비교해 보면 수도의 위도가 낮은 신라나 백제가 고려보다 첫 서리에서 마지막 서리 까지의 기간이 더 길게 확인된다. 이것은 백제나 신라의 수도가 고려의 수도보다 더 따뜻

---

17) 기상청 1992-2011 기상연보 33-34 & 87-89쪽.

한 곳에 위치했음을 보여주는 결과이며 과거 서리 기록을 이용해 고대 수도의 위치 추정이 가능하다는 것을 의미한다.

그림 7은 고구려 백제 신라 세 나라의 서리 기록 분포를 보여준다. 『삼국사기』에 기록된 서리 기록이 많지 않아 세 나라 수도의 위치(위도)를 정량적으로 비교하기는 어렵다. 그러나 백제나 신라에 비해 고구려 수도가 더 북쪽에 위치했음은 서리 기록을 통해 알 수 있다. 서기 200년 이전의 고구려 서리 기록은 모두 4개이다. 이들 기록을 살펴보면 고구려가 백제나 신라보다 온도가 확연히 낮은 고위도 지역에 위치하고 있었음을 알 수 있다. 그리고 그 이후에는 온도가 더 높아지는 경향도 보인다. 이것은 서기 3세기 이후 고구려의 수도가 낮은 위도로 이동했을 가능성을 말해준다. 그러나 고구려 초기 평양성의 위치를 추정할 수 있는 서기 200년 이전의 서리 관측 기록이 많이 부족해 서리 기록만으로 고대 평양의 시대별 수도 위치를 알아내기는 어려운 실정이다. 앞으로 『삼국사기』에 남아 있는 자연 현상 중에서 서리와 함께 관측자의 위도를 대변할 수 있는 또 다른 기록을 찾아 연구한다면 고대 평양의 위치를 찾을 수 있는 가능성이 있을 것으로 생각한다.

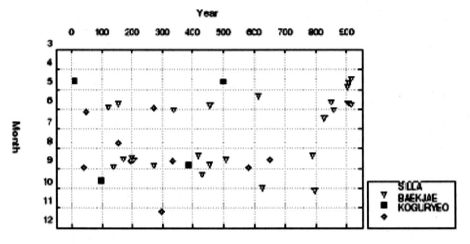

그림 7. 삼국사기에 기록된 고구려, 백제, 신라의 서리 관측 기록 분포

# Ⅳ. 결론 및 토의

본 연구에서는 고대 사서에 기록된 자연현상 중에서 천문과 기상 기록인 일식과 서리 기록을 이용해 역사적 난제인 고대 평양의 위치 문제를 해결하기 위한 방안을 찾아보았다. 자연 현상을 기록한 여러 사료 중에는 시대나 관측자의 위치 정보를 담고 있는 것들이 있다. 이러한 사료를 과학적 방법으로 분석하면 역사를 객관적 시각으로 해석할 수 있다. 여러 자연 기록 중에서 천문 현상은 대표적인 시간 의존 현상이다. 많은 천문현상은 대부분 천체물리 법칙에 따라 나타나기 때문에 천체역학 계산을 통해 과거의 사실 여부를 과학적으로 확인할 수 있다.

과거 천문 기록 중에서 일식은 관측 시점과 관측자의 위치를 알려 줄 수 있기 때문에 본 연구에서는 먼저 고대 평양의 위치를 찾기 위해 『삼국사기』 고구려본기에 기록된 일식을 분석하였다. 서기 200년까지의 고구려의 일식 관측 기록을 분석한 결과 평균식분의 중심지가 현재의 평양이 아닌 요동 지역에 위치하고 있음을 재차 확인하였다. 이것은 고대 고구려의 일식 기록이 요동 지역에서 관측이 용이했음을 보여준다. 지역에 따른 일식의 식분 계산 결과에서도 북한의 평양보다 한반도 북쪽 지역에서 일식 관측 가능성이 더 높았음을 확인하였다. 그러나 고대 평양 연구에서 핵심 문제인 427년 장수왕이 옮긴 평양의 위치에 대해서는 본 연구를 통해 확정하지 못했다. 서기 200년까지 일식 관측의 부족과 200년 이후 일식 기록의 부재로 인해 427년 옮겨진 평양의 위치를 확정하기 어려웠기 때문이다. 천문 기록 분석에서 관측 기록의 부족은 절대적이며 결정적인 난점이 될 수 있다. 그러나 고구려 초기 주변국들의 일식 기록 또한 고구려 역사를 해석하는데 중요한 자료가 될 수 있다. 앞으로 이들 자료를 찾아 주변의 수도나 강역을 추정할 수 있다면 고구려 초기의 평양 연구에 새로운 결과를 얻을 수 있을 것이다.

고구려 초기의 수도를 추정하는 또 다른 방법으로 역사서에 기록된 기상 현상을 분석하였다. 천문 현상과 마찬가지로 기상 현상 중에도 관측자의 위치를 반영할 수 있는 것들이 있다. 계절마다 주기적으로 변하며 위도에 민감한 현상이 대표적인 것들이다. 본 연구에서는 일차적으로 관측지의 온도를 대변 할 수 있는 서리 기록을 이용하였다. 최근 20년간의 서리 기록을 분석한 결과 서리 현상은 위도 1° 만 떨어져도 온도 차이를 잘 나타냄을 확인하였다. 역사서에 기록된 삼국시대 신라와 백제의 서리 기록을 위도가 다소 높은 고려의 개성과 비교해 보면 고려의 관측지가 신라나 백제보다 높은 위도에 있는 사실을 잘 보여준다. 『삼국사기』에 기록된 고구려의 서리 기록을 살펴보면 고구려 초기가 후대보다 온도가 낮아 고위도 지방에 위치하고 있었음을 추정할 수 있다. 그러나 고구려의 고대 수도 위치를 추정해야하는 서기 500년 전후 시기뿐만 아니라 고구려 전반에 걸쳐 서리 기록이 매우 적어서 이들 자료의 통계적 분석을 통해 고대 평양의 위치를 확정하기는 어려운 상황이다. 그러나 『삼국사기』에는 여전히 많은 기상 관련 기록이 남아 있고 이들 중에는 관측자의 위치를 반영할 수 있는 현상이 있다. 따라서 기상 현상 중에서 기온 인자를 갖는 현상을 찾아 추가로 연구를 진행한다면 고대 평양의 위치를 확정하는데 도움이 될 것으로 생각한다.

천문은 시간과 방향을 기초로 하는 학문이다. 따라서 천문관측 기록뿐 아니라 천문과 관련된 유적이나 유물에도 관측시점이나 관측지의 정보가 남아 있는 경우가 있다. 우리는 역대로 왕실 천문대를 만들어 하늘을 관측해온 역사가 있다. 신라의 첨성대 뿐 아니라 고려와 조선에도 왕궁 근처에 천문대를 만들어 하늘을 체계적으로 관측해 왔다. 천문을 관측하던 제단을 만들던 이러한 특징은 역사시대 이전 요동 지역의 홍산문화나 하가점하층문화의 유적에도 공통적으로 나타나는데 이는 중국의 중원문화에는 없는 특징이다.[18] 따라서 고대 고구려의 수도를 추정하는데 있어서 천문과 관련된 제천대나 관천대의 확인은 중요한 결정 요소가 될 수 있다. 만약 고대 왕실의 천문관측 장소나 관련 유적이 발견된다면 이는 고대 수도였음을 말해주는 중요한 지표가 될 것이다. 앞으로 고대 사서에 기록된 자연 현상에 대한 추가적인 연구 결과가 도출되고 더불어 고구려 초기의 천문 관측 장소가 확인된다면 고구려 고대 평양의 위치뿐 아니라 우리나라 고대사를 이해하고 해석하는데 중요한 역할을 할 것으로 생각한다.

앞서 말한바와 같이 이 논문은 기초적인 연구이다. 본 연구에서 장수왕이 천도한 평양의 위치는 아직 확정하지 못하였다. 다만 그 가능성은 충분히 있다는 것은 확인이 되었다. 앞으로 시간을 갖고 더 많은 자료를 활용하여 연구를 할 것을 약속하는 바이다.

---

18) 양홍진, 2013, 「중국 고고천문유적의 지역적 분포와 특성에 대하여」 『동아시아고대학』 32(1), 331-362쪽.